TRAITÉ DES ANIMAUX

BIBLIOTHÈQUE DES TEXTES PHILOSOPHIQUES

CONDILLAC

TRAITÉ DES ANIMAUX

Présenté et annoté
par
Michel MALHERBE

LIBRAIRIE PHILOSOPHIQUE J. VRIN
6, Place de la Sorbonne
PARIS Ve

© *Librairie Philosophique J. VRIN,* 2004

Imprimé en France

ISSN 0249-7972

ISBN 978-2-7116-1665-7

www.vrin.fr

Les animaux, créés pour le service de l'homme, sont dans la maison de leur maître, comme des domestiques dont on ignorerait le nom, la patrie, les aventures et les inclinations. Ils servent bien, c'est tout ce qu'on en sait ; ils font mille choses singulières : c'est ce qu'on ne se lasse pas d'admirer ; ils paraissent avoir des connaissances : c'est ce qu'on n'ose assurer. Cependant, comme il faut que les philosophes disent leur mot sur tout ce qui se présente à leurs yeux, les animaux ont fait naître plusieurs systèmes. Tantôt on a dit que les bêtes sont capables de sentiment et de pensée ; tantôt qu'elles sentent et ne peuvent penser ; tantôt qu'elles sentent ni ne pensent, et que ce sont de pures machines.

Mémoires de Trévoux, décembre 1755

Il sonna, attendit devant la porte close. Un ami lui avait dit que la grande différence à méditer entre l'homme et l'animal, c'était que l'animal ouvrait les portes mais que jamais il ne les refermait derrière lui, jamais, alors que l'homme, si.

Fred Vargas

INTRODUCTION

L'HUMANISTE ET LE NATURALISTE

J'imagine que votre chat est sur vos genoux; il ronronne, tandis que vous le caressez. Ou, peut-être, est-ce votre chien qui vous accueille en bondissant et qui, d'humeur égale, chasse vos soucis? Vous voyez dans ses yeux de l'amitié et de la fidélité. Et vous vous sentez plus fort de cette société, bien plus facile que celle des hommes. Et, pourtant, un miaulement ou un jappement, ce n'est pas une parole; le comportement d'un chat ne diffère guère de celui d'un autre félin que vous n'auriez pas l'idée d'introduire dans votre appartement; le chien n'est qu'un loup domestiqué depuis longtemps, votre chien même a parfois des accès de sauvagerie qu'il vous faut réprimer. Certes, les hommes ont aussi leurs comportements étranges et leurs accès de sauvagerie. Ils nous paraissent parfois bien plus lointains que notre animal domestique préféré. Mais la différence n'est pas la même. Un ami peut devenir un ennemi, et réciproquement. Mon ami me rend mon amitié; mon ennemi me déteste autant que je le déteste. La femme que j'aime est un autre moi-même, quoiqu'elle soit bien différente et qu'elle me le fasse savoir. Mais mon chat ou mon chien n'est pas un être humain; et je le sais bien, quelle que soit l'affection que je lui porte. Je soupçonne mon chat d'être beaucoup plus intéressé par son écuelle que par mon affection;

je sais que tous les chiens ont un chef de meute et que je joue ce rôle auprès du mien. Paradoxalement, ils me sont beaucoup plus étrangers, parce qu'ils me ressemblent trop, parce qu'ils sont trop à mon image, parce qu'ils me rendent trop sentiment pour sentiment. Ils sont trop *homme* pour être un chat ou un chien ; et si, en vérité, comme tout le monde le sait, un chat est un chat et un chien un chien, ces pensées, ces sentiments que je leur attribue n'ont peut-être d'autre réalité que celle que je veux bien leur accorder. Car c'est un travers fréquent chez les hommes que de se prendre de passion pour leur image. Que répondrez-vous, si je vous dis que vous ne connaissez strictement rien à la sensibilité de votre chat ou de votre chien, que vous l'avez éduqué en le dressant par des menaces ou par des coups, pour qu'il réponde à votre appel ; ou même que ce n'est qu'une sorte de machine fort complexe que vous commandez plus ou moins bien, selon vos fins et vos désirs ? Vous vous récriez ! Je veux bien : le sens commun reconnaît que les animaux sont capables de quelque connaissance. Admettons donc que le sens commun ne se trompe pas. Il vous reste à établir en quoi les animaux sont semblables aux hommes, en quoi ils en sont différents. Et ne me dites pas que votre chat ou votre chien vous regarde avec des yeux qui vous remuent le cœur. Cela ne suffit pas. Il faut, pour en traiter, faire de la philosophie.

Disons autrement la difficulté : parler des animaux, n'est-ce pas encore et toujours parler des hommes ? Les pensées que nous leur attribuons, les sentiments que nous leur prêtons, ne sont-ils pas le miroir de notre propre esprit, de notre propre affectivité ? Pouvons-nous faire autrement que de rapporter toute espèce de vie à notre mesure et à notre image ? Et cela, même quand nous accordons aux animaux des droits pour mieux reconnaître leur différence. Or la philosophie, pas plus que le sens commun, n'échappe à la difficulté, quoiqu'elle se soit comme lui intéressée aux animaux depuis toujours. Si s'intéresser aux animaux, c'est s'intéresser encore aux hommes, le gain n'est pas considérable : on parle déjà beaucoup, et peut-être trop des hommes, surtout aujourd'hui. Il serait temps de reparler des sphères célestes, des mondes qui roulent dans l'infini, des entrailles de la terre ou de s'occuper des cycles de la nature ; il ne faudrait pas non plus négliger la vie végétale (autrement que pour satisfaire nos besoins) ; et, touchant les animaux, cessons de parler toujours des dauphins : l'huître aussi est un animal. Du reste, même lorsqu'on s'intéresse aux hommes, il vaut la peine de parler des animaux : car je ne connais pas de sagesse humaine qui ne se mette à distance de la réalité humaine, pour l'apprécier, pour la juger, et qui ne cherche à prendre un autre mesure des choses : la nature, le monde, Dieu, l'Être ou le Bien.

Et, d'abord, comment les nommerons-nous ? Des *animaux* ou des *bêtes* (ou des *brutes*, comme on disait aussi autrefois) ? Les deux mots n'ont pas le même sens [1]. On ne dira pas d'un homme qu'il est bestial, sinon par métaphore et dans des circonstances qui ne sont pas à son honneur. Mais il faut certainement en faire un *animal* puisqu'il est un être animé, capable à la différence des végétaux de se mouvoir, et puisqu'il est pourvu de sensibilité, cherchant comme tous les autres animaux à se porter vers ce qui satisfait ses besoins, tout en se détournant de tout ce qui lui est contraire. Et personne ne conteste que, anatomiquement, physiologiquement, éthologiquement, nous ayons beaucoup de caractères communs, un peu plus un peu moins, avec le singe, le porc, le rat ; ce qui fait d'ailleurs qu'on expérimente sur le singe, le porc ou le rat, pour mieux soigner les hommes.

Cette science des animaux est fort ancienne. Depuis Aristote, l'histoire naturelle s'est efforcée de répertorier toutes les espèces, de les décrire, d'en découvrir les ressemblances et les différences pour les classer par familles, genres, ordres, classes, embranchements, jusqu'à parvenir enfin aux règnes, au sein du système total de la nature. Dans ce système, l'homme occupe une certaine place que l'on peut décrire par les caractères qui sont les siens et qui vont de ceux qui lui sont propres jusqu'à ceux qu'il partage avec tous les vivants. Ses caractères propres, la *diffé-*

---

1. Condillac emploie toujours *bête* par opposition à *homme*. Quant à *animal*, le plus souvent, mais pas toujours, le mot désigne tout être animé, l'homme compris. Le contexte suffit à déterminer le sens qu'il faut retenir.

rence spécifique pour tenir le langage d'Aristote, sont saisis sur le fond d'une identité générique. Ainsi l'être humain est-il un animal bipède, mais sa bipédie ne devient son caractère propre (les oiseaux sont aussi bipèdes!) que sur le fond de tout ce qu'il a de commun avec les autres mammifères dont il partage les propriétés. Assurément, nous savons par expérience humaine et propre ce que c'est que marcher sur ses pieds ou allaiter un petit; il n'en reste pas moins que la marche est à rapporter à un développement cérébral, à une certaine structure du squelette, à un mode d'allaitement, peut-être même à des comportements, que nous devons comprendre par comparaison avec le reste des animaux supérieurs. Et dans le discours du naturaliste, connaître les animaux n'est pas plus difficile que se connaître soi-même, puisque, à des différences près qui vont s'élargissant à mesure que l'on progresse dans la généralité de la nature, tous les êtres partagent une même propriété fondamentale, la vie. Sans doute, à l'intérieur du système, dans l'échelle des êtres, que d'aucuns ont d'ailleurs voulu rendre continue, les hommes ont-ils une place propre, peut-être la plus éminente, et il est certain qu'il faut la déterminer; mais il n'y a qu'un seul système, celui de la nature, système homogène qui n'admet ni totale ressemblance ni différence radicale.

L'humaniste, je veux dire celui qui rapporte tout le système de la nature à l'homme, parce que l'homme seul, dit-il, est un être conscient, capable de donner du sens aux choses qui n'en ont pas, capable de se perfectionner au fil d'une histoire, capable de régler sa conduite sur des lois et d'atteindre des fins – l'humaniste répond au naturaliste :

— Je vous accorde tout cela; mais vous ne parlez que des caractères corporels. Or les hommes sont totalement différents du reste des animaux, puisqu'ils ont aussi des caractères moraux qui font qu'ils ont le pouvoir de transformer la nature et de rendre meilleures les sociétés où ils vivent. Ils ont une âme! Reconnaissez donc qu'il y a deux ordres ontologiques totalement différents, celui de la nature et celui du sens, celui de la nécessité et celui de la liberté, celui des lois génétiques et celui des lois morales. Les hommes participent au premier, mais ils sont au principe du second.

— Il est toujours embarrassant, répond le naturaliste qui est aussi philosophe, d'avoir deux ordres, car il faut ensuite penser leur rapport. Descartes avait déjà rencontré ce problème de savoir comment l'âme peut bien se rapporter au corps qui n'est qu'une sorte d'automate. De plus, puisque vous aimez la métaphysique, tiendrez-vous encore ce monde humain que vous vantez tant pour une partie de la nature, certes en plein développement, et à ce titre assez particulière, ou prétendrez-vous que, par un processus de plus en plus manifeste de spiritualisation progressive, déjà amorcé par l'évolution des espèces, la nature vient à se dépasser dans l'homme ? Vous trouvez que ma question est trop philosophique ? Restons-en aux expérimentations génétiques : est-ce l'homme qui, fort de sa connaissance des lois naturelles, transforme le champ de la vie, améliore les semences, accroît la productivité des races et, supposons que ses fins sont bonnes, crée un monde meilleur que la nature ne l'avait voulu ? Ou est-ce la nature qui, réagissant à toutes ces sollicitations, crée ici des espèces, fait disparaître là celles qui n'ont plus de milieu favorable, et qui, incessamment et nécessairement, l'homme n'étant pour elle qu'un moyen, recompose l'ordre qui est le sien, un ordre dont il n'est pas sûr que demain il soit encore si favorable à l'espèce humaine ? Je ne veux pas trancher la question, car la question n'existe que par votre distinction entre la nature et l'homme.

Mais, pour mieux vous en faire sentir la difficulté, vous devez reconnaître que les animaux, mêmes les plus simples, sont pourvus de sensibilité. Est-ce la même que celle des hommes ? Souffrent-ils, éprouvent-ils du plaisir ? Pourquoi se portent-ils vers l'objet de leur satisfaction ? Je crains qu'à cela vous n'ayez d'autre réponse que de faire des animaux des machines qui, par leur organisation, donnent l'apparence de la sensibilité, mais n'ont pas de véritable appétit ou d'aversion ; et je vous soupçonne d'humaniser ces sortes de machines, quand il s'agit de votre chat ou de votre chien.

— Il faut pourtant, s'impatiente l'humaniste, il faut pourtant marquer la différence, et une différence qui n'est pas que de degré, entre les hommes et le reste des animaux. Acceptons que les dauphins communiquent entre eux, ce qu'on pourrait peut-être expliquer par des raisons purement physiques ; mais vous ne direz pas qu'ils se transmettent les dernières connaissances découvertes ou qu'ils s'envoient des déclarations d'amour. Admettons même que les animaux aient une forme de sensibilité ; ils n'ont pas d'âme. Avoir une âme, c'est penser, aimer, parler, vivre en société, s'efforcer de devenir bon. Admettons encore qu'ils puissent avoir, au sein de leur espèce, une forme de pitié ou de sentiment pour leurs semblables, jamais vous n'oserez leur accorder d'être capables d'une amitié d'élection, je veux dire : de cette amitié qui est fondée sur l'admiration et où l'ami cherche à égaler l'ami et à rivaliser de perfection avec lui. L'homme seul est fait pour la perfection.

— Craignez, répond le naturaliste, toujours philosophe, que les anges ne descendent un jour du ciel ou, si vous ne croyez pas aux anges, que des êtres supérieurs dans l'échelle des vivants, des Jupitériens par exemple, ne débarquent de leurs vaisseaux pour mettre un peu d'ordre sur la terre. S'ils raisonnent comme vous, ils diront que les hommes n'ont pas d'âme et ils nous mettront au pas ; ils nous soumettront à des manipulations génétiques, ils amélioreront à leurs fins la race humaine. Car, vous le savez, il n'y a qu'une seule façon de traiter ce qui est totalement autre : le dominer pour en réduire l'étrangeté ; le transformer pour le forcer à n'être plus que l'accomplissement de nos desseins. Ne serait-ce que par prudence, car je ne veux pas devenir un jour le chat préféré d'un Jupitérien, je veux qu'on dise et qu'on fasse différemment : une bête n'est pas un homme, ni un homme une bête ; mais il y a une communauté réelle de l'homme et de la bête, une communauté qui ne concerne pas seulement leur organisation corporelle, mais tout autant la disposition de leur âme.

— Je vous sais homme religieux et vous croyez en une vie future : qu'allez-vous faire de l'âme des animaux ? Le paradis se transformera-t-il en une immense arche de Noé ?…

Laissons discourir nos deux héros, parvenus à ces hauteurs. Et revenons à Buffon et à Condillac, et à leur querelle philosophique sur les animaux.

LES CIRCONSTANCES
DE LA PUBLICATION DU *TRAITÉ DES ANIMAUX*

Le *Traité des animaux* paraît en septembre 1755, à peine un an après le *Traité des sensations*. Les deux ouvrages sont souvent donnés l'un à la suite de l'autre, à cause de leur caractère complémentaire.

Le *Traité des sensations* s'ouvre sur la célèbre figure de la statue qui est odeur de rose; et Condillac demande au lecteur de se mettre à la place de cette statue qui n'a qu'un seul sens au début, l'odorat, et d'accepter de ne connaître le monde et lui-même que par la transformation de cette sensation initiale: toutes les opérations et les idées dont est capable l'entendement humain sont progressivement et logiquement engendrées à partir de cet unique fait primitif. La statue devient d'abord un animal capable de veiller à sa conservation, puis un être humain, capable de connaissance et de volonté.

Cet apologue philosophique se développe en une argumentation fort complexe, puisqu'il s'agit de rendre compte, au total, de toute l'activité de l'esprit humain. Dans la préface, Condillac attribue une part de l'invention de cet artifice de la statue (procédé plus méthodique que littéraire sous sa plume) à une Demoiselle Ferrand avec laquelle il avait eu des entretiens philosophiques réguliers et qui était prématurément décédée; et il lui rend hommage comme à son inspiratrice:

> Nous imaginâmes une statue organisée intérieurement comme nous, et animée d'un esprit privé de toute espèce d'idée. Nous supposâmes encore que l'extérieur tout de marbre ne lui permettait l'usage d'aucun de ses sens et nous nous réservâmes la

liberté de les ouvrir à notre choix, aux différentes impressions dont ils sont susceptibles[1].

En vérité, l'artifice, pris en lui-même, n'avait rien de nouveau[2]. Il n'était pas rare, quand on voulait caractériser la nature humaine et montrer ce qu'elle doit à elle-même et ce qui résulte de son état et de sa condition, ou encore quand on tentait de mesurer ses progrès depuis son origine – il n'était pas rare de supposer un homme primitif, dans la pleine perfection de ses facultés et d'apprécier par différence l'homme d'aujourd'hui. Le modèle est évidemment Adam, sortant des mains du Créateur, riche de toute la perfection humaine, quoique n'ayant pas encore goûté à l'arbre de la connaissance du bien et du mal. Mais, le récit biblique le dit, Adam et Ève ont péché, la nature humaine s'est corrompue et la vie des hommes est désormais telle qu'ils sont asservis à leur condition mortelle et voués à tous les maux qui les frappent. Toutefois, même déchue, l'humanité conserve ce reste de noblesse de pouvoir être jugée à l'aune de la perfection finie que le Créateur avait initialement accordée à Adam.

Assurément, la statue de Condillac est, nous verrons pourquoi, l'antithèse du premier homme : ce n'est pas l'homme dans sa perfection accomplie dès l'origine, mais l'homme qui n'est encore rien ou presque rien, dans cette même origine. La statue est-elle déjà un homme ? Que faut-il poser pour faire le minimum d'un homme ? Neutralisons toute notre humanité, telle que nous l'éprouvons et la connaissons dans son actuelle complexité, et donnons lui l'apparence d'une statue qui ne dispose que de l'odorat. On lui présente une rose : elle est alors odeur de rose ; on

---

1. *Traité des sensations*, « Dessein de cet ouvrage », 222 A, 16-24. Dans l'attente d'une nouvelle édition des œuvres complètes de Condillac, à paraître aux éditions Vrin, nous donnons, par commodité, la page, la colonne, les lignes, dans le tome I de l'édition Le Roy des *Œuvres philosophiques de Condillac*, Paris, P.U.F., 1947, qui regroupe tous les ouvrages de Condillac cités dans la présente étude.

2. Condillac lui-même avait fait, en passant, cette sorte de supposition dans son premier ouvrage, paru en 1746, l'*Essai sur l'origine des connaissances humaines*, I, 1, 1, § 3 : « Considérons un homme au premier moment de son existence ; son âme éprouve d'abord différentes sensations… » (6A, 37-40).

lui présente du jasmin : elle est alors odeur de jasmin. L'odorat est le sens le plus pauvre, le plus élémentaire. La leçon est évidente : l'homme ne doit pas ses facultés et ses perfections à la nature, mais à l'apprentissage qu'il fait du monde et de lui-même, en fonction de son état et des circonstances qui entourent son existence. Non seulement, il apprend à penser, mais il apprend même à sentir.

> Il nous a paru inutile de supposer que l'âme tient immédiatement de la nature toutes les facultés dont elle est douée. La nature nous donne des organes pour nous avertir par le plaisir de ce que nous avons à rechercher, et par la douleur de ce que nous avons à fuir. Mais elle s'arrête là ; et elle laisse à l'expérience le soin de nous faire contracter des habitudes, et d'achever l'ouvrage qu'elle a commencé [1].

Cette sorte de considération pouvait ne pas paraître innocente aux yeux d'un censeur sourcilleux [2], puisque ce pouvait être une incitation à douter que l'homme fût sorti des mains d'un Créateur sage et bon. Condillac, qui était abbé, dut se garder de ce côté, en faisant remarquer qu'il ne cherchait pas à connaître la nature de l'esprit humain, mais à rendre compte de ses opérations [3].

C'était aussi prendre parti dans le débat philosophique suscité par l'*Essai sur l'entendement humain* (1690) de John Locke. À l'approche du philosophe anglais qui tentait d'étudier l'entendement humain par l'observation et l'expérience, un Leibniz

---

1. *Traité des sensations*, « Dessein de cet ouvrage » (222 B, 5-14).

2. En 1752 l'abbé de Prades, collaborateur de l'*Encyclopédie*, qui y avait rédigé plusieurs articles de métaphysique et qui avait soutenu par ailleurs une thèse devant la Sorbonne d'inspiration en partie condillacienne, était condamné pour plusieurs propositions dont le première était celle-ci : « Toutes les connaissances de l'homme tirent leur origine de la sensation ». On lui reprochait de vouloir substituer à la création divine une genèse sensualiste de l'homme. Ce fut un scandale public. Pour éviter d'être arrêté, l'abbé de Prades dut s'enfuir à Berlin où il mourut en 1754, après s'être chrétiennement rétracté.

3. Dans l'*Essai sur l'Origine des connaissances humaine*, son premier ouvrage qui obéissait déjà à un ordre génétique, il prend la précaution de déclarer qu'il étudie l'homme après le péché (I, 1, 1, § 8).

avait répondu dans les *Nouveaux Essais*[1] par le vieil adage que *omne est in sensu nisi intellectus* : tout est dans les sens, excepté l'intellect lui-même. Or Condillac va plus loin que Locke lui-même : tout est dans la sensation, y compris les opérations de l'entendement et, d'une façon générale, toutes les actions de l'âme ; tout y est, en ce sens qu'on peut faire une histoire de l'âme qui suit toutes les transformations de la sensation et qui explicite par degrés successifs de perfectionnement tout ce qui constitue notre pleine humanité. Cette genèse (cette *génération*, dit Condillac) a un double ressort : d'une part, les modifications successives de la condition humaine (puisque, depuis la Chute, l'homme se caractérise autant par sa condition que par sa nature) ; d'autre part, l'activité réflexive que suscitent ces modifications et qui permet de passer d'une opération de degré inférieur en complexité à une opération de degré supérieur en perfection.

L'intérêt de l'analyse condillacienne, surtout dans le détail, était de porter à l'extrême une idée générale qui était assez répandue dans la philosophie empiriste de l'époque, alors dominante en Grande-Bretagne et introduite en France à partir des années 1730. On avait multiplié ces « histoires » de la nature humaine et de tout ce qui fait sa réalité, et substitué l'analyse génétique à la traditionnelle connaissance d'essence, selon le principe qu'on ne peut dire ce qu'est la nature humaine qu'en expliquant comment elle s'est formée. Assurément, le philosophe ne fait pas dans ces histoires œuvre d'historien ; et même s'il convoque régulièrement l'enfant ou le sauvage à titre de confirmation de ses thèses, on ne saurait dire qu'il décrive l'homme archaïque, tel qu'il fut avant ou après le début de l'histoire. Condillac ne nous propose qu'une statue sentant une rose : les premiers hommes étaient certainement plus que cela ! Et si, comme beaucoup d'autres, il se réclame de l'observation pour prouver sa démon-

---

1. En fait, les *Nouveaux Essais*, qui furent rédigés à partir de 1703 et qui sont un commentaire linéaire de l'*Essai* de Locke, parurent longtemps après la mort de Leibniz, en 1765. Mais les thèses de Leibniz étaient bien connues, de Condillac en particulier.

stration, il s'agit toujours d'une observation décomposée analytiquement dans le discours philosophique.

Si l'on en était resté là, il n'y aurait sans doute pas eu de *Traité des animaux*. Or la statue imaginée par Mademoiselle Ferrand et Condillac n'était pas entièrement nouvelle en 1754. Deux auteurs, au moins, les avaient précédés dans cette sorte de fiction. En 1749, dans le troisième volume de son *Histoire naturelle, générale et particulière*[1], dans le chapitre consacré aux sens en général, Buffon avait imaginé :

> un homme tel qu'on peut croire qu'était le premier homme au moment de sa création, c'est-à-dire, un homme dont le corps et les organes seraient parfaitement formés, mais qui s'éveillerait tout neuf pour lui-même et pour tout ce qui l'environne. Quels seraient ses premiers mouvements, ses premières sensations, ses premiers jugements ? Si cet homme voulait nous faire l'histoire de ses premières pensées, qu'aurait-il à nous dire[2] ?

Et Buffon donne la parole à ce premier homme qui, dans un joli discours, nous raconte ce que fut pour lui le début de l'existence, et donc du monde. De son côté, en 1751, Diderot, ami de Condillac (Rousseau avait présenté les deux hommes l'un à l'autre en 1745), publie la *Lettre sur les sourds et muets* où, pour expliquer comment les inversions se sont introduites et conservées dans les langues – sujet classique de controverse concernant la question de l'ordre des mots comparé à l'ordre des idées – il

---

1. *Histoire générale et particulière, avec la description du Cabinet du Roi*, Paris 1749-1767, 15 vol. Buffon reçut l'aide de collaborateurs dont le plus important fut Louis Daubenton. L'ouvrage ne fut totalement achevé qu'en 1804, après la mort de Buffon (44 vol.). Les quatre premiers volumes, qui parurent avant le *Traité des animaux* de Condillac, sont les suivants : le tome I (1749) comprenant le *Premier Discours* (*De la manière d'étudier l'Histoire naturelle*), le *Second Discours* (*Histoire et théorie de la terre*), les *Preuves de la théorie de la terre* ; le tome II (1749) comprenant l'*Histoire générale des animaux* et l'*Histoire naturelle de l'homme* ; le tome III (1749) comprenant la *Description du Cabinet du Roi* et la suite de l'*Histoire naturelle de l'homme* (*les sens*) ; enfin, le tome IV (1753) comprenant le *Discours sur la nature des animaux*, la description des premiers *Animaux domestiques* et, par Daubenton, l'étude sur la *Description des animaux*.

2. Voir le texte VI de notre dossier.

fait l'hypothèse d'un « muet de convention » qui, s'interdisant l'usage des sons articulés, tâcherait de s'exprimer par des gestes, de telle sorte qu'on vît « quel est l'ordre d'idées qui aurait paru le meilleur aux premiers hommes pour se communiquer leurs pensées par gestes »[1].

Les intentions respectives de nos trois auteurs étaient assez différentes, mais deux choses les rapprochaient : le plaisir pris à employer ce procédé littéraire, d'une part ; et surtout, d'autre part, la nécessité de revenir à la question des sens, de leur distinction et de leurs rapports, afin de combattre un même adversaire commun, l'innéisme cartésien, et de poursuivre une discussion entamée en Angleterre par Locke et par Berkeley. Les rapprochements étaient donc possibles, à la fois par la forme et par le contenu. Sur un ton acide dont il était coutumier, Grimm, dans sa *Correspondance littéraire*, compare le texte de Diderot et le *Traité des sensations* : « il y a plus de génie dans ce peu de lignes [de Diderot] que dans tout le *Traité des sensations* »[2]. De là à l'accusation de plagiat, il n'y avait qu'un pas que Grimm ne franchit pas.

Condillac ne souhaita pas entrer en querelle avec Diderot et il répondit à l'accusation de Grimm dans une *Réponse à un reproche qui m'a été fait sur le projet exécuté dans le* Traité des sensations, réponse qui est placée à la fin du second volume du *Traité des sensations* et où, ayant dit tous les mérites de Diderot, il cite pour comparaison les passages pertinents de la *Lettre sur les sourds et muets*.

Il n'en alla pas de même avec Buffon. Le rapprochement fut rapidement fait entre le *Traité des sensations* et les premiers volumes de l'*Histoire naturelle* ; on pouvait le poursuivre jusque dans un certain détail, notamment sur la nature et la fonction du toucher[3]. Et, même si les différentes recensions de l'ouvrage de

1. Diderot, *Lettre sur les sourds et muets*, dans *Œuvres complètes*, éd. R. Lewinter, Paris, 1969, t. II, p. 524 *sq.*

2. Friedrich Melchior Grimm, *Correspondance littéraire*, 1er novembre 1755, éd. Tourneux, t. II, p. 204 *sq.*

3. Comme l'évoque Condillac dans la note de la préface du *Traité des animaux* (désormais : *TA*), p. 111 de la présente édition.

Condillac données dans les journaux savants de l'époque n'incriminent pas l'abbé, la rumeur, la malveillance intellectuelle ou, comme disent ses défenseurs, *l'envie*, eurent tôt fait de forger et de diffuser l'accusation. Et Condillac reproche à Buffon lui-même d'avoir contribué à répandre la calomnie [1].

Ainsi, comme l'avoue son auteur, le *Traité des animaux* est une œuvre de circonstance, née d'une polémique qui fait sentir ses effets jusque dans le texte. Toute la première partie consiste dans la critique, à livre ouvert, des thèses de Buffon (récapitulées dans la conclusion de cette partie) ; et, même dans la seconde, où les références à l'auteur de l'*Histoire naturelle* sont renvoyées en note, le motif des différents chapitres reste largement inspiré par le souci de prouver au lecteur que la doctrine condillacienne ne doit rien au naturaliste. Dans cette polémique, il faut avouer que Condillac ne se conduit pas toujours à son honneur, même quand il a raison. Accuser Buffon de se soucier de bien écrire, au lieu de raisonner, n'est pas de la plus grande élégance [2] : Buffon écrit bien, nul ne le conteste ; mais Condillac raisonne mieux, c'est Condillac qui le dit. Et, comme l'abbé n'a pas l'esprit d'un Voltaire, la critique prend, dans sa forme, un tour assez souvent médiocre, parfois même mesquin, par son insistance ; car, s'il est respectable de se défendre d'une fausse accusation, il l'est moins de dénigrer pour cela l'adversaire. D'une manière générale, à vouloir se conduire contre Buffon en philosophe précis, sinon pointilliste, Condillac manque le dessein philosophique de l'*Histoire naturelle*. Il est certainement bien meilleur philosophe que lui ; mais, en vérité, celui-ci ne se soucie pas d'écrire un système de philosophie et les discours « philosophiques » qu'il introduit dans son histoire naturelle sont autant de considérations générales sur la méthode, le monde, l'homme ou les animaux, destinées à élargir les vues du lecteur et à l'aviser de ne pas se perdre dans les développements plus descriptifs qui occupent la majeure partie des volumes. Et qui n'a rêvé d'être le premier

---

1. *TA*, p. 111.
2. Voir la conclusion à la première partie du *TA*, p. 142.

homme découvrant l'existence et tout à la joie du matin du monde ? N'y a-t-il pas des occasions où il faut être plus lyrique que philosophe ? Le chapitre I, 6, où Condillac examine, moment par moment, ce beau tableau de Buffon, est d'un sérieux affligeant ; et on pourrait y appliquer ce que Grimm disait déjà du *Traité des sensations* : Condillac a « noyé la statue de Monsieur de Buffon dans un tonneau d'eau froide »[1].

Ajoutons à cela qui ne favorise pas la sérénité ni la progression linéaire de l'ouvrage, que Condillac, cédant à une pratique assez fréquente chez lui, « repique » dans la section VI de la deuxième partie une longue preuve de l'existence de Dieu, extraite d'une *Dissertation sur les Monades* qu'il avait publiée dans l'anonymat en 1748, en réponse au concours sur les monades lancé par l'Académie de Berlin en 1746-1747[2]. On a beau se dire qu'il est important pour lui d'établir que sa doctrine des animaux n'a aucun caractère matérialiste et que la connaissance de Dieu (chap. VI) et de la morale (chap. VII) est la marque distinctive des hommes, on retire néanmoins le sentiment que ce chapitre est une pièce rapportée, qui s'éloigne de l'intention principale du *Traité*.

Bref, le *Traité des animaux* n'est un ouvrage ni bien écrit (on reprochait souvent à Condillac la médiocrité de son style) ni bien composé. Et on ne peut pas l'aborder sans avoir quelque connaissance du *Traité des sensations* dont il assure la défense, ni sans jeter un regard sur l'*Histoire naturelle* de Buffon. Mais Condillac est bon philosophe ; et toute la problématique de l'animal affleure dans son texte.

1. *Correspondance littéraire*, 1ᵉʳ novembre 1755, t. III, p. 112. Pour ce qui est du mérite littéraire, Grimm donne l'avantage à Buffon. Condillac « est naturellement froid, diffus, disant peu de choses en beaucoup de paroles, et substituant partout une triste exactitude de raisonnement au feu d'une imagination philosophique… Monsieur de Buffon mettra plus de vues dans un discours que notre Abbé n'en mettra de sa vie dans tous ses ouvrages ». Grimm relève l'impolitesse de Condillac à l'égard de Buffon.

2. L'attribution de cette dissertation à Condillac n'a été définitivement établie que très récemment. Voir l'édition qu'en a donnée L. L. Bongie (Oxford, The Voltaire Foundation, 1980) ; texte reproduit, et traduction de l'introduction par F. Hezidsieck, Grenoble, J. Millon, 1994.

La machine et l'animal

Il est remarquable que Condillac introduise le *Traité des animaux* en évoquant le nom de Descartes, mais pour déclarer que la célèbre doctrine des animaux-machines n'a pas résisté au temps et qu'il n'y a plus grand monde en 1750 pour lui attribuer encore quelque valeur. C'est assurément une manière de situer la critique qu'il va développer de Buffon, lequel Buffon reste, à ses yeux, tributaire d'une telle doctrine. Mais il est aussi remarquable que Condillac évite le débat métaphysique et se borne à dresser contre Descartes une critique fréquente à l'époque contre bien d'autres auteurs : Descartes est tombé dans l'esprit de système ; lui, l'inventeur avec Galilée de la mécanique, après avoir tenté d'expliquer la formation et la conservation de l'univers physique par les seules lois du mouvement, il a voulu étendre la même sorte d'explication aux animaux. Ce goût de la généralité et de l'uniformité, qui conduit à ignorer les phénomènes les plus évidents, Condillac l'explique par une passion fréquente chez les philosophes : la vanité. Ayant rencontré le succès dans une partie de la nature, Descartes n'aurait eu de cesse d'étendre ses principes à la totalité de la nature.

Ce jugement expéditif évalue d'une manière bien rapide la remarquable fécondité de la thèse cartésienne de l'animal-machine, non seulement au XVIIe siècle, mais encore au XVIIIe siècle, du moins sur le plan technologique. Descartes avait été fasciné, comme nombre de ses contemporains, par le développement des automatismes qui venaient de faire un progrès décisif avec l'invention des premières machines à programme, permettant par l'emploi d'un tambour de réguler automatiquement les flux d'air ou d'eau : jets d'eaux, systèmes animant de petits théâtres de personnages, décors illusionnistes et machineries de scène, etc. Cet engouement s'était encore accru au fil du XVIIe siècle avec la multiplication des montages mécaniques, s'entretenant eux-mêmes, et avec certaines avancées technologiques, comme la mise au point du balancier-spirale de Huyghens en 1675, qui permettait de réguler de manière désormais fiable le mouvement des montres, et cela par un processus entièrement mécanique[1]. Il devenait apparent que des machines non seulement étaient capables de pratiquer certaines opérations, surtout de transformation du mouvement, mais aussi de gouverner leurs automatismes. La comparaison avec les êtres vivants s'en trouvait d'autant renforcée et il devenait tentant d'abandonner les prudences avec lesquelles Descartes avait présenté sa doctrine[2], et de considérer que ce que l'homme pouvait faire à une échelle modeste, Dieu l'avait fait dans ces créations autrement plus complexes que sont les animaux. Si une machine peut se gouverner elle-même de manière entièrement mécanique, la puissance humaine étant à son origine, on peut bien admettre que les animaux puissent se diriger eux-mêmes de manière tout aussi mécanique, la puissance divine étant à leur origine, sans qu'il faille supposer en eux un principe vital individuel et une constitution naturelle qui serait celle d'un organisme autonome.

Indépendamment des conséquences métaphysiques qu'on pouvait tirer d'une telle conception mécaniste, propre à servir aussi bien la thèse de la toute-puissance divine que l'affirmation contraire que toute espèce de réalité n'est qu'une complication, plus ou moins poussée, d'une disposition mécanique de la matière, les progrès réalisés dans la construction des automates se poursuivirent, suscitant toujours le même intérêt et la même admiration.

Pour mesurer cet engouement, il suffit de lire, dans le premier volume de l'*Encyclopédie* de Diderot et d'Alembert, paru en 1751, peu de temps avant le *Traité des animaux*, les articles « Androïde » et « Automate », rédigés par ce dernier. Dans le premier article, après avoir donné la définition de l'androïde : « automate ayant figure humaine et qui par le moyen de certains ressorts, etc., bien disposés, agit et fait d'autres fonctions extérieurement semblables à celles de l'homme », d'Alembert tire du mémoire

---

1. Pour davantage de détails, voir l'introduction de François Dagognet à son édition du *Traité des animaux*, Paris, Vrin, 1987, p. 30 *sq.*

2. Voir le texte II de notre dossier.

que Jacques de Vaucanson avait présenté en 1738 à l'Académie, la description détaillée du très célèbre *Flûteur* « que tout Paris a été voir en foule ». Le *Flûteur* est un androïde qui, lorsqu'il joue de la flûte, approche l'instrument de sa bouche, fait se mouvoir ses lèvres, sa langue, qui gonfle sa poitrine, bouge ses doigts en fonction de la note rendue, change d'octave, et tout cela par mécanisme et dynamique des vents. Le second article, également rédigé par d'Alembert, décrit deux autres productions que le même ingénieur mécanicien (qui joua par ailleurs un rôle important dans l'automatisation des métiers) avait présentées en 1741 : le non moins célèbre *Canard* qui battait des ailes, mangeait du grain dans la main et le digérait, et le *Joueur de tambourin et de flageolet*, habillé en berger danseur, un instrument dans chaque main, et capable de jouer davantage d'airs que le Flûteur, une vingtaine au total. Dans ces remarquables créations, Vaucanson, loin de chercher à faire illusion se proposait, au contraire, de rendre apparentes toutes les opérations mécaniques qui étaient à l'œuvre ; ce n'était donc pas des articles de foire, destinés à étonner les badauds, mais des outils propres à faire comprendre les différents mouvements anatomiques, comme le mouvement d'une aile, et même certaines fonctions de la vie, comme la respiration et la digestion (celle-ci étant rendue, il est vrai, non par une trituration mécanique, mais par une dissolution chimique). L'imitation était donc expliquée en même temps qu'elle était présentée au spectateur, lequel restait partagé entre son admiration pour l'habileté de l'artifice humain, capable de fournir ainsi un modèle des opérations fondamentales de la nature, et son étonnement devant les raffinements extrêmes dont était capable la nature elle-même, dans sa production animale.

Condillac emploie rarement le mot *machine* dans le *Traité des animaux* et il n'évoque le *mécanisme* ou le *pur mécanisme* que pour déclarer son insuffisance [1]. Son opposition est de principe et elle est clairement déclarée dès le début : « Il y a donc

---

1. « Il est impossible de concevoir que le mécanisme puisse seul régler les actions des animaux », *TA*, p. 122.

autre chose dans les bêtes que du mouvement. Ce ne sont pas de
purs automates, elles sentent »[1]. Toutefois, il est intéressant de
comparer la statue qui est odeur de rose avec ces automates.
Assurément, d'un côté, l'on a affaire aux opérations mentales et
aux comportements de l'être animé, alors que, de l'autre côté,
l'on ne considère que ses fonctions corporelles et ses mouvements. De plus, la statue est à la fois plus et moins que l'automate : d'une part, elle est de marbre et elle n'a aucun mécanisme
intérieur que l'on pourrait rendre apparent ; d'autre part, elle est
pourvue de sensibilité, ce dont ne dispose pas l'automate. Cependant, tous deux sont des suppositions ou des artifices, construits
en idée ou réalisés par la technique, en vue de rendre compte
de l'animal, d'une manière analytique, figurant comment sont
engendrés les mouvements animés, les fonctions vitales ou les
opérations mentales. Reste assurément la question de savoir ce
qu'on peut retenir comme vérité d'une telle analogie : l'automate
doit-il être pris comme la quasi preuve que l'animal est dans sa
réalité même d'une nature mécanique, ou comme une simple
image proposant un modèle de connaissance ? Quant à la statue,
elle n'a d'existence que philosophique, puisque, si elle fournit un
modèle analytique des opérations de l'âme, l'on sait bien qu'il
n'est aucun être sensible et en conséquence capable de mouvement, qui serait réduit à un seul sens. C'était d'ailleurs un
reproche adressé souvent à Condillac. Grimm, dans la recension
qu'il donne du *Traité des sensations*, tout en louant les qualités
philosophiques de l'auteur, déclarait :

> Il n'y a point de sens sans celui du toucher ; et quand, avec une
> audace philosophique, on entreprend *d'animer* une statue, il ne
> faut pas faire ce que la nature elle-même n'aurait pu faire dans
> l'ordre présent des choses [...]. Voilà pourquoi [...] on a si peu de
> plaisir à lire l'ouvrage de notre philosophe ; c'est qu'il est fondé
> sur des suppositions arbitraires et impossibles[2].

---

1. *TA*, p. 116.

2. *Correspondance littéraire*, II, p. 205. Nous soulignons. Voir dans le même esprit
la recension du *Traité des sensations* parue dans l'*Année littéraire*, 1754, VII, p. 289-

Les mécanistes et Condillac partagent le même esprit d'analyse; et si l'on veut objecter aux premiers que le vivant ne se laisse pas analyser comme une machine, puisque dans sa réalité naturelle il est tout autre, comment ne pas faire la même objection au second, puisqu'une statue dotée du seul odorat n'a pas plus de vraisemblance?

Le second rapprochement qu'on peut faire, porte sur l'idée de transformation: dans l'automate, le mouvement initial qui est donné se transforme en une suite réglée de mouvements complexes, certes homogènes, puisque l'on n'a jamais que du mouvement, mais, donnant à la machine, au fur et à mesure qu'ils s'accomplissent, des apparences qui changent et qui sont d'ordre différent: mouvements de l'aile ou des doigts, fonctions vitales actives de digestion ou de respiration, éventuellement opérations vives de contrôle. Or, les critiques de Condillac et du condillacisme à la fin du XVIIIe siècle et au début du XIXe siècle n'hésitèrent pas à compter le philosophe au rang des matérialistes, puisqu'il prétendait engendrer par transformation, à partir d'une seule sensation, toutes les opérations et toutes les idées non seulement de l'animal, mais aussi de l'homme, enrichissant de la sorte la statue de toutes les apparences de l'âme humaine, mais sans qu'elle gagne aucunement en réalité spirituelle. En effet, toute composition générative est précédée d'une réduction: pour aller de la statue à l'homme, il faut avoir été de l'homme à la statue; de là à penser que dans la réduction l'on a fait perdre à l'homme sa nature spirituelle et qu'il ne saurait donc la retrouver ensuite par composition, il n'y a qu'un pas, facile à franchir. Quelle différence y a-t-il entre un automate doté de mouvement et un automate doté de sensation? Si jamais elle existe, cette différence mérite certainement d'être mise en lumière.

298, qui relève le caractère hypothétique et donc abstrait de la statue; et également celle des *Mémoires de Trévoux*, 1755, mars, p. 641-669.

Questions de méthode

L'accusation lancée contre Descartes, coupable d'être tombé dans l'esprit de système et d'avoir généralisé au tout de la nature un principe d'explication valable pour une seule de ses parties, n'est pas sans importance épistémologique, même si l'on peut ajouter que Condillac reprend une critique qui est à son époque tout à fait banale. En effet, si l'on ne nie pas la validité de la science moderne du mouvement, on lui fixe néanmoins des limites telles qu'on ne saurait l'étendre à toute espèce d'existence. Ce qui revient à distinguer entre deux sortes de réalité totalement différentes : d'une part, la nature matérielle qu'on peut expliquer par la science de l'étendue (la géométrie) et la science du mouvement (la mécanique et les autres sciences physico-mathématiques) ; d'autre part, les phénomènes de la vie, requérant une autre méthode, celle précisément de l'histoire naturelle, qui est faite d'observations, de classements et d'inférences conduisant à énoncer des lois qui n'ont le statut que de *faits généraux*. Buffon, lui-même, avait développé ce propos, mais en le poussant plus loin encore dans son discours sur *La manière d'étudier et de traiter l'histoire naturelle*, puisqu'il faisait passer la ligne de partage au cœur même de la physique, entre une physique abstraite mathématisée et une physique concrète expérimentale ; ou, dit autrement, entre deux sortes de vérités, les vérités mathématiques qui reposent sur des définitions nominales et qui procèdent par substitution d'expressions identiques (le modèle étant l'algèbre) et les vérités physiques qui ne sauraient reposer sur des suppositions ou des formalismes, mais qui dépendent du recueil et de la comparaison des faits et des généralisations expérimentales[1]. Diderot reprend cette division dans son recueil d'aphorismes sur l'*Interprétation de la nature*, où il oppose le domaine des mathématiques, simple monde intellectuel, d'une

---

1. *Histoire naturelle*, 9 A et B *sq.* (nous nous référons à l'abondant et commode recueil d'extraits, donnés par Jean Piveteau, sous le titre *Œuvres philosophiques de Buffon*, Paris, P.U.F, 1954.

rigueur et d'une exactitude parfaites, mais qui n'a affaire qu'à des signes et à des problèmes, au monde réel de la nature tel qu'il nous est donné et tel qu'on peut le découvrir et l'étudier dans l'expérience. Les mathématiques sont en passe, dit-il, d'atteindre à leur perfection ; les quelques progrès dont elles sont encore capables ne se feront que dans leur ordre ; mais l'avenir véritable de la science est dans la physique expérimentale [1].

Assurément, Diderot s'est trompé : les mathématiques n'auront cessé de s'étendre et de se perfectionner et de fournir à la physique des outils de plus en plus raffinés, à la mesure de la complexité des problèmes que celle-ci rencontrait dans son développement, réduisant d'autant la part de la physique descriptive. Mais Diderot a eu raison sur un point : ce succès n'a été obtenu que par le développement du calcul et du symbolisme, c'est-à-dire, d'un formalisme extrême ; et Buffon avait parfaitement vu le point critique : quel rapport de vérité une science mathématisée peut-elle entretenir avec la réalité des choses, quand l'on procède par opération sur des signes, par axiomatisation, par modélisation ? Certes, le XVIIIe siècle n'en est pas encore à ce genre de questions ; il réagit plus immédiatement à un problème que le succès même de la physique newtonienne ne parvenait pas à masquer et que le cartésianisme avait longtemps écarté en France : comment une science peut-elle être à la fois mathématique et expérimentale ? Si elle est mathématique, il faut qu'elle porte sur des rapports entre des termes abstraits qui n'ont de réalité que ces rapports eux-mêmes : qu'est-ce que la loi universelle de l'attraction établit, sinon le rapport qu'il y a entre un certain rapport de masse et un certain rapport de distance ? Une telle science n'a pas affaire à des êtres, mais à des corps, des mouvements, des masses, des forces. Sans doute, cette abstraction se conjugue bien avec l'abandon de la vieille métaphysique, qui cherchait l'essence des choses, et avec l'affirmation que toute notre expérience ne nous donne que des phénomènes. La nouvelle science de la nature se voulait abstraite *et* phénoménale.

---

1. *Pensées sur l'interprétation de la nature*, 1753, § 2 *sq.*

Mais comment alors rapporter la déduction mathématique à la description phénoménale et à l'induction expérimentale? D'Alembert lui-même, mathématicien et physicien réputé, déclarait dans le *Discours préliminaire de l'Encyclopédie*, qu'on ne peut passer directement, par voie déductive, des sciences physico-mathématiques aux sciences simplement expérimentales, que du calcul mathématique on ne peut tirer rien d'autre que des approximations de la réalité des choses, sinon même de simples suppositions, et que tout ce qu'on gagne en certitude on le perd en profondeur de connaissance [1].

À plus forte raison, quand l'on passe des réalités matérielles aux êtres vivants. Dans le domaine de la biologie, peut-on oublier que l'on a affaire à des êtres distincts, dotés d'une unité organique et non seulement mécanique, poursuivant chacun une fin qui leur est propre, la conservation de leur vie, et une fin qui leur est commune, le renouvellement de l'espèce? Non seulement toute méthode d'abstraction paraît ici inopérante, mais également contraire aux phénomènes les plus évidents et les plus universels.

En vérité, ce partage entre la matière et la vie est fort instable. Considérez un animal en mouvement: son mouvement animal doit-il être étudié du point de vue mécanique, biologique ou psychologique? Et si vous déclarez que chaque point de vue est indépendant des autres, vous ne pouvez ignorez que le déplacement de cette masse qu'est le corps de l'animal sur un distance déterminée, est rendu possible par l'exercice de certaines fonctions vitales (seul un être vivant est capable de se mouvoir de la sorte) et qu'il est causé par une motivation de l'animal qui commande le mouvement, par exemple celle d'aller chercher sa nourriture. Cette conjonction des points de vue ne gêne pas le sens commun, mais elle est la croix des philosophes, qui sont obligés de mettre en œuvre tout un appareil philosophique en vue de fournir une approche globale. Le mécaniste cartésien dit que toute réalité est matérielle, l'âme humaine étant exceptée qui est

---

1. D'Alembert, *Discours préliminaire*, édité par Michel Malherbe, Paris, Vrin, 2000, p. 96-97.

spirituelle; et que ce que nous appelons *vie* chez les animaux est un phénomène, certes bien fondé dans la perception que nous en avons, mais qui n'est que l'apparence du fonctionnement d'un système mécanique complexe, quand on le considère du point de vue de la science. Inversement, le naturaliste dit que la science du mouvement, excellente dans son principe et dans ses résultats, n'est qu'une supposition plus ou moins bien fondée dans l'expérience, mais que la réalité est autre et qu'il faut la connaître par une autre méthode plus respectueuse de son objet.

C'est pourquoi, l'on voit Buffon procéder, de manière caractérisitique, à une généralisation symétrique à celle de Descartes: de même que celui-ci prétendait étendre déductivement l'explication mécaniste des corps matériels aux corps vivants, de même l'auteur de l'*Histoire naturelle*, arguant du principe, souvent invoqué à l'époque, de la continuité de la nature, déclare non seulement qu'il faut ranger l'homme dans la classe des animaux auxquels il ressemble par tout ce qu'il a de matériel, mais aussi que, parcourant par ordre tous les objets qui composent l'univers, l'on verra « qu'on peut descendre par degrés presque insensibles, de la créature la plus parfaite jusqu'à la matière la plus informe, de l'animal le mieux organisé jusqu'au minéral le plus brut » [1].

Ainsi, pour résumer, ce n'est pas la moindre conséquence du développement de la science moderne que d'engendrer un conflit épistémologique entre deux méthodes également confirmées: celle, récente, de la physique mathématique dont personne ne conteste le succès, sinon le triomphe, mais dont la question des animaux marque les bornes, et celle, beaucoup plus ancienne, d'une physique descriptive ou concrète, héritée de l'histoire naturelle; ou, pour le dire autrement, entre deux systématiques, celle abstraite et déductive qui passe par le formalisme mathématique, et celle du monde des êtres, qui s'offre dans son infinie diversité à l'observation et à l'expérimentation et qui est susceptible d'être connue dans des lois générales.

1. *Œuvres philosophiques*, 10 A, 36-40.

Condillac intervient dans ce débat sans beaucoup d'originalité : après beaucoup d'autres, il dénonce ces philosophes (auxquels, on le verra, il associe Buffon), qui veulent expliquer la nature sans l'avoir observée, qui en ont réduit toute la surprise et qui de leurs suppositions tirent des notions vagues, des termes obscurs, des conclusions contraires aux phénomènes ; et, assez allusivement ici, il oppose à cette exactitude que l'on trouve dans les signes mathématiques, la précision des notions qu'il faut bien déterminer à partir de l'expérience[1] ; il s'attache en outre à promouvoir un autre sens de la généralité : il ne faut pas bâtir un système à partir d'une idée générale qu'on se donne, mais commencer par une observation scrupuleuse des phénomènes, les comparer attentivement et, fort de l'analyse qu'on en fait, proposer des lois dont la généralité ne dépasse pas ce que l'on peut établir en rigueur.

PEUT-ON ÉVITER DE FAIRE DE LA MÉTAPHYSIQUE ?

Si l'on pouvait en rester au débat épistémologique, les choses, sans être faciles, pourraient rester relativement simples. Mais l'on voit déjà que la discussion portant sur le rapport du calcul et de l'expérience, de la supposition (ou de l'hypothèse) et du phénomène, conduit à s'interroger sur ce que c'est que l'apparence et ce que c'est que la réalité. Or, il est une autre question, entièrement métaphysique, qui paraît inévitable, quand on ne se contente plus de parler de la matière et de la vie, des automates et des êtres organisés, mais qu'on en vient à considérer l'homme. Car l'homme, étant l'homme, ne peut certainement pas être réduit à un automate ; et quand bien même il n'y a pas de raison de traiter son corps d'une manière différente des autres corps animaux, il faut bien admettre que ce corps peut être mû par un

---

1. Ces propos assez généraux recouvrent la question capitale de ce qu'on appelle aujourd'hui la sémantique des théories physiques.

principe qui n'a rien de mécanique, c'est-à-dire, l'âme ; de sorte que le mécaniste, à moins d'épouser une thèse strictement matérialiste, est conduit à distinguer entre deux sortes de substances, la matière d'un côté, l'âme ou l'esprit de l'autre. Mais le naturaliste se trouve devant une exigence comparable, même s'il refuse de trop s'avancer : l'homme, étant l'homme, doit certainement être distingué des animaux, même s'il leur est comparable non seulement dans son corps, mais par sa sensibilité et son animalité. Une solution dualiste paraît ici plus difficile à accepter ; mais comment éviter d'invoquer un principe de différenciation ontologique, même si l'on se borne à dire que l'homme est un animal, un animal plus parfait ? L'homme est un être, en définitive, assez embarrassant, puisqu'il faut le rapporter à la nature matérielle, aux autres animaux et, enfin, à lui-même. Reprenons les choses de plus haut et de plus loin.

Et partons de cette question : le *Traité des animaux* est-il un ouvrage sur les animaux ou sur les hommes ? Assurément l'on peut répondre que le *Traité des sensations* concernait les hommes et que le *Traité des animaux* a affaire aux animaux, même si le premier, parlant des hommes, parlait aussi des animaux et si le second, parlant des animaux, parle aussi des hommes. Mais précisément, en parlant des uns, on parle des autres ; et il reste de cet échange permanent une ambiguïté dont on ne se délivre pas : encore une fois, écrit-on un traité sur l'âme humaine, ce qui suppose qu'on parle des facultés que l'homme partage avec les bêtes, ou écrit-on un traité sur l'âme animale, en reconnaissant que la forme supérieure de cette âme se trouve dans l'homme ? En un mot, jusqu'où porte la différence entre l'homme et l'animal ?

L'ambiguïté est ancienne et, sans doute, constitutive de l'histoire naturelle. On la trouve déjà chez Aristote, c'est-à-dire, aux origines de cette science. Aristote écrivit sur toutes les parties de la nature, le ciel, les météores, les animaux surtout ; mais on ne peut ignorer qu'il est également l'auteur du *Traité de l'âme*, ouvrage qu'un philosophe traitant de l'âme humaine ou de l'animal ne peut pas ne pas avoir lu. Or, la lecture qu'on fait depuis l'Antiquité de cet ouvrage, célèbre entre tous, oscille entre deux extrêmes : on y voit ou bien un traité complet de psychologie humaine, étudiant toutes les puissances humaines, depuis la faculté de vie jusqu'à la faculté supérieure de l'intellect ; ou bien un traité de zoologie, les différentes espèces animales étant distribuées selon une échelle de perfection, où il apparaît que l'homme possède, par rapport aux espèces inférieures, une faculté qui le distingue, l'intellect[1]. Plus précisément : définissant l'âme comme la forme du corps en puissance, qui en est la matière, c'est-à-dire, comme le principe même d'animation, par quoi un corps est autre chose qu'un cadavre, Aristote en vient à distinguer plusieurs sortes d'âmes ou de principes formels : d'abord, l'âme nutritive que les animaux partagent avec les végétaux et qui est au principe de cette sorte de mouvement particulier que sont la croissance et la décroissance ; vraie cause de la vie de l'individu en tant qu'il naît, grandit, puis, après l'âge adulte, dégénère et meurt, mais aussi de la vie de l'espèce en tant que la vie et la mort de chacun de ses membres exigent qu'elle se conserve par le moyen de la reproduction. Ensuite, l'âme sensitive, celle par laquelle le vivant animal, étant affecté, réagit, perçoit, est capable de pensée et de représentation, de mémoire et d'imagination – en un mot, principe de cette seconde sorte de mouvement, c'est-à-dire de changement, qu'est l'altération. Enfin, l'âme locomotrice, le désir, qui anime le mouvement par lequel l'animal se meut dans l'espace et se porte vers l'objet de sa satisfaction. L'analyse de chacune de ces facultés tourne autour d'une difficulté qu'il faut expliquer : d'un côté, l'on voit que la cause de tout changement qui se fait dans le vivant animé, est à chercher en dehors de lui-même : par exemple, le chien se meut, parce qu'il est attiré par l'os qu'on lui jette ; l'homme lui-même n'est sensible qu'autant que des objets affectent ses sens et lui fournissent des informations ; mais, de l'autre côté, il faut éga-

---

1. Sur ce problème d'interprétation, voir Pierre Pellegrin, « Le *De Anima* et la vie animale, trois remarques », *Corps et âme, sur le* De Anima *d'Aristote*, études réunies par Cristina Viano, Paris, Vrin, 1996, p. 465-492.

lement dire que le vivant croît par une énergie qui lui appartient, que l'esprit répond à la sensation en se rendant présent au monde dans la perception qu'il en a, et que le désir jette l'être tout entier vers l'objet de sa satisfaction. D'une façon générale, l'animal se porte vers le bien qu'il n'a pas ou qu'il n'est pas, mais qui s'impose comme objet de sa représentation et de son désir. Par ailleurs, ces trois principes distincts, ces trois âmes, sont corrélés dans l'âme animale, d'une manière hiérarchique, selon le principe que la sensitive suppose la nutritive, quoiqu'on ne puisse pas l'en tirer, et la locomotrice la sensitive, quoique, dans la poursuite des fins, l'action soit autre chose que la représentation. Reste l'intellect qui est une âme d'une toute autre nature, puisque c'est un principe qui rentre en relation non avec les objets sensibles que connaît l'âme animale, mais avec les objets intelligibles, et qui doit être pensé sur un tout autre mode que celui du mouvement. On ne le trouve que chez l'homme, alors qu'on trouve déjà la sensation, la mémoire, l'imagination, chez l'animal. Celui-ci est capable de distinguer, par des critères sensibles, les objets entre eux et de savoir quels sont ceux qui lui sont bénéfiques; mais l'intellect fournit un tout autre pouvoir de discrimination et de discernement, puisqu'il saisit les traits intelligibles des choses. Les deux sortes de pensée ne sont pas sans analogie : de même que l'âme sensitive reçoit la forme de l'objet sensible, de même l'intellect reçoit la forme de l'objet intelligible; de même que l'appétit engendre le mouvement, de même l'intellect est un agent capable de produire toute chose selon les idées, que cette action soit technique ou surtout pratique (politique et morale). Mais la question vient immédiatement : quel rapport la connaissance sensible a-t-elle avec la connaissance intelligible? Quel rapport y a-t-il entre la perception, l'imagination et le désir d'un côté, et cet intellect supérieur, à la fois actif et contemplatif? Sont-ils totalement séparés? Mais l'unité totale de l'âme humaine, telle qu'elle s'offre à la description et à l'analyse, tolère difficilement une telle séparation. Et il faudrait conclure en rigueur que le principe de la vie et le principe de la pensée sont deux choses radicalement différentes.

La force de Descartes fut de trancher cette sorte de question, en proposant dans le même temps une science de la nature, réduite à l'étendue et au mouvement, et une métaphysique de l'âme, entièrement distincte de la physique des corps. Par son corps, l'homme appartient à l'ordre matériel; et l'étude de la circulation du sang relève d'une explication mécanique. Par sa pensée, il appartient à l'ordre spirituel qui ne doit rien au précédent.

Toutefois, quand on lit les textes, on voit que le philosophe français se montre fort prudent. Par la voie métaphysique, à partir du doute et du *cogito*, il estime avoir suffisamment établi que l'âme est plus aisée à connaître que le corps et que ce sont deux substances radicalement différentes, toute l'essence de la première consistant en la pensée et celle de la seconde en l'étendue. Il est donc logique que la question des animaux n'apparaisse que dans les problèmes de physique, une fois l'existence de la matière garantie et les lois du mouvement introduites. Or, dans la cinquième partie du *Discours de la méthode*[1], qui offre le passage le plus explicite sur le sujet, il procède par supposition : supposons que Dieu ait formé le corps d'un être semblable au nôtre, sans y placer aucune des âmes d'Aristote, nutritive ou végétative, mais en y plaçant toutefois un feu sans lumière; en appliquant les principes de physique déjà connus (ceux du mécanisme), on réussirait à trouver dans un tel être toutes les fonctions qui sont en nous « sans que nous y pensions », c'est-à-dire, toutes les opérations qui sont indépendantes de notre substance pensante : l'activité cardiaque, la circulation sanguine, tout le jeu des nerfs et des muscles, etc. Un tel être serait une machine, comparable, quoique beaucoup plus perfectionnée, à ces automates qui font l'admiration générale. Autrement dit, pour rendre compte de toute l'activité corporelle de notre être, il n'est pas nécessaire d'imaginer un quelconque principe d'animation; sachant par ailleurs que notre pensée, qui fait l'essence de notre âme, laquelle est étroitement unie à notre corps, peut commander notre corps et même endurer des passions, de son fait; sachant

---

1. Voir dans notre dossier le texte II.

aussi que ce n'est pas notre âme qui meut nos membres, mais nos nerfs, nos muscles. Et dans l'hypothèse que Dieu eût formé de tels automates, quand nous en venons à considérer les animaux, nous ne voyons rien qui permette de les en distinguer, alors que, lorsque nous considérons d'autres hommes, nous découvrons en eux des comportements qui dépassent les capacités de la machine : la parole et, d'une manière générale, toute l'activité rationnelle. En un mot, dit Descartes, « quoique je regarde comme une chose démontrée qu'il ne peut pas être prouvé qu'il y ait des pensées dans les bêtes, je ne crois pas qu'on puisse démontrer que le contraire ne soit pas, car l'esprit humain ne pénètre pas dans leur cœur »[1]. Nous ne pouvons pas affirmer, en regardant les bêtes et en les observant, qu'elles ont des pensées. Mais nous ne pouvons pas non plus conclure démonstrativement, à partir des seules vérités métaphysiques, qu'elles n'en ont pas. De plus, établir que les bêtes n'ont pas de raison ne permet pas de conclure qu'il est impossible qu'elles aient une âme, même si la raison est *dans l'homme* le critère distinctif de l'âme. Mais, outre l'absurdité théologique qui consisterait à leur attribuer une âme immortelle et l'absurdité philosophique qui consiste à leur attribuer, comme le veulent les commentateurs chrétiens d'Aristote, une âme mortelle[2] – outre cela, on a raison de penser que l'hypothèse mécaniste suffit à fournir l'explication, quoiqu'on ne puisse écarter absolument quelque autre hypothèse. Bref, on ne peut pas se prononcer définitivement sur la nature réelle de l'animal et du vivant (il faudrait pour cela pénétrer les secrets de la toute-puissance divine), quoiqu'il soit certain qu'ils n'ont pas une âme raisonnable. Les partisans de l'âme des bêtes s'appuient

1. Lettre à Morus du 5 février 1649, éd. Adam et Tannery (noté A.T.), Paris, Vrin, t. V, p. 276.

2. « Je ne conçois pas comment, après avoir posé si peu de différence entre les opérations de l'homme et celle de la bête, ils peuvent se persuader qu'il y en ait une si grande entre la nature de l'âme raisonnable et celle de l'âme sensitive, en vertu de quoi l'âme sensitive, lorsqu'elle est seule, serait d'une nature corporelle et mortelle, et que, lorsqu'elle est jointe à la raisonnable, elle serait d'une nature spirituelle et immortelle », Lettre à Plempius du 3 octobre 1737, A.T., t. I, p. 415.

sur des apparences ; les cartésiens s'appuient sur la méthode : les apparences peuvent être illusoires, la méthode, même si elle ne suffit pas toujours, ne saurait tromper[1].

Nous l'avons dit, dans le *Traité des animaux*, Condillac se contente de reprocher à Descartes cette méthode comme une faute, sans vraiment s'engager sur le terrain métaphysique, sauf dans le chapitre II, 6, dont nous savons qu'il est tiré de la dissertation sur *les Monades*. Dans les quelques textes où il se déclare, il adopte clairement la distinction entre le corps et l'âme, à peu près dans les mêmes termes que son prédécesseur, et il les traite comme deux substances radicalement différentes qu'on ne saurait confondre. Ainsi, et c'est indispensable à l'immortalité de l'âme, faut-il poser « que la dissolution du corps n'entraîne pas l'anéantissement de l'âme » et que ce sont deux substances qui peuvent exister l'une sans l'autre et qui ne sont unies que parce que Dieu le veut[2]. L'*Essai sur l'origine des connaissances humaines* développe l'argument[3] : c'est le péché originel qui a rendu l'âme dépendante du corps, à ce point que toutes les connaissances de l'âme reposent sur la sensation, qui ne peut se produire sans une affection de l'âme par le corps ; avant la Chute, l'âme pouvait avoir des idées sans recourir à l'usage des sens. Mais, même dans l'état qui est le nôtre, les impressions que font les objets matériels sur nos sens ne sont que *l'occasion* de nos sensations, sensations qui sont des modifications de l'âme, c'est-à-dire des perceptions, et non des états du corps[4]. Sentir, c'est déjà penser. Et non seulement Condillac reprend l'occasio-

---

1. Pour un exposé clair et accessible sur ce sujet délicat, voir Thierry Gontier, « Les animaux-machines chez Descartes : modèle ou réalité ? », *Corpus*, 1991, n° XVI-XVII, p. 3-16.

2. *TA*, p. 182.

3. *Essai sur l'origine des connaissances humaines*, I, 1, 1, § 6-8, 7 A et B.

4. « Toutes nos sensations ne me paraissent que les modifications d'une même substance », *TA*, p. 118. Condillac combat la distinction faite par Buffon entre des sensations corporelles et des sensations spirituelles.

nalisme de Malebranche[1] qui, en faisant des impressions du corps la simple cause occasionnelle des perceptions de l'âme, tentait d'échapper à la difficulté de devoir penser une *action* du corps sur l'âme, un effet de la matière sur l'esprit, mais il tranche aussi la fameuse question de la *thinking matter* avancée par Locke[2]. Celui-ci, soutenant contre Descartes qu'aucune connaissance d'essence n'est possible et que les hommes ont l'esprit trop borné pour dire la nature substantielle des êtres, tant corporels que spirituels, concluait que rien n'interdit *a priori* d'accorder la propriété de la pensée à un être dont la nature serait matérielle, étant entendu que nous ne pouvons rien décider sur ce point. Or, aux yeux de Condillac, admettre cette possibilité, c'est déjà trop accorder et paver la voie du matérialisme, qui déclare que la nature de tout être est matérielle et que l'on peut expliquer à partir de là comment certains êtres ont le privilège de posséder la propriété particulière de la pensée. Et notre auteur va chercher sa preuve chez Leibniz[3] : toute réalité matérielle est étendue ; tout corps, étant une portion d'étendue, est divisible, c'est-à-dire, est un assemblage ou une collection ; or, toute pensée et toute suite de pensées supposent un sujet simple et indivisible, une unité qui ne peut se trouver que dans l'âme ; et donc, s'il est vrai que nous ne pouvons connaître l'essence des substances, il reste que l'on ne peut attribuer à la même substance l'étendue et la pensée, puisque ce sont deux prédicats incompatibles. Le *Traité des animaux* complète le propos : « L'unité de la personne suppose nécessairement l'unité de l'être sentant ; elle suppose une seule substance

---

1. Voir en particulier le XVᵉ Éclaircissement de la *Recherche de la vérité*, qui développe les principes fondamentaux de l'occasionalisme, et les *Entretiens sur la métaphysique et sur la religion*, XIII, § 8 et 9, où sont présentées les grandes lois par lesquelles Dieu gouverne le monde, qui sont les cinq grandes lois de l'occasionalisme.

2. *Essai sur l'entendement humain*, livre IV, chap. 3, § 6.

3. L'argument est présenté sous des formes diverses ; il est directement attaché à l'idée de monade. Pour un exposé rapide voir les *Principes de la nature et de la grâce*, § 1 *sq*. Voir aussi le *Système nouveau de la nature* (cf. texte III) ; la *Monadologie*, § 2 *sq*. ; etc.

simple, modifiée différemment à l'occasion des impressions qui se font dans les parties du corps »[1].

La Révélation nous instruit de l'état d'innocence de l'homme, puis de sa chute ; la morale nous commande de croire en l'immortalité de l'âme ; Leibniz fournit un argument philosophique qui permet d'établir l'incompatibilité de l'étendue et de la pensée : c'est assez pour établir qu'il y a deux principes ou deux substances en l'homme, ce n'est pas assez pour dire, comme le veut Descartes, que l'étendue est l'essence de la matière et la pensée l'essence de l'âme, et pour construire là-dessus une métaphysique. Concernant la connaissance de la substance, Condillac se montre très lockien[2]. D'abord, quoi que nous considérions, le ciel, l'abîme ou notre âme, « ce n'est jamais que notre propre pensée que nous percevons »[3]. Ensuite, tout ce qui occupe notre esprit, toutes nos connaissances constituent une réalité complexe que nous pouvons tenter d'analyser pour en découvrir l'origine ; et nous sommes ainsi reconduits à nos pensées les plus simples, c'est-à-dire à nos sensations (le *Traité des sensations* se propose même de démêler le tissu des sensations et de distinguer l'information qui nous vient par chacun de nos sens). Enfin, « nous sentons notre pensée »[4], c'est-à-dire, nous avons conscience de tout ce qui est en notre esprit par une expérience immédiate et directe qui ne saurait tromper. Et c'est donc cette expérience qu'il faut consulter :

> Je me borne… à l'état présent [après la Chute]. Ainsi, il ne s'agit pas de considérer l'âme comme indépendante du corps, puisque sa dépendance n'est que trop bien constatée, ni comme unie à un corps dans un système différent de celui où nous sommes. Notre

---

1. *TA*, p. 119.

2. Condillac reprend dans l'*Essai sur l'origine des connaissances humaines* (livre I, sect. 3 et sect. 5 ; II, 1, 11, § 113 ; etc.) la doctrine de la substance que Locke avait développée dans son *Essai sur l'entendement humain* (II, 2, 1 ; II, 23, 1 *sq.*).

3. *Essai sur l'origine des connaissances humaines*, I, 1, 1, § 1, 6 A, 14-15.

4. *Ibid.*, I, 1, 1, § 2, 6 A, 29.

unique objet doit être de consulter l'expérience, et de ne raisonner que d'après des faits que personne ne puisse révoquer en doute[1].

Ainsi, l'on revient encore à ce point : c'est moins sur la métaphysique que sur la méthode que Condillac s'oppose à Descartes. Celui-ci a commencé par bâtir une métaphysique où il prétendait connaître l'essence de l'âme, puis du corps, et de là, par un enchaînement déductif, il a voulu poser les principes de la physique et ne solliciter l'expérience que dans le détail des phénomènes observables, quand on a peine à les rejoindre par la voie déductive. Il est vrai, reconnaît Condillac, qu'il n'est pas possible de prouver que, touchant *la nature* des animaux, la théorie de Descartes soit fausse ; mais il n'est pas possible non plus de prouver qu'elle soit vraie. Ce n'est qu'une hypothèse métaphysique ; et, comme elle est indécidable, il faut, ajoute notre auteur, faire autrement : partir de l'expérience, de l'observation de nous-mêmes, tels que nous sommes, l'âme ne se sentant que dans son corps, quoique étant irréductible à son corps.

Récréation philosophique

Problème

Étant donné un chien, ayant grand faim, assis sur ses pattes arrière et attendant avec impatience un signal de son maître pour se précipiter vers son écuelle pleine, posée à quelque distance, démontrer que l'âme des animaux est mortelle et l'âme humaine immortelle ; ou, si vous ne croyez pas à l'immortalité, que l'on a le droit de tuer les animaux, à condition de n'être pas cruel, et que l'on n'a pas le droit de tuer les hommes, même en étant cruel.

Première solution

Procédons par analyse ! Si l'âme des animaux est mortelle et l'âme humaine immortelle, il faut supposer que la différence entre ces deux sortes d'âme touche à leur réalité même, qu'elle

---

1. *Ibid.*, I, 1, 1, § 8, 8 A, 12-21.

est substantielle, que ce sont donc deux substances entièrement différentes. Or il n'y a de différence substantielle radicale qu'entre la matière et l'esprit. En effet, l'esprit, étant conscient de lui-même, n'existe que par ce seul acte de réflexion sur lui-même; quant à la matière, elle n'est qu'un immense jeu de rapports qui ne connaît ni individualité ni personnalité. Donc tout être est soit matériel soit spirituel.

Mais le chien n'étant pas capable de réflexion sur lui-même, sinon il opposerait au bon vouloir de son maître son droit imprescriptible à ne pas mourir de faim et ferait un discours sur l'inaliénabilité de son droit – le chien, dis-je, ne peut être qu'un être matériel. Un système matériel se transforme mécaniquement; il suffit donc de lui communiquer un mouvement initial et de poser le principe de la conservation du mouvement. Le chien, étant un être matériel, est un système mécanique mis en branle par l'odeur de la viande; déjà il se meut, mais il est coupé dans son élan par une autre cause mécanique, par un rouage tournant en sens inverse, du type : précipitation, bond, début de mastication et coup de bâton. Son appétit est donc le *conatus* du premier mouvement contrarié, son arrêt est un état d'équilibre entre deux *conatus* opposés, à savoir la tentation d'un côté, la fuite craintive de l'autre; et le bond qu'il fait quand le maître l'appelle est le relâchement soudain de la tension intérieure au système. Notons que cette tension peut devenir telle qu'il n'est pas impossible que, la résistance qu'oppose la volonté du maître cédant subitement, le système mécanique, désormais libéré, morde dans la jambe du maître plutôt que dans la nourriture proposée. Un homme ne ferait pas cela. L'animal est une machine. L'homme a une âme.

Objection : voilà bien le raisonnement d'un mathématicien qui n'a jamais été le maître d'un chien ! Le chien a faim, il salive. Vous pouvez peut-être expliquer mécaniquement la production de salive, mais certainement pas l'appétit. Le chien a faim, mais il ne bouge pas, car il a peur du bâton. Vous pouvez peut-être expliquer mécaniquement les frémissements qui secouent son corps, mais certainement pas sa crainte. Il a eu l'autorisation, il a dévoré sa pitance, trop vite parce qu'il a été trop longtemps contenu, et sa queue frétille. Vous pouvez peut-être expliquer mécaniquement le frétillement de sa queue, mais certainement pas le regard qu'il vous jette et par lequel il vous dit que, quoique rassasié, il en prendrait bien encore un peu.

Et supposons que vous réussissiez à expliquer tout cela. Je remplace le chien par un chat, l'os par du mou. Comment savez-vous si votre machine est un chat ou un chien? Les chiens mangent aussi du mou.

Deuxième solution

La faute du précédent raisonnement tenait à la méthode : il conduisait à des suppositions incompatibles avec l'observation la plus évidente. Changeons donc de méthode et considérons les phénomènes.

Le chien a faim, il se représente une pâtée succulente ; il est, de plus, quelque peu gourmand. Mais voici qu'il aperçoit là-bas son écuelle, remplie de son mets préféré. Il sait que ce n'est pas une simple image dans sa tête, car il a appris à apprécier la distance, en coordonnant ses sens, l'odorat et le goût, la vue et le toucher. Le moyen le plus rapide de couvrir la distance est, certes, de faire deux bonds, le premier un peu plus long, le second un peu plus court, pour arriver juste au bord de l'écuelle. Toutefois, il a un cinquième sens, l'ouïe, et il entend le mot qu'il redoute : « au pied ! ». Ce mot appartient au court vocabulaire qu'il possède. Il en connaît la signification, il est même capable d'un raisonnement hypothétique dont la nécessité, à défaut d'être logique, est pourtant bien physique : « si je me précipite, quand j'entends : au pied !, je reçois un coup de bâton ». Il commence alors à calculer : ou bien il se lance, il essaie d'éviter le coup de bâton, il attrape le morceau de viande et va le manger au fond du jardin. Il y a certes un risque ; mais il faut savoir proportionner les chances avec l'espérance du résultat. Ou bien, il attend ; c'est désagréable, mais il connaît bien son maître ; il sait que la permission va venir ; mieux, il sait que, s'il s'y prend bien, son maître remplira une seconde fois l'écuelle. Ayant ainsi comparé les différents moyens de parvenir à ses fins, il décide sagement d'attendre l'appel de son maître. Bref, il désire, il perçoit, il calcule, il compare, il décide. L'animal a, tout autant qu'un homme, une âme raisonnable.

Objection : si l'animal a une âme raisonnable, quelle différence y a-t-il encore entre l'animal et l'homme ? Une différence du plus ou du moins ne suffira pas à prouver que l'âme du premier est mortelle et celle du second immortelle.

Réponse : la question de la mortalité ou de l'immortalité est une question entièrement métaphysique ; je la laisse aux théologiens et aux philosophes.

Objection : si l'âme de l'animal est raisonnable, elle est entièrement semblable à celle de l'homme. S'il en est vraiment ainsi, vous pourriez remplacer le chien par un être humain et la pâtée par une grosse somme d'argent.

Réponse : je connais des chiens qui sont plus malins que des hommes que je connais aussi. Et un jeune chien est plus raisonnable qu'un enfant, même si l'on peut espérer que, passé à l'âge adulte, l'homme soit plus raisonnable que le chien.

Objection : si les animaux sont des êtres raisonnables, a-t-on le droit de les tuer pour les manger ?

Réponse : le droit n'existe que par la déclaration solennelle qu'on en fait. Imaginez qu'une convention universelle donne aux animaux le droit de n'être pas mangés : ils auront dès lors ce droit. Cela dit, vous accroîtrez sensiblement le problème alimentaire chez les hommes.

Objection : Vous reprochiez au mécanicien de faire des suppositions. Mais vous n'en faites pas moins. Car vous n'avez aucune expérience intime de l'âme du chien. Vous n'avez d'expérience intime que de vous-même. Déjà, quand il vous faut comprendre les autres hommes ou l'autre sexe, vous avez de la difficulté. Toute votre observation repose sur une secrète analogie qui vous fait décrire les animaux comme les hommes.

Réponse : Ah ! …

Troisième solution

Les philosophes ont la manie de se porter aux extrêmes; il leur faut des animaux-machines ou des chiens-hommes. Raisonnons de manière plus mesurée.

Reprenons les données du problème : il faut arriver à une différence assez grande pour qu'un théologien puisse supposer que l'âme des animaux est mortelle, quand l'âme des hommes est immortelle. Mais nous observons comment le chien se conduit, quand son maître l'a dressé [1].

Quoique pressé d'un violent appétit de la pâtée qui est à deux mètres de lui, le chien se tient sur ses pattes, n'osant s'élancer, et il fait des mouvements pour attirer l'attention de son maître. La solution précédemment défendue veut qu'il ait des idées et du raisonnement, puisqu'un enfant se comporterait de même, si l'on remplace la pâtée par une friandise et l'éventuel coup de bâton par une tape sur la main. Tous les animaux supérieurs ayant la même apparence globale et étant pourvus des mêmes sens, on juge, par analogie, qu'ils ont le même être intérieur. Or la différence est considérable. Faites durer la situation. Le chien gémit, mais il ne bouge pas; s'il fait mine de s'avancer, dès qu'il voit le bâton, il se rassoit. Si vous l'avez bien dressé, vous pouvez quitter la pièce, il ne touchera pas à la nourriture. L'enfant pleure, trépigne et file de dépit dans sa chambre; puis, quand sa mère a quitté la cuisine, il revient en catimini, grimpe sur une chaise, réussit à faire glisser le pot de confiture qui tombe et se casse : ce n'est pas très efficace, il aura droit à une tape sur la main, mais il reste assez de confiture à lécher. Sa réponse à la situation est moins bonne que celle du chien, du moins dans l'immédiat. Mais il a inventé une ruse, demain il la perfectionnera, et aucun pot de confiture ne lui résistera. Nous avons tous été enfants; reste à expliquer le chien. Ce qui est certain, c'est que le chien a des sensations olfactives, visuelles, auditives, gustatives et, s'il y a un coup de bâton, tactiles. Il est tout aussi certain qu'il a

---

1. Nous paraphrasons un texte de Buffon (voir le texte VIII de notre dossier).

de l'appétit, alors qu'il se détournera si vous lui présentez de la salade. Enfin, pour satisfaire son appétit, il est capable de se mouvoir.

L'odeur de la pâtée est remontée jusqu'au cerveau du chien qui en est tout ébranlé et qui reçoit un second ébranlement de la vue qu'il en a : la pâtée est à la distance de deux bonds. Mais notre chien est un chien dressé ; il a été battu quand il se précipitait ; il en a encore le cerveau tout ébranlé. La douleur étant un ébranlement comme l'appétit et, qui plus est, un ébranlement qui dure plus longtemps que le plaisir, le malheureux chien est partagé entre deux impulsions contraires : il ne bouge pas. Mais il y a dans le cerveau du chien un troisième ébranlement qui a souvent accompagné les deux premiers et qui est plus puissant, celui qui correspond à la main ou à la voix du maître. De sorte que le chien s'ébranlera vers son écuelle quand ce troisième ébranlement, réactivé par l'ébranlement qu'est l'audition actuelle de la voix du maître, donnera la supériorité au premier ébranlement sur le second ébranlement. De là on conclut aisément que si les animaux sentent, ils ne sentent pas comme les hommes, qu'ils sentent et se conduisent par ébranlements, mécaniquement, qu'ils n'ont donc pas d'âme, et qu'en conséquence ils sont mortels, alors que les hommes qui ont une âme sont immortels.

Objection : quelle est la différence avec la première solution, celle des Cartésiens ?

Réponse : les animaux sont capables de sentiment.

Objection : comment un être matériel peut-il sentir ?

Réponse : tout est dans l'ébranlement : l'on a par là non seulement le mouvement ou l'action, mais la réponse au mouvement ou la réaction.

Objection : mais qu'est-ce, à la fin, qu'un ébranlement ? Avez-vous jamais vu le cerveau d'un chien ébranlé ? À part sa langue qui bouge, je ne vois rien d'autre.

Réponse : avez-vous jamais pénétré l'âme d'un chien ? À part sa queue qui frétille et sa langue qui bouge, je ne vois rien d'autre.

Objection : rien n'y fait, vous allez contre le sens commun.

Quatrième solution

Si l'on réussit si peu avec les systèmes philosophiques, suivons le sens commun et donnons-en la philosophie. Bien entendu, le sens commun n'a que faire des problèmes et des démonstrations : les évidences lui suffisent.

— Le chien a un odorat bien supérieur au nôtre qui lui donne de l'appétit, cela est certain ; la voix de son maître peut l'arrêter s'il se jette sur son écuelle, cela se voit ; il est sensible aux coups comme aux caresses, je puis en faire la preuve ; mon chien m'est très fidèle, il m'accueille avec des sauts de joie, quand je rentre le soir, …

— Restons-en à notre chien expérimental, si vous voulez bien.

— Le chien est doté de sentiment, mais il n'a pas de raison. Il ne parle pas, quoiqu'il ait avec ses yeux une façon de me dire des choses si aimantes que j'ai du mal à l'envoyer à la niche…

— Le chien expérimental seulement, je vous prie.

— Eh bien ! Suivons les Scolastiques qui suivent les Péripatéticiens qui suivent Aristote : les chiens ont une âme sensitive, tandis que les hommes ont une âme raisonnable. L'âme sensitive est mortelle, tandis que l'âme raisonnable est immortelle, puisque seule une âme raisonnable peut connaître le Bien et contempler Dieu.

— Mais qu'est-ce que cette âme sensitive ? Vous ne faites que désigner une fonction vitale ; vous devez aussi, en ce sens, attribuer à l'animal une âme locomotrice.

— L'âme sensitive, c'est d'abord le toucher, qui est le sens de l'aliment : un animal peut être dépourvu du sens de la vue ou du sens de l'ouïe ; sans le toucher, il ne peut survivre, car c'est le sens du chaud et du froid, du sec et de l'humide, du dur et du mou, du plaisir et de la douleur, du désir et du dégoût. Comme le dit Aristote : « Faim et soif sont appétit : la faim du sec et du chaud, la soif du froid et de l'humide ; quant à la saveur, c'est une sorte d'assaisonnement de ces qualités »[1]. Si vous trouvez cet assai-

---

1. *De l'âme*, II, 3, 414 b, trad. J. Tricot, Paris, Vrin, 1965, p. 82.

sonnement fantaisiste, songez encore au désir amoureux. Mais le
toucher, comme les autres sens, nécessite l'interposition d'un
milieu. Quel milieu, demandez-vous, puisque le tact est un
contact ? Ce milieu, dit Aristote, qu'est la chair, cet intermédiaire
entre l'extérieur et l'intérieur, qu'on oublie trop facilement et qui
fait que l'enveloppe du corps est comme une membrane recou-
vrant le sens intérieur qui est au fond de l'être même. Et il en va
comme :

> dans le cas de l'homme frappé à travers son bouclier : ce n'est pas
> que le bouclier, une fois le coup reçu, ait frappé l'homme à son
> tour : en fait les deux coups furent portés simultanément, il n'y eut
> qu'un seul coup[1].

—J'avoue que cette description est belle et que, si elle ne
vaut ni plus ni moins que les arcs qu'on tend, les cordes qui
vibrent, et les milieux élastiques, du moins fait-elle rêver. Mais
vous n'avez toujours pas dit comment cette sensitivité peut
donner le sentiment et faire que le chien ait le désir de l'écuelle et
qu'il s'élancerait vers elle, s'il n'était retenu par le maître.
     —L'âme, l'âme, mon cher, même dans la sensibilité, il y a la
vie, il y a la spontanéité, la joie et la peine, l'allégresse et la décep-
tion. C'est pourquoi les animaux désirent et se meuvent vers leur
bien. Assez bien d'ailleurs, car leur instinct est très sûr et suffisamment adapté à leurs besoins. Mais ce n'est pas une âme raisonnable, car le moteur de l'action raisonnable, c'est la volonté, qui
se porte elle aussi vers le bien, mais d'une toute autre façon que
l'appétit. Ne faites-vous pas de différence entre l'enfant qui saute
du lit en chantant et le vieux qui regarde sagement le feu, le soir
venu, n'ayant plus pour mouvement que celui de sa méditation
intérieure ? Il est aisé de là de conclure à la mortalité de l'âme des
bêtes et à l'immortalité de l'âme rationnelle.
     —Faites attention ! Je conclus de ce que vous dites que les
enfants sont des animaux et que seuls les philosophes ont une

---

1. *De l'âme*, II, 11, 423 b, trad. J. Tricot, *op. cit.*, p. 137.

âme immortelle. Et en appeler à la spontanéité ne dit pas beaucoup plus que ce que disaient les « formes substantielles » mortelles des Scolastiques. Mais vous avez trop d'éloquence. Et
revenons à notre chien expérimental. Oublions le maître : le
chien bondit vers l'écuelle ; acceptons que votre explication soit
suffisante. Réintroduisons le maître : sa spontanéité est bridée,
il ne bougera que lorsqu'il aura entendu l'appel. Mais pour cela,
il faut qu'il compare la situation où il est avec les situations où il
s'est trouvé, il faut qu'il se souvienne des coups reçus, il faut
qu'il sache que, s'il se précipitait, il ferait la même action que
celles pour lesquelles il a été battu ; bref : il faut qu'il raisonne [1].

— Mais alors, s'il en est ainsi, et pour revenir au problème de
départ, vous devez conclure que le chien sauvage a une âme mortelle et que le chien dressé a une âme immortelle, parce qu'il a
reçu des coups de bâton. Je préfère Aristote pour ce qu'il dit de
l'âme sensitive et ce qu'il dit de l'âme raisonnable qui est
capable de réflexion et de liberté.

— Si vous donnez le sentiment à l'animal, vous lui donnez le
sentiment de soi avec le sentiment des choses, et donc vous lui
donnez la réflexion. Si vous donnez la spontanéité au chien battu,
celui-ci étant capable de ne pas réagir spontanément à l'odeur de
la pâtée et d'attendre le signal de son maître, vous lui donnez la
liberté.

— Hélas ! On n'en a jamais fini avec les philosophes. Il n'y a
rien de tel qu'un problème non résolu pour exciter leur goût de la
dispute. Pourtant, les choses sont simples…

Ainsi raisonnaient Pierre et Paul, ou peut-être était-ce Marie
et Isabelle. Mais sur la table traînait un *Traité des animaux* qu'un
certain abbé Condillac avait écrit contre l'*Histoire naturelle* de
Buffon.

---

1. Voir *TA*, p. 127.

LA DOCTRINE DE BUFFON

Buffon est un naturaliste. La méthode du naturaliste est d'observer, de distinguer ce qu'il a observé, de comparer ce qu'il a distingué. Dans le *Discours sur la nature des animaux*, paru dans le tome IV de l'*Histoire naturelle* (1753) et ayant pour objet l'étude de l'économie animale (l'organisation animale), Buffon commence par écarter toutes les propriétés que les animaux partagent avec les végétaux : la nutrition, la croissance, la reproduction (c'est-à-dire, l'âme nutritive d'Aristote), de manière à ne retenir que les fonctions proprement animales. On déterminera ces fonctions en comparant les animaux entre eux et en comparant l'animal et l'homme, qui est lui-même un animal et plus qu'un animal. Tout animal a deux manières d'être fondamentales : il est en mouvement ou en repos ; il est en veille ou en sommeil. Or, dans l'état de sommeil, on peut distinguer toutes les fonctions vitales dont l'animal n'a pas la sensibilité et qu'il ne gouverne pas. À l'image du mouvement du cœur qui en est comme le moteur central et qui ne répond qu'à son propre battement, sans jamais cesser, sauf dans la mort, ces fonctions sont ce que les animaux ont de plus commun et de plus semblable : dans les opérations qui assurent sa survie, la vie est une chose trop sérieuse pour qu'elle soit livrée à la variété et à la fantaisie. En revanche, il y a beaucoup plus de différence entre les animaux, quand on considère leur extérieur ou leur enveloppe, et tout ce qui régit leur sensibilité et leur motricité. Le centre d'opération n'est plus alors le cœur, mais le cerveau, qui est assurément relié au cœur et à tous les organes fondamentaux, mais qui est surtout relié aux sens et aux membres, par les nerfs. Le cœur est le principe de l'économie interne ; quant au cerveau, il gère les relations du corps vivant avec son milieu. Mais à la différence du cœur, il n'agit pas de manière autonome, puisqu'il reçoit les impressions des sens, eux-mêmes sollicités par les choses extérieures, et puisque ce n'est qu'à cette condition, qui n'est ni constante ni invariable, qu'il peut susciter le mouvement animal. Il est tout à fait remarquable que cette propriété supérieure de la vie qu'est l'animation dépende de la sensibilité et que pour gagner en autonomie de mouvement et d'action il faille dépendre davantage, par ses sens, du milieu environnant. La sensation s'explique ainsi :

> les objets extérieurs exercent leur action sur les sens, les sens modifient cette action des objets, et en portent l'impression modifiée dans le cerveau, où cette impression devient ce que l'on appelle sensation; le cerveau, en conséquence de cette impression, agit sur les nerfs, et leur communique l'ébranlement qu'il vient de recevoir, et c'est cet ébranlement qui produit le mouvement progressif [le mouvement en avant] et toutes les autres actions extérieures du corps et des membres de l'animal[1].

L'on va donc de l'action mécanique du corps extérieur sur les sens et de là, par le moyen de la modification sensorielle, sur le cerveau, à la réaction de ce dernier qui, étant ébranlé, communique son ébranlement aux nerfs et cause le mouvement animal par lequel le corps vivant se porte vers l'objet extérieur ou, au contraire, l'évite. Buffon veut établir par là la corrélation de la sensibilité et du mouvement progressif, l'étroit rapport de l'affection des sens et de l'action corporelle. Or le schéma proposé est clairement celui d'une opération mécanique réflexe, composée d'une suite de moments nécessaires, tous matériels : l'ébranlement du sens extérieur, la transmission sensorielle, l'impression du cerveau, la sollicitation des nerfs et des muscles, enfin le mouvement animal.

La première difficulté à élucider est assurément celle de la détermination réflexe du cerveau, la passivité se changeant en activité, l'impression de l'objet sur l'organe en appétit ou répugnance, en désir ou aversion de ce même objet. Buffon, qui admet que l'effet puisse être plus grand que la cause (pourquoi le corps vivant ne se contente-t-il pas en effet de subir, alors qu'on lui dénie toute spontanéité?), explique que l'impression, faite sur les sens et transmise au cerveau, n'est pas seulement une sensation tactile, visuelle, etc., mais aussi un « sentiment » agréable ou pénible, selon qu'elle s'accorde ou non avec les besoins naturels

---

1. Voir le texte VIII de notre dossier, p. 228.

de l'organisme; et c'est pourquoi le cerveau, quand il répond à la sollicitation, suscite le mouvement vers l'objet qui viendra satisfaire le sens affecté et, d'une manière générale, l'organisme. Le désir ou l'appétit est moins l'effort d'une spontanéité que la réponse à un affect, eu égard aux besoins du vivant. Quant à la détermination de l'appétit, car l'appétit est toujours le désir d'un certain objet, elle dérive du fait que l'objet désiré est précisément l'objet qui affecte le sens, mais qui, par quelque circonstance, se tient à une certaine distance que le mouvement progressif vient combler. Ainsi, même chez les hommes, s'expliquent tous ces mouvements *machinaux* qu'ils ne laissent pas de faire; par exemple, manger ou boire quand on a l'esprit occupé par quelque tâche, par exemple, celle de lire un livre.

Il y a une seconde difficulté, celle de la constance de la détermination. Cette action réflexe, si elle était simplement mécanique, devrait susciter autant de mouvements progressifs que les sens reçoivent de sollicitations. Et il est évident qu'aucune détermination n'aurait assez de durée pour permettre le mouvement animal, lequel, demandant toujours quelque temps pour s'accomplir, serait immédiatement contrarié ou détourné. En réponse, Buffon suppose que le cerveau auquel les impressions sensorielles sont transmises est lui-même un sens, le *sens intérieur*, sens général et commun, qui est lui aussi ébranlé comme le sont tous les sens extérieurs, mais d'un ébranlement qui dure plus longtemps; de sorte que, si cet ébranlement est assez fort pour n'être pas interrompu ou modifié par les ébranlements incessants des sens extérieurs, il continuera de commander l'action animale en cours. La même explication vaut lorsqu'on compare entre eux les sens extérieurs, l'œil étant de tous les sens celui dont les ébranlements durent le plus longtemps, mais aussi celui qui, avec l'oreille, est le moins relatif à l'appétit. À partir de là, l'on doit pouvoir obtenir par composition tous les mouvements et toutes les conduites des animaux, sans qu'il faille leur accorder de pensée ni de réflexion. Et expliquer, par exemple, comment le chien, pressé par la faim, ne se jette pas sur la nourriture aussi longtemps que son maître ne le lui permet pas.

La sensation est fondamentalement un affect; elle n'est pas une représentation, une idée. Seul l'homme a des idées. Toutefois, la détermination animale suppose la coordination des différents sens, coordination qui se fait dans le cerveau qui est le sens commun. Le désir de l'objet est expliqué par l'incomplétude de la satisfaction (par exemple, le mets que je goûte me procure une sensation agréable et, par là, me pousse à l'action de le consommer, en vue de me rassasier et d'atteindre à une satisfaction plus complète). Toutefois, il paraît difficile de nier qu'il y ait dans le désir, du fait de l'éloignement de l'objet, une sorte de représentation, même élémentaire, de l'objet à atteindre. Et la représentation est beaucoup plus difficile à introduire dans le schéma réflexe que l'affect, puisqu'elle semble impliquer la causalité finale d'un dessein. D'où un certain embarras de Buffon qui, quoiqu'il refuse à l'animal toute connaissance, concède qu'il faut distinguer entre deux sortes de sens: les sens de l'appétit, l'odorat étant le plus réflexe, et les sens de la connaissance (les sens à distance que sont l'ouïe et la vue). Les premiers sont plus forts chez l'animal, les seconds chez l'homme. Les premiers sont plus déterminés et font ce qu'on appelle l'instinct, alors que les seconds sont plus incertains (par exemple, la vue doit être corrigée par le toucher, dans l'appréciation de la distance), quoiqu'ils soient les plus dignes d'intérêt chez l'homme, quand celui-ci est engagé dans le processus de la connaissance.

Ainsi, « le sens intérieur de l'animal est, aussi bien que ses sens extérieurs, un organe, un résultat de mécanique, un sens purement matériel »[1]. Assurément, l'homme, comme les autres animaux, possède un tel sens. Mais il possède par ailleurs un sens d'une nature supérieure, proprement spirituel, qui lui permet de se conduire et de se gouverner autrement que par appétit et dégoût, autrement que par action réflexe. Totalement semblable à l'animal d'un côté, il en est totalement différent de l'autre côté, puisque l'animal n'a pas de substance spirituelle. Et il est du plus grand intérêt de déterminer en lui ce qui relève de son sens maté-

1. Texte VIII, p. 229.

riel et ce qui est gouverné par son sens spirituel. Mais raisonner de la sorte, n'est-ce pas installer le dualisme au cœur de l'être humain? L'homme a deux sortes de sentiments : la conscience vive de son existence vécue et la conscience réfléchie de sa personne entière ; il a deux sortes de mémoire, la simple rémanence, de nature affective, de l'impression vécue et par ailleurs le souvenir conscient qu'il a de son existence passée ; il trouve deux sortes de plaisirs, les plaisirs physiques et les plaisirs intellectuels et moraux ; il est capable de deux sortes d'actions, les actions machinales et les actions délibérées ; et tantôt il s'adapte (plus ou moins bien) par « instinct » à son environnement, tantôt il a la connaissance des lois de la nature et agit sur elle en conséquence. En un mot,

> l'homme intérieur est double, il est composé de deux principes différents par leur nature, et contraires par leur action. L'âme, ce principe spirituel, ce principe de toute connaissance, est toujours en opposition avec cet autre principe animal et purement matériel [1].

Et l'auteur de l'*Histoire naturelle* ne voit qu'avantage à cette dualité : l'homme sage :

> est sans doute l'être le plus heureux dans la Nature, il joint aux plaisirs du corps, qui lui sont communs avec les animaux, les joies de l'esprit, qui n'appartiennent qu'à lui : il a deux moyens d'être heureux, qui s'aident et se fortifient mutuellement [2].

Buffon n'est pas un métaphysicien : il ne se soucie guère de développer une théorie des deux substances ni d'expliquer comment l'une peut agir sur l'autre. C'est un naturaliste doublé d'un moraliste et son étude abonde en fines descriptions des états et des conduites de la vie humaine. Plus importante que la dualité des deux principes est leur tension, heureuse ou malheureuse, leur rapport dynamique. L'homme à l'état d'enfance est heureux, parce que le principe matériel domine seul dans l'enfant, ne

---

1. Texte VIII, p. 233.
2. Buffon, 330 B, 55-331 A, 2.

rencontrant son opposé que dans la contrainte de l'éducation. Quand l'homme grandit, le principe spirituel se développe en lui; toutefois, les passions impérieuses qui naissent quand la sexualité s'éveille (elle est un sens matériel), dominent son âme : il est heureux quand la passion s'exalte, il est malheureux quand le charme disparaît et que l'âme découvre sa servitude. Les deux principes sont-ils en exercice et de puissance égale? L'homme tombe dans l'ennui, le pire des états, celui qui conduit au dégoût de soi-même. Mais quand il a assez de force d'âme et qu'il devient sage en subordonnant le sens matériel au commandement de l'entendement et de la volonté, l'homme sait reconnaître l'excellence du principe supérieur et goûter l'innocence du principe inférieur, il vit heureux autant qu'il est possible. Bref, Buffon n'a pas l'exactitude philosophique d'un Condillac; mais ses analyses ne manquent pas de vérité, de cette vérité qu'on apprécie plus qu'on ne la contrôle et qui se tire d'une description juste, d'une explication sensée et d'une écriture de qualité.

Revenons à l'animal pour conclure ce point. Au total, un animal est plus qu'un automate, puisqu'il est capable de sensation, de douleur et de plaisir, de conscience sensible; on peut même croire qu'il a le sentiment plus sûr et plus fin que nous ne l'avons. Mais il n'est pas capable de connaissance, puisqu'il ne pense pas et qu'il n'a pas d'idées. Il n'a ni entendement ni volonté. C'est un être de passions; mais les passions relèvent d'abord du sens matériel et l'émotion qu'en ressent l'âme est un effet. Toute la vie animale et sensible ne doit rien au principe spirituel; elle est le résultat mécanique des ébranlements qui se font dans les sens et le cerveau. Par exemple, l'animal ressent véritablement du plaisir ou de la douleur; mais il éprouve du plaisir quand la cause extérieure matérielle agit mollement sur ses organes, il éprouve de la douleur quand l'action est violente. Descartes, qui traitait des animaux par analogie avec les machines, leur refusait la sensibilité; car sentir et désirer, c'était pour lui déjà penser. Buffon, au contraire, distingue les corps animés des corps matériels, mais il détache la sensibilité et l'appétit de la pensée et l'attribue au sens matériel interne. Quant à Condillac, il s'oppose à Descartes puisque avec Buffon il accorde la sensibilité aux animaux ; mais, contre Buffon, il s'accorde avec Descartes pour dire que sentir et désirer, c'est penser.

LA CRITIQUE DE BUFFON PAR CONDILLAC

Cette critique est développée dans la première partie du *Traité des animaux*. Prise dans son ensemble, elle est ainsi construite :

On part de ce que Buffon accorde : les bêtes *sentent* ; elles sont capables de *sentiment* (terme global qui renferme l'idée de la sensation, de la sensibilité et de la conscience sensible d'existence). Or, et c'est le premier temps de l'argument (chapitre II), si elles sentent, elles sentent *comme nous*. Quelle signification donner en effet au mot ? Personne n'a jamais confondu *sentir* et *se mouvoir*. Le langage interdit déjà une telle assimilation et ne permet pas qu'on rapporte la sensation à un principe matériel (seul un être matériel est susceptible d'être en mouvement).

On passe ensuite à la démonstration. Si les bêtes étaient des êtres purement matériels, on ne saurait rendre raison du sentiment qu'on leur accorde (chapitre III) : le mécanisme, même enrichi de la doctrine de l'ébranlement avancée par Buffon, ne peut expliquer le sentiment. Il ne peut pas expliquer davantage la détermination du mouvement animal, quand bien même l'on accorderait à Buffon que les bêtes sont à la fois matérielles et sensibles (chapitre IV). Or, sans une telle détermination, aucun animal ne pourrait survivre. Et donc l'agir animal suppose qu'on accorde des connaissances aux bêtes.

L'insuffisance de l'explication mécaniste étant ainsi établie, il devient clair que si les bêtes *sentent* comme nous, elles *pensent* comme nous, et donc qu'elles ont une âme (chapitre V). Ce que Condillac prétend prouver à partir des textes de Buffon eux-mêmes, en les intellectualisant de manière implicite.

Mais il ne suffit pas de rendre manifeste l'erreur, il faut aussi en chercher l'origine : les philosophes, même ceux qui croient que les bêtes pensent, n'ont pas su établir cette vérité, faute d'avoir démêlé les opérations de l'âme dans l'usage que l'animal fait de ses sens. Le chapitre VI reconduit ainsi à l'enseignement principal du *Traité des sensations* et discute la théorie des sens que présente Buffon dans le tome III de l'*Histoire naturelle*.

La conclusion fait quelques observations assez méchantes sur *ces* philosophes qui se soucient plus de bien écrire que de bien raisonner, et dresse la liste des thèses de Buffon qui sont autant de questions à discuter et de points à rejeter.

La chose qui apparaît le plus immédiatement dans cette critique, c'est l'incompréhension de Condillac, certainement voulue, mais constitutive, incompréhension qui le conduit à commettre de véritables contresens quand il lit Buffon. La manière dont il rappelle, au début du chapitre II, les deux définitions du verbe *sentir* invoquées par le naturaliste, en est un bon exemple. Dans son chapitre d'introduction à l'*Histoire des animaux*, Buffon fait la comparaison traditionnelle entre les animaux et les végétaux, mais il marque avec force que les différences qui les séparent n'ont rien d'absolu. Animaux et végétaux ont en commun de n'être pas une simple portion de matière, agie mécaniquement, ils ont la faculté de croître et de se multiplier. Mais plus que le végétal, l'animal est un individu, c'est-à-dire, « un centre où tout se rapporte, un point où l'univers entier se réfléchit, un monde en raccourci »[1]. Il a en effet sensibilité et motricité. Mais, ajoute Buffon, il y a des animaux qui ne bougent pas et des plantes qui sont sensitives. Et donc, lorsqu'on dit que l'animal *sent*, on entend moins une propriété que l'on pourrait déterminer de manière fixe et univoque, qu'un certain registre de caractérisation, illustré d'un côté par la plante sensitive qui a une « action de mouvement » quand elle est heurtée, et, de l'autre côté, par l'homme qui, étant doté de sentiment, compare et juge. L'huître est plus proche de la plante par son caractère réactile et le chien plus près de son maître par l'intelligence que le sens commun est prêt à lui attribuer. Et, quoique Buffon refuse fina-

---

1. Voir le texte V, p. 216. La formule est clairement d'inspiration leibnizienne.

lement au chien de pouvoir comparer et juger, il a le souci d'établir la continuité de la chaîne de la vie :

> Cet examen nous conduit à reconnaître évidemment qu'il n'y a aucune différence essentielle et générale entre les animaux et les végétaux, mais que la nature descend par degrés et par nuances imperceptibles d'un animal qui nous paraît le plus parfait à celui qui l'est moins, et de celui-ci au végétal[1].

On va de ce qui est le plus proche de l'esprit à ce qui est le plus proche de la matière.

Une telle fluidité dans l'analyse de la sensibilité animale est inconcevable à Condillac. Nous autres hommes savons ce que c'est que sentir : c'est ce que nous éprouvons, quand nos organes sont « remués par l'action d'un corps ». Et ce sentiment est inanalysable, quoique l'idée en soit parfaitement claire, par expérience intime. Nous ne pouvons avoir d'autre compréhension de la signification du mot *sentir*. Et donc, si les animaux sentent, ils ne peuvent sentir que comme nous. Cela n'a aucun sens de dire que des êtres matériels sentent.

Le point de vue des deux philosophes n'est évidemment pas le même. Buffon veut étudier les fonctions et les conduites de la vie ; et il y a chez les êtres vivants une grande diversité qui se distribue du moins parfait au plus parfait ou, comme on dit aujourd'hui, du moins évolué au plus évolué. Condillac veut étudier les opérations et les conduites de l'âme : on y distinguera, selon les animaux considérés, des degrés différents de développement, mais elles sont dans tous les cas de même nature et il n'y a pas à en faire varier continûment la définition. Condillac est un psychologue, Buffon un biologiste. C'est pourquoi la césure n'est pas placée au même endroit chez l'un et chez l'autre : chez le biologiste, elle est placée *à partir de la vie* entre la vie et l'âme, entre l'ordre de la vie qui va des végétaux aux animaux, hommes inclus (eu égard à leur animalité), et l'esprit qui n'appartient qu'à l'homme ; chez le psychologue, elle est placée *à partir de l'âme*,

---

1. Texte V, p. 217-218.

entre l'ordre de l'âme, qui va des animaux à l'homme, et celui de l'organicité qui appartient à tous les vivants [1].

Comment coordonner la biologie et la psychologie? Comment concilier la vie et l'âme? Condillac a beau jeu d'opposer à Buffon que, s'il y a, dans l'homme, et le sentiment de la vie et le sentiment de l'âme (la conscience, la réflexion) et si sentir, c'est toujours en quelque mesure être *soi*, alors il faut déclarer qu'il y a en l'homme deux *moi*, deux personnes. Je ne puis sentir d'un côté mon corps et de l'autre mon âme, ni distinguer entre des sensations corporelles et des sensations spirituelles, puisque cela ferait éclater mon être même. Et qui serait ce *je*, tantôt corporel, tantôt spirituel, incapable de faire se rejoindre ses deux parties? «L'unité de la personne suppose nécessairement l'unité de l'être sentant; elle suppose une seule substance simple, modifiée différemment à l'occasion des impressions qui se font dans les parties du corps» [2]. Et en un mot: «je ne sens pas d'un côté mon corps et de l'autre mon âme; je sens mon âme dans mon corps».

Mais Buffon aurait tout aussi beau jeu de demander la signification de ce *dans mon corps*. En effet, si l'on adopte la thèse condillacienne, par l'âme je ne sens jamais que l'âme, puisque la sensation est une perception. Et donc je ne sens jamais ma vie, mais j'éprouve des passions, j'ai conscience des opérations de ma mémoire, de mon entendement, etc., qui sont des moments de mon existence mentale; de même, en toute rigueur, je ne sens jamais mon corps, même si je peux le voir ou le toucher. Répétons que, lorsqu'il doit aborder la relation de l'âme au corps, Condillac emprunte à Malebranche la thèse occasionaliste [3]: j'éprouve une sensation dans mon âme, *quand*, c'est-à-dire, *à chaque occasion où* un organe de mon corps est mû ou

---

1. Il est intéressant de noter que Condillac n'emploie le mot *vie* que pour dire l'existence humaine ou la vie selon qu'elle est mortelle ou immortelle. Les plantes sont à peine mentionnées.

2. *Traité des animaux*, p. 119.

3. Ce sens malebranchien est à distinguer de l'emploi banal chez Buffon et Condillac du verbe *occasionner* au sens de *causer* (ce dernier terme étant inusité).

remué ; car un mouvement ou un ébranlement « ne peut être que la *cause occasionnelle* d'une modification de notre âme »[1]. L'argument de l'occasionalisme, que Condillac assume sans chercher à le justifier, revient à ceci : 1) l'âme est distincte et différente du corps ; 2) le corps ne peut avoir d'action directe sur l'âme, car un mouvement n'engendre qu'un mouvement, jamais quelque chose comme une passion, qui est un événement ou une modification de l'âme ; 3) nos sens eux-mêmes, en tant qu'organes, sont certainement mus en quelque manière par les objets qui agissent sur eux, mais ils ne sont qu'*occasionnellement* la source de nos sensations.

Comme Condillac ne développe pas la métaphysique correspondante, cet occasionalisme peut sembler n'être qu'une manière de se dérober à la difficulté. Dans l'*Essai sur l'origine des connaissance humaines*, l'abbé en fait la conséquence de la Chute après le péché : « L'âme est devenue aussi dépendante des sens que s'ils étaient la cause physique de ce qu'ils ne font qu'occasionner »[2]. Le mystère religieux a pour conséquence un mystère métaphysique. Dans le *Traité des sensations*[3], c'est l'effet d'une circonstance, relative à « l'organisation » de la nature. La statue fait sans doute des mouvements, mais elle se meut d'abord machinalement, par instinct, à son insu ; c'est après quelque temps, au hasard de ses expériences, qu'elle finit par remarquer que certains mouvements suspendent une action qui la blesse ou favorisent une action qui lui procure du plaisir ; et, de là, elle découvre peu à peu comment distinguer son propre corps des autres corps qui lui sont extérieurs.

Mais on peut expliquer autrement ce peu d'empressement à traiter d'un sujet qui, au contraire, intéresse fort Buffon. Revenons encore une fois à la statue. La statue sent une odeur de rose ou de jasmin. Elle est sensation. On ne peut pas lui ôter la sensibilité

---

1. *TA*, p. 134, répété p. 148. Nous soulignons. Plus clairement encore : « Pour moi, j'avoue que je ne conçois point de liaison entre ces ébranlements et le sentiment », p. 121.

2. *Essai sur l'origine des connaissances humaines*, I, 1, 1, § 8, p. 7 B.

3. Livre II, chap. 5.

ou le sentiment. Et tout le monde, sauf les Cartésiens, s'accordant à reconnaître que les animaux sentent, il est clair que la statue représente ici aussi bien les animaux que les hommes. Or l'ultime ressort de la sensibilité est, sans nul doute, le plaisir et la peine, bien plus que la capacité à percevoir des objets. Cela posé, nous pourrions être tentés de distinguer entre deux espèces de plaisirs : les plaisirs qui appartiennent plus particulièrement au corps et les plaisirs intellectuels et spirituels. Mais, ajoute Condillac,

> dans le vrai, ils sont tous intellectuels et spirituels, parce qu'il n'y a proprement que l'âme qui sente. Si l'on veut, ils sont aussi tous en un sens sensibles ou corporels, parce que le corps est la seule cause occasionelle [1].

Tant le commerce entre l'âme et le corps est intime, quoiqu'ils soient entièrement différents de nature ! Mais si je ne sens pas, en toute rigueur, mon corps, comment sais-je que j'ai un corps ? En vérité, la distinction de l'âme et du corps résulte d'un apprentissage : l'âme « apprend à rapporter à son corps les impressions qu'elle reçoit. Elle sent en lui ses plaisirs, ses peines, ses besoins » [2]. L'âme est à l'âme ce *par* quoi elle sent, le corps est ce *dans* quoi elle sent ; car, lorsqu'elle sent, elle *reçoit* une impression, elle est affectée d'une passivité qui ne s'efface pas complètement, même dans les plaisirs les plus élevés. Et, une fois la distinction faite, elle peut corréler ses opérations avec les mouvements du corps, ses habitudes mentales avec les habitudes corporelles.

Il faut donc, quand on lit Condillac, raisonner en psychologue et ne considérer que ce qui appartient à l'âme. Or, qu'y a-t-il de plus fondamental en l'âme que l'expérience intime qu'elle a d'elle-même ? Et, comme la conscience de soi est une opération réflexive supérieure, qu'y a-t-il de plus fondamental que le sentiment, c'est-à-dire, cette épreuve par l'âme d'elle-même et du

---

1. *Traité des sensations*, I, 2, § 22, 227 B. Cf. « Avoir du plaisir et de la douleur, est sans doute autre chose que se mouvoir à l'occasion d'un choc », *TA*, p 118.

2. *TA*, p. 150.

monde confondus ? Certes, celui qui s'interroge sur la vie ne peut éviter de s'interroger sur l'enracinement physique et la condition matérielle de celle-ci ; mais nous avons un accès immédiat à notre âme comme à ce que nous pouvons observer et étudier d'une manière propre, sans avoir besoin de rien supposer d'autre. Et si des considérations physiques et métaphysiques doivent intervenir, c'est à partir de ce domaine primitif de certitude.

Il ne faut donc pas considérer seulement le sentiment, c'est-à-dire, l'effet que fait l'objet sur les sens et le cerveau, et l'impression de plaisir et douleur qu'en ressent l'âme. En effet, si l'animal n'était qu'affecté, il périrait rapidement, il ne saurait quoi faire pour préserver sa vie et éviter le danger, il ne saurait se nourrir de l'aliment qui lui convient. C'est pourquoi, le mouvement animal est le complément obligé de la sensibilité. Mais ce mouvement ne peut se faire de manière aveugle et désordonnée. Une boule de billard va nécessairement là où le joueur de billard souhaite qu'elle aille, mais elle ne recherche rien ni ne sait où elle va. Un être animé, étant sensible, ne va pas nécessairement là où il va ; si son mouvement n'était qu'une réaction, ce serait « une espèce de convulsion » ; pour que, dans son mouvement progressif, il aille là où il va, il faut que son action soit déterminée. D'où vient cette détermination ? Elle ne peut résulter mécaniquement de l'ébranlement initial des sens, car il faut d'une part que l'âme ait de l'appétit ou du dégoût pour l'objet, ce qui suppose déjà un début de discrimination entre un objet plaisant et un objet pénible ; il faut d'autre part qu'elle soit intéressée par cet objet-ci et non celui-là, quoique tous deux appartiennent au même environnement. Sans compter l'indispensable adaptation aux circonstances. Le chien a du goût pour la viande, et non pour la purée de légumes : comment fait-il la distinction ? Si l'on répond que ce n'est pas la même odeur qui sollicite ses narines et qu'il se laisse diriger par l'agrément qu'il en reçoit ou non, encore faut-il qu'il discerne l'objet qui en est la source, qu'il mette en corrélation son odorat avec sa vue, de sorte à se mouvoir vers ce qui a telle couleur ou telle forme ; bref, il faut qu'il ait une connaissance déterminée de l'objet ; et cette connaissance de l'objet passe par un apprentissage des sens, par un travail de la mémoire, par un acte de comparaison avec d'autres objets, etc. On sent une odeur, on voit une couleur ; mais l'odeur ou la couleur, ce n'est pas encore *cet* objet-ci qui a justement cette odeur ou cette couleur. La sensation, surtout quand elle s'accompagne d'une action, renferme donc du jugement. Et il ne sert à rien d'invoquer l'instinct, comme le fait Buffon : ce n'est qu'invoquer un mot pour masquer l'impuissance de la théorie de l'ébranlement à rendre compte de ce qui se passe dans l'âme, et même dans le corps.

Le rapport entre les sens

Il faut descendre quelque peu dans le détail du débat, car Condillac dit des choses qui sont à la fois semblables et différentes de celles qu'exposait Buffon dans l'*Histoire naturelle* ; et il a le souci par ce détail de prouver qu'il ne plagie pas le naturaliste.

Pour réussir à résoudre la question de la détermination du mouvement animal, dans les termes de la doctrine du sens intérieur et des ébranlements que ce sens reçoit ou communique, mais aussi pour faciliter le rapport en l'homme entre le sens matériel qu'il partage avec les animaux et le sens spirituel qu'il possède en propre, Buffon est amené à introduire la distinction entre les deux sortes de sens, les sens de l'appétit et les sens de la connaissance[1]. Cette distinction est portée par la comparaison entre l'animal et l'homme, étant supposé qu'ils ont les mêmes sens. Les sens de l'appétit sont relatifs à la satisfaction directe des besoins de l'animal. Il s'agit principalement de l'odorat, le goût étant un odorat intérieur. Le propre de l'odorat est de capter des émanations ou des senteurs et, selon qu'il est favorablement sollicité ou non, de susciter l'appétit ou le désir direct de l'objet. Un animal aveugle peut se porter vers sa proie ; le nouveau-né chez les bêtes sent sa mère et le lait, et se porte en conséquence vers la mamelle. Aucune connaissance ne semble requise, la

1. Voir le texte VIII, p. 230.

détermination du mouvement animal est instinctive et elle est assez certaine pour assurer la conservation de la bête. L'homme, lui aussi, sent et goûte ; mais ces sens qui sont grossiers (*obtus*, dit Buffon), sont chez lui moins parfaits. Le nouveau-né humain crie ; il mourra si on ne l'approche pas du sein. En revanche, les sens de la connaissance, la vue et l'ouïe, sont plus perfectionnés chez lui, quoiqu'ils soient initialement incertains et que le nourrisson ne puisse d'emblée s'en rapporter à eux pour diriger ses mouvements. Ils restent incertains, aussi longtemps qu'ils ne sont pas éduqués par l'art et l'habitude ; et cela pour deux raisons : d'une part, ils ne suffisent pas pour discerner l'objet dans un champ visuel ou sur un continuum sonore ; d'autre part, ils ne donnent pas l'extériorité de l'objet, sans le savoir de laquelle ils ne peuvent s'exercer de manière utile. Pour résoudre ces deux points, il faut examiner le rapport que la vue et l'ouïe ont avec le toucher, qui est le sens le plus nécessaire à la connaissance.

Cette sorte de question n'est pas nouvelle, surtout en ce qui concerne le rapport entre la vue et le toucher. Sans remonter au problème de Molyneux[1], revenons un instant à Berkeley, dont Condillac évoque le nom, dans sa critique de Buffon[2]. Dans son *Essai pour une nouvelle théorie de la vision* (1709), Berkeley abordait la question suivante, qui touchait à la géométrie,

---

1. William Molyneux, savant irlandais, spécialiste d'optique, et devenu ami et correspondant de John Locke, après que la première édition de l'*Essai sur l'entendement humain* eut paru en 1689, avait posé la question suivante : « Supposez un homme né aveugle puis devenu maintenant adulte ; par le toucher il a appris à distinguer un cube et une sphère du même métal et approximativement de même taille, de sorte qu'il arrive à dire, quand il sent l'un et l'autre, quel est le cube et quelle est la sphère. Supposez ensuite qu'on place le cube et la sphère sur une table et que l'aveugle soit guéri. Question : est-ce que par la vue, avant de les toucher, il pourra distinguer et dire quel est le globe et quel est le cube ? » (trad. de Jean-Michel Vienne, Paris, Vrin, 2001, p. 237). Locke répondit dans la seconde édition de l'*Essai* (II, 9, 8) en disant avec Molyneux qu'il ne le peut pas immédiatement, sans être instruit par l'expérience. Ce problème connut une grande fortune ; il était encore agité au milieu du XVIIIᵉ siècle, notamment en France. Condillac le reprend longuement dans l'*Essai sur l'origine des connaissances humaines* (livre I, sect. 6) et répond par la positive, avant de répondre par la négative dans le *Traité des sensations* (livre III, chap. 4 à 6) ; et Diderot écrit en 1749 la *Lettre sur les aveugles*.

2. *TA*, p. 133.

l'optique, la physiologie, la psychologie et également la méta-physique de l'immatérialisme[1] : en regardant par ma fenêtre, je vois un arbre qui est vert et qui a le tronc rugueux; devant lui s'étend une pelouse avec une bordure de fleurs dont le parfum arrive jusqu'à mes narines; sur une branche, un oiseau chante, etc. Je perçois des objets, par le moyen de mes sens qui sont, les uns et les autres, sollicités. Comment une telle perception d'objet est-elle possible? La solution la plus simple, en tout cas la plus ancienne, est de dire que, d'une manière ou d'une autre, l'objet extérieur imprime dans mon esprit une image ou lui commu-nique une information concernant ses propriétés. Entre autres difficultés, cette solution a l'inconvénient de négliger le fait que ces images ou ces informations entrent par le canal de nos sens qui sont hétérogènes : je vois par une sensation visuelle le vert de son feuillage, je touche la rugosité de son tronc, quoique je dise simplement : je vois un arbre dont le feuillage est vert et le tronc rugueux. Il faut donc que le cerveau coordonne les différentes impressions sensorielles et que l'âme unifie ses diverses sensa-tions. Comment cela se fait-il? Et il y a des difficultés plus parti-culières, notamment pour la vision qui est pourtant le sens que spontanément, quand nous parlons, nous tenons pour dominant. Je vois l'arbre : il a telle taille, je m'éloigne : il devient plus petit; je le regarde par-dessous : il change de forme; je le vois à une distance de dix mètres : s'il est vrai que je vois l'arbre, je ne vois pas la distance elle-même.

C'est à cette dernière question de la perception spatiale que Berkeley s'attache plus particulièrement. Comment expliquer que, alors que, en toute rigueur, je ne *vois* pas les objets, mais seulement leurs qualités visuelles, je les *perçoive* néanmoins, en tant qu'objets dotés de diverses propriétés (et pas seulement de la couleur) et que j'évalue leur distance, leur position et leur gran-deur (que je considérerai constante, à moins de quelque chan-gement)? La perception que j'ai de l'objet ne coïncide pas avec

---

ce que je vois. La seule chose que je vois, c'est la lumière et les couleurs, telles qu'elles sont rendues sur l'image rétinienne, le degré de précision de la tache colorée étant fonction de la plus ou moins grande stimulation optique sur la surface de la rétine. Il faut donc expliquer comment l'esprit ou l'âme passe de la sensation à la perception des objets dans le monde.

La vieille solution selon laquelle l'esprit reçoit de l'extérieur un double de l'objet d'une manière ou d'une autre, avait cet avantage d'ignorer la question de l'extériorité de l'objet, puisqu'on allait de l'extérieur à l'intérieur et que l'impression était la marque même de l'objet. Mais pour Berkeley, et pour ses successeurs que sont Buffon et Condillac sur ce point, il faut aller de l'intérieur à l'extérieur. L'extériorité des choses ou du monde n'est pas incluse dans le donné de la sensation ; elle est bien plutôt une sorte de projection phénoménale de l'objet qu'accomplit l'acte de perception. C'est pourquoi, toute espèce de solution géométrique, optique ou physiologique, certes valide dans son ordre propre, suppose le problème résolu. Revenons donc à ce qui seul est dans l'esprit : les seules sensations visuelles que nous ayons sont les sensations lumineuses des couleurs ; et ce qui y est vu n'est pas à distance ni n'est susceptible de devenir plus ou moins grand ; par ailleurs, les taches sont planes, mais ne relèvent pas d'un espace géométrique. La vue ne suffit donc pas. Il faut y ajouter le toucher. La spatialité, dans et par laquelle les objets reçoivent position, grandeur et distance, est obtenue par la liaison de deux sortes de données sensibles : les données (les *idées* dans le langage de Berkeley) visuelles, c'est-à-dire, les couleurs, et les données ou les idées tangibles, c'est-à-dire, tout ce dont le toucher est capable de nous instruire : la dureté, la mollesse, la chaleur, la froideur, etc. Abandonnons donc l'idée que la vue donnerait tout et qu'elle serait le premier des sens, admettons aussi qu'un sens puisse apporter quelque chose à un autre sens, malgré l'hétérogénéité des sensations ou des idées sensibles correspondantes. Je vois ou, du moins, je dis que je vois un certain objet qui a telle forme déterminée et qui se trouve à telle distance, parce que, après avoir franchi cette distance, mesurable par le déplacement de mon corps, ou après l'extension de ma main, j'aurai ou j'imagine que j'aurai telle préhension de forme, telle impression de solidité, associées à la couleur visible. Je déplace ma main, je déplace mon corps, j'ai une suite d'observations tactiles, j'acquiers le sentiment du contour, de la continuité. Quand ces sensations ou leurs images sont associées aux sensations de la vue, ces dernières, lorsqu'elles se produisent, suggèrent les idées tangibles auxquelles le cours ordinaire de la nature les a unies. Et de cette suggestion résulte l'objet éclairé et coloré, situé à une certaine distance et pourvu d'une forme déterminée[1].

Berkeley poursuit fort avant cette question complexe et Buffon n'a certes pas les finesses de l'évêque irlandais dont il retient le canevas général[2]. Prenons un enfant à sa naissance[3] : l'organe de l'œil n'a pas encore eu d'exercice, il n'a ni la fermeté ni la tension nécessaire. Prenons-le à deux mois : l'organe est actif, mais les yeux de l'enfant ne s'arrêtent sur rien ; il voit des taches de couleur, plus moins mouvantes ; mais il n'a aucune notion des différents objets : d'abord, il ne les distingue pas entre eux ; ensuite, il ne les distingue pas de lui-même, pas plus qu'il ne se distingue d'eux. Il ne voit que les images qui se sont formées sur sa rétine. Et il rencontre deux problèmes : d'une part, l'image est renversée, en vertu de la conformation de l'œil et des lois de l'optique ; d'autre part, comme il a deux yeux, il a deux images, il voit tout en double, puisque dans chaque œil se forme une image du même objet et qu'il ne sait pas qu'il s'agit du même objet. Sa vision est donc doublement erronée et elle doit être rectifiée. Pour cela, il faut que du jugement s'ajoute à la sensation ; or, cette possibilité de juger, il la tire du toucher qui l'instruit et de la position droite de l'objet et du fait que les deux images qu'il a, s'accompagnent de la même sensation tactile, quand il prend en

1. Voir le texte IX de notre dossier.
2. Voir le texte VII.
3. Le « premier homme » est dans la même situation. Mais la description de Buffon est alors plus complexe, puisque Buffon fait intervenir toutes les sortes de sensations. Voir le texte VI de notre dossier.

main l'objet ou qu'il le touche. En même temps, en avançant la main ou en déplaçant son corps, il découvre que ce qu'il voit au fond de ses yeux ou dans son âme est à la longueur de son bras ou à la distance de dix pas ; il observe aussi que la taille de l'objet varie avec l'image, selon que l'objet est plus ou moins proche, et il finit, en apprenant à mesurer la distance, par apprécier la vraie grandeur de l'objet.

Condillac oppose à la distinction de Buffon entre les sens de l'appétit et les sens de la connaissance, le fait que tel ou tel sens domine plus ou moins selon les espèces d'animaux. Cela dit, quand on considère l'exercice qui en est fait, tous les sens sont sur le même pied : il n'y a pas de sens dont l'exercice serait à ce point naturel qu'il n'y en aurait pas d'apprentissage : toucher, voir, sentir, entendre, éviter ce qui est nuisible, etc., toutes ces opérations sont des habitudes. La faute de Buffon est de n'avoir pas assez approfondi : « Il me semble que si Monsieur de Buffon avait plus approfondi ce qui concerne les sens, il n'aurait pas fait tant d'efforts pour expliquer mécaniquement les actions des animaux »[1]. Et, à juste titre, Condillac relève que Buffon est infidèle à Berkeley, parce qu'il continue de recourir à une explication mécaniste. Ainsi, en ce qui concerne le rapport entre la vue et le toucher, Buffon ne dit pas autre chose que ceci : l'objet, agissant sur les yeux par une suite d'ébranlements, peint sur le fond de la rétine une image qui est renversée et il en peint deux pour chaque objet[2]. La fonction du toucher n'est pas alors d'apprendre à l'œil à voir, mais simplement de le corriger, car, quoiqu'il voie à l'envers et double, l'œil voit naturellement l'objet. Cela a plusieurs conséquences : d'abord, la confusion implicite de la couleur (le visible, à savoir la couleur) avec l'objet (qui est coloré, étendu, rugueux, etc.) ; ensuite, le traitement physique de l'extériorité de l'objet (le premier homme apprend

---

1. *TA*, p. 132.

2. « Je réponds qu'il n'y a d'image nulle part ». « C'est au toucher à apprendre aux yeux à répandre cette sensation [de la couleur] sur la surface qu'il parcourt », p. 134.

qu'il y a quelque chose hors de lui en se cognant à un palmier) ; enfin, et surtout, l'absence de tout explication disant comment le toucher se rapporte à la vision, explication qui est requise dès lors qu'on abandonne le mécanisme.

> Afin qu'un animal aperçoive hors de lui les couleurs, les sons et les odeurs, il faut trois choses : l'une, qu'il touche les objets qui lui donnent ces sensations ; l'autre, qu'il compare les impressions de la vue, de l'ouïe, de l'odorat avec celles du toucher ; la dernière, qu'il juge que les couleurs, les sons et les odeurs sont dans les objets qu'ils saisit[1].

Toucher, comparer, juger ; à quoi il faut ajouter la formation des habitudes par lesquelles il nous semble voir, entendre ou sentir immédiatement un objet hors de nous, et la mémoire, sans laquelle il ne peut y avoir d'habitudes : toutes opérations qui sont des actions de l'âme. D'une manière générale, sentir, c'est déjà une action de l'âme, et le *Traité des sensations* s'efforçait d'en faire l'analyse complète. Condillac a raison : il ne peut avoir plagié Buffon. Mais ce faisant, il est lui-même infidèle à l'enseignement de Berkeley : celui-ci s'efforçait de penser la liaison entre les sensations à un niveau qui restait inférieur au jugement constitué et au raisonnement ; c'est pourquoi, il disait qu'une sensation *suggère* une autre sensation à laquelle elle s'associe, comme un signe peut suggérer ce qu'il signifie. Condillac au contraire intellectualise la sensation, il en fait une opération proprement mentale ; et cela non seulement chez l'homme, mais tout autant chez l'animal, puisqu'il n'y a plus de raison de séparer radicalement le sentiment d'un côté, le jugement et le raisonnement, de l'autre. Mieux, non seulement, l'âme s'éduque elle-même, mais elle éduque l'organe, selon le principe que les habitudes de l'âme et les habitudes du corps vont de pair.

---

1. *TA*, p. 130.

LE SENS COMMUN ET LES PHILOSOPHES

Condillac reprochait à Descartes de tomber dans des généralisations trop hâtives et de céder à cette forme de vanité toute philosophique de faire valoir partout une vérité que l'on a découverte dans une partie seulement de la nature. Mais l'accusation qu'il porte contre Buffon est, on l'a dit, plus méchante : Buffon serait de ces auteurs qui se soucient de bien écrire plutôt que de penser juste et qui recherchent le succès, en exagérant les difficultés pour augmenter leur mérite, en généralisant à la hâte, en pliant les choses à leur doctrine et en se vantant toujours d'avoir démontré leurs hypothèses. Il lui manque, ajoute l'abbé, cette vertu fondamentale du philosophe qu'est l'analyse. Faute de modestie et donc d'exactitude et parce qu'il cherche à séduire, il en viendrait à ignorer les phénomènes les plus évidents et à contrarier les certitudes les plus communes.

Contre Buffon, et d'une manière générale contre le discours abusif des mécanistes, Condillac prétend donc rétablir une vérité connue du sens commun. La première partie du *Traité des animaux* a démontré que les bêtes sont capables de connaissances.

> Ce sentiment est celui du vulgaire : il n'est combattu que par des philosophes, c'est-à-dire, par des hommes qui d'ordinaire aiment mieux une absurdité qu'ils imaginent qu'une vérité que tout le monde adopte[1].

Mais, objectera-t-on, si le sens commun accorde de la connaissance aux animaux, il n'admet pas aussi volontiers que la connaissance qu'on trouve chez les animaux soit de même nature que chez les hommes ; et, si on le consulte, il tiendra des propos sans doute plus variés et moins uniformes que ce que Condillac veut bien dire. Il faut donc que le sens commun soit autre chose que l'opinion commune. Et s'il est commun à tous, c'est parce que tous, les philosophes autant que les autres, s'ils ne cèdent pas à la vanité, se rapportent au même fond de certitude, à savoir, les

1. *TA*, p. 149.

vérités que l'on trouve quand on rentre au-dedans de soi-même et qu'on abandonne tous ses préjugés. C'est en effet sur cette observation de soi, en sa vérité, que Condillac veut faire reposer toute son étude. Les partisans de l'explication matérielle en appellent à la mécanique, à l'optique, à la métaphysique, c'est-à-dire, à des savoirs, qui peuvent être valides, mais dont la vérité est soumise à des raisonnements ou à des expériences et dont la portée doit toujours être appréciée. Dans ces domaines, les savants sont supérieurs au sens commun. Mais, ici l'on veut fonder la théorie présentée sur le sentiment de soi-même; de sorte que chacun qui se connaît lui-même est capable d'en reconnaître la vérité.

Il y a toutefois une difficulté à un tel argument, lorsqu'on l'applique aux animaux. En effet, chacun a le sentiment intime de lui-même et sait ce que c'est que sentir, toucher, comparer, juger; mais il ne peut prétendre avoir un tel sentiment intime des opérations de l'âme d'autrui. *A fortiori*, quand il s'agit des animaux. L'on peut observer que les bêtes sont sensibles, qu'elles veillent à leur conservation, qu'elles sont capables pour cela de se mouvoir vers tel objet déterminé et de rejeter ce qui leur est contraire. Mais nous ne jugeons là que sur des apparences et parce que nous faisons l'analogie entre elles et les hommes. Comment pouvons-nous connaître le sentiment des animaux? Et une analogie ne peut avoir, par ailleurs, la force d'une démonstration. Il ne peut y avoir de *preuve* expérimentale de sa validité; de sorte que, si on la fait valoir, ce doit être au nom d'un grand principe. Condillac introduit bien un tel principe, celui de la génération des différentes facultés et opérations de l'âme, posé d'abord dans l'*Essai sur l'origine des connaissances humaines,* détaillé dans le *Traité des sensations* et repris dans la seconde partie du *Traité des animaux,* sous la forme d'un schème directeur. Condillac a donc raison d'avouer qu'il ne fait ici que des « conjectures »[1]. Ce qui diminue d'autant la certitude de sa théorie, quand elle concerne les animaux, puisque l'on ne peut en vérité parler que

1. *TA*, p. 111.

des hommes ; ce qui amoindrit d'autant l'intérêt qu'il y a à s'intéresser aux animaux pour mieux s'instruire des hommes, par généralisation. Le *Traité des animaux* ne serait-il donc qu'une version abrégée et indirecte du *Traité des sensations* ? En adoptant le point de vue objectif du naturaliste, Buffon n'avait pas à connaître cette difficulté.

Mais il y a une autre difficulté dans ce rapport de la philosophie au sens commun. Comment réunir les vérités communes, que chacun peut connaître de lui-même, et les vérités énoncées par le *Traité des animaux*, qui n'est certainement pas un ouvrage écrit pour le sens commun, mais bien pour un public cultivé, placé en position d'arbitre ? S'il ne s'agissait que de combattre les philosophes du camp opposé, la dispute serait purement philosophique et, quand elle serait terminée, tout le monde en reviendrait au sens commun qui sait ce qu'il sait, naïvement. Or, il s'agit d'autre chose : « J'entreprends de mettre dans son jour une vérité toute commune »[1]. Car c'est une chose de croire en une vérité que tout le monde admet, sans plus de réflexion, c'en est une autre de la penser et de la penser distinctement. Prenons comme exemple le sentiment d'existence. Tout homme a le sentiment de son existence et sait ce que c'est qu'éprouver un tel sentiment. Or, dans ce sentiment, il entre beaucoup de choses : la sensation, la conscience, la mémoire sans doute, etc. Et cela, le sens commun ne le sait pas et ne se soucie pas de le savoir. Ou, pour ce qui nous intéresse ici de plus près, tout le monde accorde de la connaissance aux bêtes : mais jusqu'où va cette connaissance, quelle borne faut-il lui fixer ? Il appartient donc au philosophe de déterminer l'étendue et les limites des connaissances animales. Pour justifier ce travail de la philosophie sur le sens commun, Condillac peut arguer du fait que la vraie philosophie ne se soucie pas de découvrir un monde nouveau, inconnu jusque-là, mais seulement d'analyser ce qui est donné dans le sens commun ; de telle sorte qu'elle dit à la fois autre chose et la même chose que lui. Le langage commun parle des objets, les

---

1. *TA*, p. 149.

place dans le monde extérieur et ne voit pas là de problème. Mais, si l'on est averti, on ne confondra pas ses sensations visuelles avec ses sensations tactiles; et il n'est pas difficile d'admettre que les sens analysent eux-mêmes les informations qu'ils transmettent à l'esprit, et donc que celui-ci doit développer et coordonner leurs opérations, pour percevoir à la fin un objet. La force de l'analyse est ainsi que l'on retrouve ce que l'on avait au départ et que, en même temps, l'on explique désormais ce que l'on avait au départ.

LE GRAND PRINCIPE DE L'HABITUDE

Il ne suffit pas de déclarer que les animaux ont des connaissances. Le sens commun qui admet qu'ils en aient, les attribue à l'instinct. Aussi les premiers chapitres de la seconde partie du *Traité* ont-ils pour objectif de rendre compte de ce qu'on appelle l'*instinct*. Or l'opposition couramment faite entre l'instinct et la raison, entre ce qui est naturel et ce qui est acquis, est en même temps une manière facile d'expliquer la différence entre les animaux et les hommes; en sorte que, si l'on démontre avec Condillac que l'instinct est lui-même une acquisition, l'on arrive à la conclusion qu'il n'y a pas de différence de nature entre la connaissance animale et la connaissance humaine, mais seulement une différence de degré. Mais est-ce bien assez pour marquer la différence entre la bête et l'homme ? La réponse à cette question est renvoyée au chapitre v et aux chapitres suivants.

Si l'instinct n'est qu'une habitude prise et si les hommes et les bêtes partagent les mêmes opérations fondamentales d'acquisition de la connaissance, on ne sera pas surpris que les premiers chapitres reprennent à grands traits, à propos des animaux, ce que le *Traité des sensations* avait longuement exposé à propos des hommes.

Le principe général est le suivant : il n'y a rien d'inné, ni connaissances, ni idées, ni facultés, pas même la conscience de mon corps et de mon âme. Il n'y a pas de nature primitive, pas même animale. Ce qu'on appelle une *faculté* n'est en fait qu'un certain état, devenu stable, de développement du système des habitudes. Tout s'obtient par apprentissage; et l'apprentissage crée l'habitude. Si l'on objecte que pour apprendre, il faut un pouvoir d'apprendre, il sera répondu qu'il n'est pas nécessaire d'accorder une telle faculté. Il suffit de partir de la caractéristique première de l'animalité, de ce fait général qu'est la sensation. La sensation n'est pas que l'impression causée dans l'animal par les objets extérieurs, elle est en même temps sensibilité : car il n'est pas de sensation qui ne soit agréable ou désagréable, qui ne soit plaisir ou peine, si peu que ce soit. Et il est clair que le vivant animé est intéressé par ce qui lui cause du plaisir. Il s'y porte spontanément. Toutefois, pour parler exactement, car il faut plus pour écarter l'idée d'un instinct naturel, idée qu'on associe d'ordinaire à l'idée d'une adaptation spontanée des fonctions du vivant à ses fins, il faut ajouter et répéter contre Buffon que les premiers mouvements qui naissent de la sensibilité sont *incertains*, qu'ils ne sont pas adaptés, qu'ils sont sans dessein ni règle et que l'animal périrait, s'il en restait là.

L'animal éprouve des sensations : il est affecté; il éprouve par là même du plaisir ou de la douleur : il est sensible; il recherche le plaisir et fuit la douleur : il est animé. Ses sensations se succèdent, les unes agréables, les autres désagréables : il les compare, il peut savoir que, au moment où il éprouve une sensation pénible, il en a éprouvé une autre qui était plaisante, l'instant d'avant. Il est capable d'une mémoire affective. Il ne vit donc plus tout à fait dans l'instant. Et, même si les comparaisons qu'il fait, sont d'ordre affectif, il est capable, puisqu'il acquiert de la mémoire, de se déprendre de son existence immédiate et de se détacher de l'objet extérieur, à la fois subi et recherché. Mais, ce faisant, il accède à une première réflexion qui lui fait voir que ces états successifs de plaisir et de douleur dépendent de la situation ou de la condition de son existence physique. Il prend ainsi conscience de son propre corps et, par contrecoup, de son âme, car il découvre également que les états affectifs qu'il éprouve, appartiennent à son âme ou à sa conscience, quoiqu'étant des états subis, liés à la disposition de son corps en telle ou telle situation.

C'est l'âme qui sent, mais qui sent dans ce corps, dans son corps, et qui, ainsi, a le sentiment d'elle-même. Le corps est lié à cette passivité initiale de l'animal relativement aux objets qui l'affectent et aux besoins qui l'occupent. On est donc loin du *cogito* de Descartes qui voulait que l'âme pût connaître sa propre activité de pensée, alors qu'elle était encore dans le doute de savoir si elle avait un corps.

À partir de ce « commerce le plus intime », Condillac construit rapidement l'apprentissage par lequel l'animal s'adapte à son environnement et se rend capable d'assurer la protection et l'entretien de sa vie. La dualité de l'âme et du corps n'est pas réduite. L'âme fait l'expérience que ses sensations répondent à certains mouvements du corps propre ; elle répète ces expériences, elle se fait donc une habitude. La liaison de l'âme et du corps est elle-même une habitude. Car l'habitude prise est double : habitude des opérations de l'âme et habitude des mouvements du corps. L'âme prend « pour lui comme pour elle » l'habitude de certaines opérations mentales. Le corps se fait « pour elle comme pour lui » une habitude de certains mouvements. Le moyen de l'adaptation de l'animal à son milieu suppose cette adaptation intérieure de l'âme et du corps.

Les premiers apprentissages se feront par essais, d'abord aveugles, ensuite plus ajustés. L'âme hésite, le corps tâtonne ; l'un et l'autre restent commandés par la recherche du plaisir ; il ne font que réagir. Mais avec la répétition, l'incertitude s'atténue et les mouvements du corps sont plus sûrs ; en même temps, ce qui n'était qu'une réaction au plaisir et à la douleur devient une recherche plus active de ce qui peut remplir un besoin. Même le besoin, qui est l'attente d'une satisfaction, d'un plaisir connu, répété, s'apprend. Avec le renouvellement des besoins et l'effet des répétitions incessantes, des habitudes se forment, mais des réflexions naissent aussi qui perfectionnent ces habitudes. Car la réflexion n'est pas étrangère à l'habitude, puisqu'il n'y a pas d'habitude qui s'acquière sans elle, quelque élémentaire que soit son influence. Mais l'habitude, une fois acquise, dispense à son tour de la réflexion ou la libère pour une autre acquisition.

Et quand l'habitude n'a plus besoin d'être réfléchie, elle devient insensible en même temps que spontanée : on en fera un instinct, si l'on n'y prend garde.

Prenons un exemple humain, aisément observable, l'enfant qui apprend à marcher. Ses toutes premières expériences lui ont appris que pour obtenir l'objet de sa satisfaction, il lui fallait se mouvoir ; il découvre peu à peu, sous l'influence de son entourage, que la marche sur ses pieds est un moyen de locomotion plus sûr et plus rapide que la reptation, et qu'elle lui libère la main. Or, pour commencer de marcher, il faut qu'il ait acquis la conscience de la manière dont il se comporte dans l'espace, le sens de l'orientation, un début de maîtrise du temps, etc., toutes connaissances qui deviennent des habitudes mentales. En même temps, il faut qu'il ait appris à coordonner le mouvement de ses membres et que, ayant découvert l'équilibre, il soit capable de le conserver : toutes habitudes corporelles qui certainement, au début, demandent un effort, une intention. Il faut enfin que son apprentissage moteur aille de pair avec son apprentissage de l'espace. Une fois la chose faite, et répétée, il n'y songera plus. La marche sera devenue une habitude, et il tournera sa réflexion vers d'autres acquisitions.

La réflexion dont il s'agit ici est entièrement pratique et l'acquisition des premières habitudes se fait par une genèse passive, sans exercice de l'entendement ni de la volonté, quoiqu'il y ait dans l'habitude un passage de la passivité à une forme d'activité fonctionnelle d'adaptation ou de régulation des rapports de l'animal avec son environnement. Certes, pour que ce raisonnement soit valable, il faut admettre que la formation des habitudes répond à une nécessité ; et cette nécessité, Condillac la trouve dans le besoin. Apprenant à connaître ses besoins, l'animal apprend à connaître l'objet de ses besoins et en même temps les pouvoirs qu'il a ou qu'il se donne de les satisfaire. Et il transforme cette connaissance en habitude. Nul projet en cela ; seul l'intérêt le conduit. De la connaissance, certainement ; mais une connaissance devenant coutumière et toujours rapportée à des actions qui répondent à des situations. L'animal apprend à toucher, à voir, à se mouvoir, à atteindre sa proie ; il compare, il invente donc, il est même capable d'une forme de perfectionnement ; mais toujours en réponse à la nécessité, c'est-à-dire, toujours à l'intérieur de l'ordre de ses besoins, et de besoins qui sont bornés. Et en ce sens, il est enchaîné à sa condition, quoiqu'il l'aménage.

Une habitude ne suffit pas et il s'en forme plusieurs. Mais il faut davantage : il faut que l'habitude, d'une manière générale, fasse système, un système non intellectuel, qui est la réponse complexe de l'animal aux nécessités de sa vie. « Tout est lié dans l'animal ; ses idées et ses facultés forment un système plus ou moins parfait »[1]. Si rien ne se répétait dans les expériences qu'il fait, il ne serait qu'un flux de sensations, agréables ou doulou- reuses, il ne pourrait survivre. Nous avons dit qu'il possédait une mémoire affective ; mais une telle mémoire ne procède que par association de sentiments ; elle n'est susceptible de causer qu'une attente affective, un besoin. Peut-être suffirait-elle dans un monde facile à vivre, où tout se répéterait identiquement, ce qui n'est certes pas le cas, puisque de multiples circonstances peuvent jouer. Or l'âme apprend du corps qu'il est affecté par des objets ; de ces objets, elle se fait une idée et, comme ces objets appartiennent à un monde, ce sont des suites d'idées qui se fixent en elle et qui se combinent de manière plus ou moins complexe, d'abord réfléchies, puis se changeant en habitudes mentales qui lui permettent d'en retracer l'ordre, chaque fois qu'un besoin passé se renouvelle. Ou, pour reprendre une image que Condillac file longuement : « C'est ainsi que les idées renaissent par l'action même des besoins qui les ont d'abord produites. Elles forment pour ainsi dire, dans la mémoire, des tourbillons qui se multiplient comme les besoins »[2]. On a donc l'enchaînement

---

1. *TA*, p. 188.
2. *TA*, p. 153. Cette image n'est pas sans faire problème. Car on pourrait objecter à Condillac, qui rejette l'explication mécaniste, mais qui veut tout autant éviter de tomber dans le finalisme naïf ordinairement attaché à l'instinct, que cette image est elle-même mécanique. Dans le mécanisme d'un Descartes, les événements sont nécessairement réglés par des suites de mouvements. Ici, c'est le mécanisme lui-même qui se forme. Et si

suivant : l'animal a des besoins qui expriment la nécessité de sa vie et qui, se répétant, mais variant aussi, selon les occasions, forment eux-mêmes des chaînes. À chaque maillon de telles chaînes sont liées des suites d'idées. Si l'animal en restait à ses impressions de plaisir ou de douleur, sa réponse aux sollicitations du milieu serait extrêmement pauvre : ce serait un mouvement en avant ou de fuite. Mais il a appris qu'il a des besoins et que, s'il ne les satisfait pas, il souffrira. Or, le plus souvent, la réponse au besoin n'est pas immédiate ; elle passe par la représentation et l'acquisition des moyens propres à le combler. Mais ce rapport du moyen au besoin ne peut être assuré par autre chose que par la liaison des idées qui est suscitée par la répétition du besoin, dans l'esprit de l'animal. La suite des biens et des maux, des plaisirs et des douleurs, fixée dans un ensemble de besoins, plus ou moins liés, se double d'un système mouvant d'idées, de calculs élémentaires, de découvertes, qui font la somme des connaissances de l'animal. Assurément, quand le besoin cesse, parce qu'il est satisfait, l'activité mentale qui y était attachée cesse également.

LE CRITÈRE DE L'ANIMALITÉ

Pour caractériser l'animalité, il est d'usage d'invoquer deux critères principaux : 1) un état de perfection bornée, sans progrès, mais qui suffit à la survie de l'espèce et qui s'exprime par une grande uniformité des comportements et des actions des individus ; 2) l'absence de langage. Sans renier totalement ces deux critères, Condillac est amené à les modifier de manière assez originale, puisque, en raison de ses principes, il ne peut priver l'animal d'un certain perfectionnement.

Il est tentant d'opposer à l'idée condillacienne, que l'instinct est une habitude acquise, le fait, aisément observable, de la grande uniformité du comportement et de l'action animale. En

Condillac ne prenait pas par ailleurs le parti des causes finales, on pourrait y chercher une genèse, de type épicurien, de l'ordre à partir du désordre.

effet, dira-t-on, si chaque animal apprend, comment se fait-il qu'il n'apprenne pas différemment et qu'il n'acquière pas des habitudes qui lui soient propres et qui le fassent agir autrement que ses semblables? Il y a certes une réponse immédiate : l'animal apprendrait en imitant les autres individus de son espèce; et donc, de génération en génération, pourraient se reproduire les mêmes opérations et les mêmes actions, sans qu'il se fasse de véritable invention. C'est la thèse de Buffon : l'animal est incapable d'invention.

Condillac conteste un tel argument, pour deux raisons essentielles : d'une part, parce que l'imitation est le grand facteur de l'éducation, c'est-à-dire, du principe qui permet le progrès de l'humanité, d'âge en âge; d'autre part, parce que l'imitation est le lien social le plus fort qui soit. Or les animaux ne sont capables ni d'être éduqués (à strictement parler) ni de vivre dans une société reposant sur un échange étroit et constant.

Le raisonnement est le suivant : on conserve l'idée que les besoins des animaux sont bornés et que, quand ils sont satisfaits, l'activité cesse; si ces besoins sont peu nombreux et élémentaires, les moyens de les satisfaire seront également plus simples et à la portée des connaissances que chaque individu peut acquérir dans le temps de sa vie, sinon même de sa courte enfance; et surtout ils se répéteront d'un individu à l'autre, les habitudes utiles seront vite acquises, sans que la réflexion ait à rester toujours en éveil; rappelons enfin que les circonstances ne font guère varier la condition animale, qui est relativement brute. D'où il résulte que les bêtes, contractant individuellement les mêmes habitudes en réponse aux mêmes besoins, sont portées à agir semblablement; d'où il résulte également que la société dans laquelle elles vivent, ne leur apporte rien et qu'il importe peu qu'elles vivent ensemble ou solitaires, pour parvenir aux accomplissements dont elles sont capables; d'où enfin ceci qu'elles n'ont pas besoin, pour se perfectionner, de se communiquer leurs pensées et leurs expériences. Ce raisonnement vaut d'ailleurs pour les hommes quand ils sont dans la petite enfance, avant d'être entrés véritablement en société : avant d'apprendre en imitant les autres, ils apprennent déjà par eux-mêmes ; c'est ainsi que se fait tout leur apprentissage sensible, et c'est bien pourquoi, cet apprentissage se faisant de lui-même est le même pour tous et se répète en chacun, sans que l'imitation doive jouer un rôle.

En revanche, lorsqu'ils se développent, les hommes ont des besoins qui ne cessent de se multiplier et ils doivent faire preuve de beaucoup plus d'ingéniosité dans la recherche des moyens de les satisfaire ; en outre, ils sont beaucoup plus exposés aux circonstances et, à l'intérieur du corps social, ils ont des conditions différentes. S'ils ne vivaient en société et si, vivant en société, ils n'étaient point capables d'apprendre les uns des autres, en se copiant mutuellement leurs comportements et leurs pensées, jamais ils ne pourraient faire de progrès, jamais ils ne seraient capables d'inventions jusque-là inconnues. Seuls ceux qui imitent sont capables de progrès.

Ce propos de la part de l'éducateur que fut, quelques années après le *Traité des animaux*, l'auteur du *Cours d'études*, est remarquable. Il ne faut pas chercher la différence qu'on trouve entre les hommes dans l'individualité de chacun ; car un individu, considéré seul, a des besoins bornés ; et s'il est placé dans une condition relativement stable, il fera de lui-même la même chose que ce que fait un autre individu. Le principe de la différenciation des individus doit être cherché ailleurs, dans la communication qui s'établit entre eux par l'imitation et le langage. Ou, pour le dire autrement, chaque individu, laissé à lui-même, n'atteint qu'un degré très borné de perfection de son être – le même pour tous, à la vérité ! En revanche, la vie sociale et l'imitation portent l'individu à un degré de perfection supérieure, qui n'est pas le même pour tous. La différence qu'il y a entre les individus, entre les générations successives et aussi, pourrait-on ajouter, entre les peuples, est une différence, non pas de nature [1], mais d'accomplissement.

---

1. Même le génie et le goût sont le résultat différencié, et porté à l'excellence, de l'éducation (p. 167-168).

L'argument sur le langage des animaux, proposé dans le chapitre IV, n'est pas moins digne d'attention. Condillac accorde que les animaux, à la différence des hommes, ne disposent pas de la parole, même quand ils vivent en société et qu'ils ont anatomiquement les organes utiles. De même accorde-t-il que la parole est un facteur primordial pour les progrès de l'esprit humain et de la vie en société. Comment les arts et les sciences pourraient-ils en effet se développer sans elle ? Mais, par ailleurs, il rejette l'opinion de Buffon selon laquelle, si les animaux n'ont pas la parole, c'est parce qu'ils n'ont pas de pensée. On vient de montrer qu'ils pensent et qu'ils ont des connaissances, à l'intérieur des bornes qui sont les leurs ; il faut montrer que, s'ils n'ont pas de parole ou de langage articulé, ils ont néanmoins un langage.

Dans l'*Essai sur l'origine des connaissances humaines*, Condillac avait longuement explicité non seulement le rôle, mais encore la nature du langage humain. L'homme passe au langage, quand il remplace ses idées par des signes d'institution, sans rapport naturel avec ces idées, et quand, au lieu de lier des suites d'idées, il accomplit certaines opérations sur ces signes eux-mêmes (comme cela se fait en mathématiques). L'avantage des signes articulés est qu'ils obéissent à des règles de composition beaucoup plus apparentes, et en même temps beaucoup plus méthodiques, que tout ce que peut faire un esprit sur ses propres idées. D'autre part, les signes libèrent l'âme de la contrainte de l'expérience, qui étant ce qu'elle est, est souvent incomplète ou confuse : ils font tomber les bornes de l'individualité. Je puis n'avoir pas acquis certaines idées ; je puis n'avoir pas éprouvé certains sentiments ; mon propre fonds est inévitablement restreint ; mais, par la parole, par le moyen des signes institués, les autres hommes, philosophes ou poètes, peuvent me communiquer ces idées et ces sentiments, ils peuvent me les faire penser et éprouver, accroissant d'autant le domaine de mon âme. C'est ce dont les animaux ne sont pas capables. Ils n'ont qu'un langage d'action.

Le raisonnement va des hommes aux bêtes. Que faut-il pour qu'il y ait un langage, et d'abord un langage d'action ? Il faut un fonds commun d'idées, sans quoi il n'y aurait pas de compréhension mutuelle possible ; il faut des signes, au minimum des cris inarticulés et des expressions corporelles ; il faut enfin que les individus appartiennent à la même espèce, sinon ils ne pourraient acquérir le même fonds commun ni reconnaître les signes ou les expressions de leur prochain.

Considérons les hommes. Ils ont les mêmes sens, les mêmes organes ; ils acquièrent la même habitude d'en faire usage selon leurs besoins ; les mêmes chaînes d'idées se forment dans leur âme. À cet égard, ils ne sont pas différents du reste des animaux. Mais ce fonds commun est susceptible d'être varié considérablement, en raison de la multiplication des besoins, de la grande différence de condition qu'on trouve chez les hommes et du rôle joué par les circonstances. On sait qu'il n'en va pas de même pour les animaux, qui sont beaucoup plus bornés. Or les différences qui se créent entre les hommes, rendent à la fois plus difficile mais en même temps plus utile la communication entre eux, surtout quand le système d'idées n'est pas également développé (qu'on songe à la différence entre l'enfant et l'éducateur, entre l'illettré et le savant). Ces différences ne sauraient aller jusqu'à abolir tout fonds commun (tous les hommes éprouvent les mêmes sensations originaires). Mais, quand elles se font sentir, la parole a précisément le pouvoir de les surmonter ou de les rendre profitables. Le langage d'action ne suffirait pas.

Certaines bêtes ont les mêmes organes que les hommes, mais elles n'ont pas les mêmes besoins ni les mêmes rapports avec leur milieu. Elles n'ont donc pas le même fonds de connaissance que nous, quoiqu'elles en aient un et qu'il faille donc considérer qu'elles pensent. Elles ont fait les mêmes études ; leur âme a adopté habituellement les mêmes suites d'idées. Leurs besoins sont comparables et les moyens de les satisfaire ne varient pas considérablement. Par ailleurs, appartenant à la même espèce, elles partagent ensemble les mêmes sortes d'expression : les mêmes sentiments occasionnent les mêmes cris ou les mêmes mouvements. Les conditions du langage sont donc réunies. Les animaux « peuvent avoir un langage, et tout prouve en effet qu'ils en ont un »[1] ; d'autant qu'ils peuvent être dans la nécessité de se prêter du secours. Mais ce langage est celui du besoin et ce sont les mêmes chaînes de pensées qui occupent leur âme et les mêmes mouvements ou expressions corporelles qui animent leur corps. Ce lien que chaque animal noue entre son âme et son corps vaut pour tous ses semblables. Ils peuvent donc « parler de leurs besoins », se communiquer un petit nombre d'idées et s'apporter des secours. Mais l'échange linguistique relève ici plus d'une sorte de synchronisation des comportements et des mouvements, d'une sorte de rapport harmonique contraint, qui, d'ailleurs, ne suscite guère de problème de compréhension ou d'interprétation : les pensées ou les sentiments sont les mêmes, les habitudes agissent de même façon, les besoins ne varient guère, et au sein de chaque espèce les mêmes opérations mentales et les mêmes mouvements corporels se répètent.

On sait que Condillac ne pose pas de coupure radicale entre les hommes et les bêtes. Cela vaut aussi bien pour le langage[2]. On peut même admettre que certains animaux domestiques acquièrent quelque intelligence de la parole humaine. Sans doute, n'ont-ils pas conscience de ce que peut être un langage d'institution ; mais ils peuvent juger de notre pensée par nos mouvements, pour autant que nous partagions avec eux certaines suites de pensées communes, assez simples, et certaines habitudes corporelles. Quand on considère les opérations de l'âme humaine et celles de l'âme des bêtes, on voit que les premières ne sont pas incompatibles avec les secondes (l'homme est tout autant capable d'un langage d'action que l'animal et ces deux langages d'action ne diffèrent pas en nature) et que des secondes aux premières, il n'y a pas de véritable solution de continuité. Mais quelle est alors la différence entre l'homme et l'animal ?

---

1. *TA*, p. 160.
2. « Le langage d'action prépare à celui des sons articulés » (p. 160). Sa position est ici plus mesurée que dans l'*Essai*.

La différence de l'homme et de l'animal

Il y a deux façons de caractériser un être ou une espèce d'êtres, et d'en marquer les limites. Ou on le considère en lui-même; et à partir de ce qu'il est, on précise ce dont il est capable ou non. Sachant ce qu'il est, on dira ce qu'il peut. Mais cela suppose une connaissance d'être ou d'essence, une connaissance métaphysique qui nous échappe. Ou on le considère en le comparant avec d'autres êtres, d'autres espèces; et, examinant les comportements et les actions des uns et des autres, on tente d'inférer les opérations dont il est capable et on le place sur une échelle de perfection, en fonction du développement qu'on lui reconnaît. Ses limites, c'est-à-dire, la différence qu'il a avec les êtres qui lui sont inférieurs ou qui lui sont supérieurs, sont alors difficiles à déterminer rigoureusement, car elles se résument au plus ou au moins de ressemblance qu'on lui trouve, ainsi qu'à des degrés de qualité qu'on peut certes apprécier, mais non mesurer. Condillac l'avoue lui-même :

> Pour marquer ces différences, nous n'avons que des idées vagues et des expressions figurées, *plus*, *moins*, *distance*. Aussi je n'entreprends pas d'expliquer ces choses. Je ne fais pas un système de la nature des êtres, parce que je ne la connais pas ; j'en fais un de leurs opérations, parce que je crois les connaître [1].

On vient de le dire : les animaux sont capables de langage; ils ont un langage d'action; les hommes ont, en plus du langage d'action, un langage d'institution : ils sont incontestablement supérieurs; mais jusqu'où les animaux sont capables de passer d'un langage d'action à un langage d'institution, voilà ce qu'on ne saurait dire.

Le raisonnement est le même quand on dit que les animaux sont bornés à l'instinct et que la raison n'appartient qu'à l'homme. L'on a précédemment établi que l'instinct est un commencement de connaissance, que les animaux pensent et qu'ils

---

1. *TA*, p. 162.

sont capables de se communiquer leurs sentiments et, sans doute, quelques-unes de leurs pensées. L'on sait de plus que ce degré de connaissance varie selon leur « organisation » (leurs sens, leurs besoins) et que plus ils ont de besoins, plus développées sont leurs habitudes mentales et corporelles, et meilleurs sont leurs sens ; plus varié est leur état, et plus ils acquièrent d'aptitudes à se diriger. On accordera sans doute peu aux espèces inférieures. Mais faut-il aller jusqu'à donner la raison aux bêtes des espèces supérieures ? La réponse est assurément difficile, car, si l'on définit la connaissance animale par l'habitude et la raison par la réflexion, comme la réflexion entre dans la formation des habitudes, même les plus animales, et qu'il est fort utile dans l'activité rationnelle elle-même de se reposer sur une bonne méthode, c'est-à-dire, sur de bonnes habitudes intellectuelles, on ne réussira jamais à marquer qu'une différence relative.

Il est certes possible de relever plusieurs caractères distinctifs. On peut dire ainsi que chez l'animal la réflexion a pour terme l'habitude, alors que chez l'homme c'est l'habitude qui a pour rôle de soulager la réflexion et par là de la libérer des tâches les plus humbles. On dira aussi : l'habitude est importante dans toutes les opérations vitales, puisqu'elle les rend plus faciles, et son premier objet est de conduire le corps ; en revanche, la raison et la réflexion ont pour objet la conduite de l'âme dans tous les perfectionnements dont elle est capable. Ou encore : l'animal réfléchit sans doute, mais il est principalement occupé par la satisfaction de ses besoins ; et ses connaissances sont éminemment pratiques ; tandis que l'homme est capable de curiosité, c'est-à-dire, d'un intérêt spéculatif qui, non seulement le pousse à inventer de nouveaux moyens pour surmonter les difficultés pratiques, mais aussi à développer des connaissances de pure spéculation. Et, pour bien marquer ces oppositions, Condillac va jusqu'à distinguer deux sortes de *moi* : le moi d'habitude et le moi de réflexion. D'où il serait tentant de conclure que l'animal possède un moi d'habitude et l'homme un moi de réflexion. Mais l'homme lui-même possède également un moi d'habitude et, à moins d'écarteler l'être humain, on ne saurait rendre en lui les deux *moi* totalement étrangers. L'homme le plus accompli est d'ailleurs celui en qui les deux *moi* s'entre-répondent de la manière la plus harmonieuse. Bref, pour définir toute la différence qu'il y a entre les hommes et les bêtes, il ne suffit pas d'opposer la raison à l'habitude et de dire que « la mesure de réflexion que nous avons au-delà de nos habitudes est ce qui constitue notre raison »[1].

Comment tenir ensemble la continuité et la différence? Condillac donne une réponse qui est implicitement leibnizienne : faire de la continuité le ressort même de la différence. Reprenons l'exemple de la curiosité. L'intelligence animale est surtout pratique : il s'agit pour elle d'apporter une réponse à des besoins. Mais, quand les besoins se multiplient ou s'accroissent, la découverte des moyens de les satisfaire devient moins immédiate, surtout s'il faut maîtriser toutes les circonstances. Il faut davantage de réflexion et d'invention, sans que le résultat soit toujours aussi bien garanti ; car il n'est pas rare de voir les hommes plus malhabiles que les animaux : les obstacles à surmonter sont plus grands. Mais ces obstacles supérieurs sont en même temps une incitation à davantage de connaissances qui vont à leur tour accroître les besoins, etc. Et l'intelligence pratique se développera ainsi jusqu'au point où la recherche elle-même, d'abord subordonnée à des fins utiles, deviendra, en raison même de sa complexité, de plus en plus spéculative ; jusqu'à ce que l'on parvienne enfin à un état de pure curiosité, de cette curiosité qui, éloignée du souci du monde, s'intéresse désormais à la science *pour* la science.

On peut généraliser l'argument. Toute l'activité dépensée par l'animal est au service de la satisfaction de ses besoins et de la conservation de sa vie. Et l'homme, dans son effort de vie le plus fondamental, ne se comporte pas autrement que l'animal. Cette activité étant coûteuse, le vivant développe des habitudes qui facilitent son existence. Quand la satisfaction est atteinte, l'âme se repose. Mais quand l'état de repos devient moins facile et que

---

1. *TA*, p. 165.

l'activité doit s'accroître, elle occupe davantage l'âme, elle l'occupe même à ce point que l'âme ne s'occupe plus que d'être active et qu'elle finit par trouver sa satisfaction dans l'activité elle-même. Ainsi, par le développement même du besoin, l'âme s'affranchit du besoin. Seul l'homme, si semblable aux animaux, est capable de franchir un tel seuil.

Condillac étant soucieux d'établir que les animaux pensent et connaissent, c'est moins dans le domaine spéculatif que dans le domaine moral qu'il souligne la différence. La connaissance de la morale est avec la connaissance de la Divinité la marque la plus évidente de la supériorité des hommes sur les bêtes. Toutefois, n'y ayant pas d'idées innées, il n'y a pas de *connaissance naturelle* de la moralité et, comme pour toute autre opération de l'âme, il faut en examiner la génération. On sait que chaque individu vivant est un être de plaisir, animé par l'amour-propre (l'amour de soi) et tendant vers ce qui favorise sa vie. Et l'amour-propre se trouve dans les hommes aussi bien que dans tous les autres animaux. Mais Condillac distingue cet amour de soi du désir de conservation qui, du moins quand l'individu n'est pas en péril mortel, requiert une représentation de la mort, dont on peut douter qu'il la possède en propre, puisque chacun ne connaîtra sa mort que quand il mourra. À défaut, nous, qui sommes des hommes, pouvons connaître la mort des autres. Or, dans leurs sociétés, les bêtes ne s'affectent que par les signes qu'elles se donnent mutuellement de leurs plaisirs et de leurs douleurs, et non de leur propre mort, état où elles ne donnent plus de signes.

> Elles n'ont donc aucune idée de la mort ; elles ne connaissent la vie que par sentiment ; elles meurent sans avoir prévu qu'elles pourraient cesser d'être ; et lorsqu'elles travaillent à leur conservation, elles ne sont occupées que du soin d'écarter la douleur [1].

Les hommes, eux, s'observent dans tous les instants de leur vie. Condillac conclut de là que les passions des hommes diffèrent des passions des bêtes, car, dans leur effort pour se conserver, les

---

1. *TA*, p. 184.

hommes font entrer la peur de la mort, et toutes leurs passions sont autant de variétés de ce désir fondamental de conservation, au sein d'une condition qui est sociale. En même temps, ils deviennent capables d'intention et de projet : ils ne se laissent plus porter par la vie qui leur a été donnée, ils l'anticipent.

Les passions animent les âmes. Mais l'expérience montre aux hommes qu'ils se nuiraient, s'ils voulaient atteindre leur bonheur propre aux dépens des autres. La réflexion leur fait aussi découvrir qu'il leur est nécessaire de s'apporter des secours mutuels en vue de la satisfaction de leurs besoins et dans la poursuite de leur bonheur. Il est vrai, on ne peut exclure que les animaux parviennent à de telles considérations quand ils se communiquent leurs sentiments. Mais les hommes vont plus loin : ils s'engagent réciproquement en convenant de ce qui est permis et défendu et en exprimant ces conventions sous forme de lois. « C'est là que commence la moralité » [1]. D'un côté, c'est toujours la même chose : l'amour de soi et le désir de conservation sont le moteur de l'invention des lois de justice déterminant le rapport entre les hommes et la répartition des biens entre eux. Mais, de l'autre côté, l'invention de la loi sociale repose sur une fantastique abstraction qui fait découvrir aux hommes que leur conduite est bien mieux réglée par la raison que par l'habitude, qu'elle est rendue bien plus sûre par la réciprocité incluse dans la loi que par la sympathie. Encore n'est-ce pas assez. Car, de la sorte, l'on obtient plus une loi sociale qu'une loi morale. Or, pour respecter une loi sociale, il suffit le plus souvent d'y trouver son avantage et de se sentir solidaire de ses semblables ; en revanche, la loi morale oblige. Il faut donc un principe qui change la loi sociale en loi morale. Ce principe, Condillac va le chercher assez traditionnellement dans l'autorité divine. La loi morale oblige parce qu'elle est le commandement du Créateur.

Toutefois, replacé dans son raisonnement général, cet appel à Dieu prend une valeur singulière : il faut en effet une nouvelle abstraction, appuyée sur la connaissance de Dieu dont l'homme est

1. *TA*, p. 180.

par ailleurs capable, pour passer de l'idée d'une loi qui est avantageuse et qui sert un amour de soi raisonné, à celle d'un principe absolu, d'une loi naturelle (comme on disait alors) qui vaut inconditionnellement, parce qu'elle est un commandement divin. « Il ne faut pas confondre les moyens que nous avons pour découvrir cette loi, avec le principe qui en fait toute la force. Nos facultés sont les moyens pour la connaître. Dieu seul est le principe d'où elle émane »[1]. L'idée même d'inconditionné, qu'on la fonde en Dieu ou en quelque autre principe, affranchit l'âme de ce qui fait sa condition d'animal, d'être de besoin, de membre d'une société.

En forçant à peine le trait, on pourrait répéter ici ce que Condillac disait dans l'*Essai sur l'origine des connaissances humaines* à propos du langage d'institution : les signes libèrent l'entendement des contraintes de l'expérience, toujours dépendante de l'action des sens, toujours soumise à l'urgence du besoin, toujours variée par les différences de condition. De même ici : ce qui fait la différence fondamentale entre l'homme et la bête, c'est cette liberté acquise, que ce soit dans le domaine spéculatif ou dans le domaine moral, grâce au développement de la réflexion et, en un sens, grâce au développement même de la vie ; j'entends cette liberté de l'esprit, quand l'homme pense pour penser, et cette liberté de reconnaître pratiquement la valeur de la loi parce qu'elle est la loi (le commandement de Dieu). Quand l'âme a réussi à s'affranchir de la condition animale qui faisait pourtant son ressort initial, en ayant acquis de bonnes habitudes, en vivant en bon accord avec son corps et en harmonie avec ses semblables, alors elle peut se livrer à ce qui n'appartient qu'à elle, le bonheur d'être active, le bonheur d'être humaine.

RÉCRÉATION MORALE

— J'aime assez Condillac, dont je ne partage certes pas toutes les vues, quand il dit qu'on se sent soi-même dans son corps et que, pour s'y sentir mieux, il faut veiller à donner à son âme de bonnes habitudes et d'autres bonnes habitudes à ce corps.

---

1. *TA*, p. 181.

— Je vous approuve ! Connaissez-vous plus grand bonheur que de partir à l'aube, vers quelque sommet, par un matin piquant, le corps souple, la jambe déliée, l'âme heureusement disposée, sans soucis ni pensées ; et de marcher d'un bon pas régulier, sans compter les lacets, sans regarder derrière soi ?

— Qui n'aimerait cela ! Toutefois, un point fait difficulté. Car, quand l'on part ainsi, c'est pour aller nulle part : un vrai marcheur n'a pas de but, ce qui ne s'accorde guère avec le mouvement progressif déterminé dont nous avons parlé.

— Mais Condillac lui-même nous explique que la supériorité de l'homme sur l'animal, c'est de ne pas toujours subordonner l'action à une fin et d'être capable d'agir en vue de l'activité elle-même. De sorte que, quand l'animal va bien, l'homme n'a plus à penser à quoi que ce soit d'utile ou d'important : il lui suffit de penser librement.

— Aristote le disait avant l'abbé : on pense pour penser, comme on vit pour vivre. Disons donc : on marche pour marcher. Mais j'ai une seconde difficulté. Imaginez que le chemin devienne plus raide, qu'il traverse une zone d'éboulis, qu'il faille prêter attention à son équilibre quand la pente devient verti-gineuse. Le pied se montre plus incertain : il hésite sur le pas à faire ; l'âme se montre moins résolue : elle se laisse gagner par l'inquiétude ; elle ne se sent plus très bien dans son corps. Mais imaginez encore que l'escalade devienne vraiment sévère et même périlleuse. D'où vient l'engagement de celui qui persiste ? Du corps ou de l'âme ? Est-ce une décharge d'adrénaline ou un acte supérieur de liberté ? Il y a maintenant un pas à franchir et la chute serait mortelle. Vous allez me répondre que c'est une affaire de courage. Mais d'où vient le courage ? Ni de la pensée, car la raison se perd dans les bonnes raisons de faire demi-tour ; ni du corps, dont les muscles commencent à durcir. D'où vient donc le courage ? De nulle part, je crois, sinon d'une sorte de creux intérieur qui, étant un creux, n'est nulle part et qui, étant inté-rieur, peut être placé dans le ventre, quoiqu'il n'y ait pas d'organe correspondant. Notez qu'on n'apprend pas à être courageux. Le courage, c'est comme la respiration, cela ne peut être une habitude. Le courage et la respiration sont des propriétés de la vie, de la vie elle-même, qui ne relèvent ni de l'âme ni du corps ; car face à la mort la vie s'obstine, elle ne veut pas lâcher, il lui faut durer. Buffon, plus lyrique, et Condillac, plus analytique, nous parlent de la naissance, du premier sentiment de l'existence ; ils nous disent ce qui va devenir et comment cela devient, de manière bornée chez l'animal, mais avec plus de perfection chez l'homme. Mais devant la mort, la vie n'a plus le temps de se sentir ni de se perfectionner : il faut combattre et l'on sait bien que, tôt ou tard, la bataille sera perdue. L'âme est un luxe pour la vie. Et je ne parle pas de la philosophie ! Mais imaginez encore que l'orage éclate, que les feux de Saint-Elme s'allument, que le second de cordée pende blessé au bout de la corde, allez-vous couper ce lien qui vous rattache à lui et qui vous cisaille les mains et les épaules ? Invoquerez-vous la loi morale et la raison philosophique pour vous soutenir dans votre décision ? Non ! Vous ne couperez pas ce lien vital, parce qu'il unit le semblable au semblable, parce qu'il tient par tous ses brins à cette solidarité vive qui nous réunit ensemble au sein de notre espèce.

— Arrêtez ! Gardez votre éloquence ! Vous fréquentez trop les cimes. Regardons vers le bas et restons à l'animal. Il m'arrive moi aussi d'apprécier nos auteurs et, quoique je le désapprouve d'ordinaire, j'aime Buffon quand il dit que le propre de l'animal, c'est de pouvoir passer du sommeil à l'éveil, du repos au mouvement ; et que, tant qu'il reste dans le premier état, il est comme un végétal.

— Mais les végétaux ne rêvent pas !

— Qu'en savez-vous ? Ils ont peut être des rêves telluriques. Mais quand l'animal s'éveille ou qu'il se met en mouvement, c'est quelque chose d'entièrement nouveau qui surgit. D'où ma question : comment quelqu'un qui dort peut-il s'éveiller ? Comment quelqu'un qui est au repos peut-il se mettre en marche ? En un mot, comment s'éveiller à la conscience et sauter du lit ? Cela demande du courage, je veux bien ; mais cela demande un principe supérieur, une âme, pour animer la vie qui était au repos et, en en rassemblant toutes les puissances, les jeter en avant dans un seul élan. Même les enfants ont une âme : ils sautent du lit en chantant.

Cécile, ou serait-ce Alexandre, qui était restée silencieuse jusque-là, interrompt les deux amis :

— Pourquoi ce grand mystère ? Suivez donc Buffon jusqu'au bout. L'objet ébranle les sens qui communiquent leur ébranlement au cerveau qui, en réagissant par un ébranlement plus lent, suscite dans l'âme l'appétit ; et l'appétit à son tour motive et détermine le mouvement. Ces ébranlements sont peut-être un peu naïfs. Remplacez-les par ce que vous voudrez ; mais de grâce ! Point de mystère.

— Mais l'effet serait plus grand que la cause. Condillac n'a-t-il pas raison de répondre à Buffon que jamais on ne tirera d'un ébranlement un appétit, car de l'appétit naît un certain comportement des sens et une ligne de conduite ? J'ajoute que, quand bien même vous rendriez ainsi compte de la sensibilité et de l'appétit, jamais vous n'expliquerez à partir de là le mouvement animal. Aristote distinguait sagement l'âme locomotrice de l'âme sensitive : on ne peut déduire la première de la seconde.

— Le mouvement progressif, répond Cécile, n'est que le moyen de la satisfaction de l'appétit. Le chien a faim, il se porte vers la nourriture. C'est en quelque sorte la sensation retournée sur elle-même : le toucher apprend d'abord à la vue à mesurer la distance ; mais une fois que la vue se représente l'objet dans sa distance exacte et dans sa position vraie, elle pousse à son tour le toucher à combler la distance, par un mouvement de la main ou un déplacement du corps. N'allez pas chercher une âme dans tout cela.

— Voilà bien la manière de faire des matérialistes et des mécanistes : ils expliquent toujours le plus par le moins ; ils ont une philosophie étriquée. Je suis pour plus d'audace, je suis pour qu'on aille plus loin que Condillac lui-même, encore trop prudent, lorsque, ayant attribué aux bêtes le sentiment et le mouvement animal, il les borne à la satisfaction de leurs besoins, réservant aux hommes le mouvement libre, l'activité pure. Il faut aller jusqu'au bout, tenter de comprendre la sensibilité par l'ani-

mation, et non l'inverse, et accorder à tout être animé le courage
de la vie. Nous sommes si habitués à nous régler sur nos besoins
ou sur nos impressions que nous finissons par oublier ce que c'est
que d'être animé. Le vrai point de départ d'un traité des animaux
ne devrait pas être la sensation, mais l'animation. Une âme, si
vous voulez ; mais une âme motrice, l'énergie même de la vie.

— Je crains que vous ne vous exaltiez inconsidérément, si
vous faites de l'animation le principe inexpliqué. Ce que vous
prenez pour de la spontanéité, ce que vous décrivez comme un
élan sans cause, peut-être même comme un geste héroïque, tra-
gique tant il est magnifique, n'est qu'une habitude. L'habitude, il
faut s'en souvenir, fait oublier l'habitude. Si vous êtes conscients
de vos habitudes, c'est qu'elles ne sont pas très solides ou
qu'elles sont encore imparfaites. En vérité, il ne faut pas hésiter à
dire que le courage est déjà une habitude morale ; que la spontanéité animale, c'est déjà l'école de la volonté. Il n'y a rien de natif
et tout en l'âme est en transformation. Tout se comprend par
progrès, même la vie. L'âme est un principe supérieur à la vie,
elle en est l'inspiration, c'est tout autre chose.

— Là, Condillac m'ennuie, comme tous ceux qui lisent le
début par la fin ; et cela me paraît une bonne raison de dire qu'il a
tort, tout philosophe qu'il est.

— Mais c'est un bon philosophe, précis, réfléchi ; j'en ai un
bon exemple, sa preuve de l'existence de Dieu.

— Que vient-elle faire dans le sujet ?

— Quand il est question des animaux, l'homme regarde vers
le bas ; il peut, de temps en temps, regarder vers le haut !

LA PREUVE DE L'EXISTENCE DE DIEU

Considérer l'animal, c'est pour l'homme une manière de
prendre conscience de son excellence. Et, même si la distance qui
les sépare n'est pas si absolue qu'on le dit, il est toujours facile de
se savoir supérieur à un être inférieur. Mais ceci n'est pas sans
conséquence, car on accepte alors de s'appliquer à soi-même une
mesure qui n'est que relative, et de faire de l'homme un milieu

entre la bête et l'ange. Il y a, bien sûr, quelque avantage à cela. Quand on est inférieur, c'est toujours une bonne façon de se donner de l'importance que de se comparer à ce qui est plus grand ou meilleur que soi ; c'est souvent aussi une bonne façon de ravaler ce qui est supérieur à sa propre médiocrité. Sans compter que prendre conscience qu'il y a plus grand que soi, est encore un bon moyen d'assurer sa supériorité sur ce qui est plus petit que soi et qui ne possède pas un tel savoir. Mais comment savoir qu'il y a plus grand que soi et dans quelle mesure cela est plus grand, si l'on n'a pas l'âme assez vaste ni assez parfaite pour y accéder ?

Tel est l'intérêt d'une preuve de l'existence de Dieu dans un *Traité des animaux* : creuser la différence avec l'animal ; tel est le risque encouru : ne pas réussir à établir une telle preuve.

Condillac, qui n'est point cartésien en la matière, renforce la difficulté, puisqu'il se refuse à admettre que l'idée de Dieu soit une idée innée dans l'âme et qu'il faille connaître le fini à partir de l'infini, l'imparfait à partir du parfait. Qui peut prétendre, à part quelques philosophes, embrasser la nature de Dieu et conclure de là à son existence ?

> Je crois qu'on sera bientôt convaincu que la connaissance que nous avons de la Divinité, ne s'étend pas jusqu'à sa nature. Si nous connaissions l'essence de l'Être infini, nous connaîtrions sans doute l'essence de tout ce qui existe. Mais s'il ne nous est connu que par les rapports qu'il a avec nous, ces rapports prouvent invinciblement son existence [1].

L'homme étant borné, il ne peut, sans un secours particulier de la Révélation, partir d'autre chose que de lui-même et de son état présent. Il peut considérer sans peine les animaux, dans la relation qu'ils ont à lui, puisqu'il leur est supérieur ; mais il ne peut considérer la relation de Dieu à l'homme que dans la relation que lui, homme, dans la condition qui est la sienne, peut avoir à un tel être, car il lui est inférieur. C'est l'insistance sur le sens à donner à cette relation, qui suscite l'intérêt qu'on portera à la preuve condillacienne de l'existence de Dieu, preuve qui, par ailleurs,

---

1. *TA*, p. 170.

emprunte beaucoup à l'apologétique la plus traditionnelle. On peut en résumer les différentes étapes de la manière suivante :

1) Notre existence, sa conservation, ses joies et ses peines, sa fin, dépendent d'un concours de causes qui sont ce qu'elles sont et qui font la condition humaine ; de sorte que le sentiment que nous avons de notre existence est *ipso facto* le sentiment de notre dépendance. Les premiers hommes, lorsqu'ils firent réflexion sur cet état, « virent leur bonheur ou leur malheur au pouvoir de tout ce qui agissait sur eux »[1]. La crainte qui les animait leur fit grandir l'influence de ces causes et ils y trouvèrent leurs premières divinités. Les objets eux-mêmes devinrent des dieux dont il fallut s'attirer la bienveillance, en leur rendant un culte idolâtre. Contre une opinion qui restait largement dominante à l'époque, Condillac suggère ainsi que le polythéisme, qui n'est en quelque sorte que la conscience exacerbée de la dépendance des hommes envers le monde qui est le leur, fut la première religion de l'humanité. Il voit à cela un avantage : la preuve que même les hommes les plus frustres ont une religion et que l'athéisme est une subtilité métaphysique.

2) Ces objets dont les hommes dépendent sont eux-mêmes dépendants d'autres causes, lesquelles sont aussi les effets d'autres causes, etc. Et Condillac reprend un argument très classique : la série des causes et des effets ne saurait aller à l'infini ; il faut conclure à l'existence d'une première cause. Toute la série des causes dépend d'un premier principe qui lui-même ne dépend d'aucune cause.

3) Mais poser ainsi l'existence d'un premier principe qui n'est connu que par ses effets, ce n'est pas encore dire grand chose ; c'est simplement mettre en place un système de causalité. Ceux qui emploient cet argument cherchent ensuite à déterminer les attributs de ce premier principe afin d'y découvrir un Dieu véritable. L'originalité de Condillac est de continuer à réfléchir sur le rapport de dépendance qui fait le ressort de la preuve. Je dépends de mon environnement ; mon environnement dépend de

1. *TA*, p. 171.

l'état du monde ; le monde dépend d'une cause première : tentons de comprendre ce rapport de dépendance, pris du côté des hommes, en un rapport de création, pris du côté de Dieu, et de passer de l'idée d'un premier principe à l'idée beaucoup plus déterminée d'un Dieu créateur. Il y a création si, non seulement la cause agit sur les choses sur lesquelles elle s'applique, mais encore les fait exister ou, comme le dit Condillac, les tire du néant. Ainsi, je puis dire que le climat du pays où je vis, agit sur mon existence ; mais je n'en ferai certainement pas la cause de mon existence même. Semblablement, la cause première dont on a reconnu l'existence, est-elle seulement la cause de ce qui m'arrive (de mes modifications, pour employer le mot de Condillac) ou la cause de mon être même qu'elle a tiré du néant ?

La réponse à cette question passe par un argument leibnizien (rappelons que cette preuve est tirée de la dissertation sur les *Monades*) qui est le suivant : en tant qu'être, je suis dans mon existence plus que tout ce qui peut m'arriver, quoique je ne sois pas autre que ce qui m'arrive ou que ce que je cause à mon tour. Disons-le plus simplement : j'ai une histoire personnelle qui est telle et telle ; mais je suis plus que cette histoire, ne serait-ce que parce qu'elle n'est pas achevée et que je suis capable d'avoir un futur ; mais si vous me demandez qui je suis, pour m'identifier, je vais vous raconter mon histoire, mes aventures, mes joies et mes peines. Or ce raisonnement a une conséquence : jamais je n'ai conscience de moi-même comme d'un pur principe d'existence, mais toujours comme éprouvant ceci ou cela, comme animé de telle passion ou engagé dans tel cours d'actions, etc. Autrement dit, j'ai conscience de moi-même par mes modes (mes modifications). D'où ce propos : qu'importe que j'existe par moi-même si je ne le sais pas, si, de toute façon, je ne me sens que par le bonheur ou le malheur que j'éprouve, c'est-à-dire, que dans la dépendance où je suis des causes et donc du premier principe ! L'existence humaine ne commence qu'avec la conscience, et la conscience est toujours la conscience de soi-même *dans le monde*.

C'est assurément en rester au niveau de la conscience, ce qui ne résout pas vraiment la difficulté, car c'est un point métaphysique que de savoir si j'existe par moi-même ou par autre chose. C'est pourquoi, Condillac introduit un second argument qui a la forme d'un raisonnement par l'absurde. *Supposons* que le premier principe ne fasse que modifier des êtres qui existent par eux-mêmes. Par ailleurs, un être fini ne peut exister sans être modifié de telle ou telle manière. Il faut donc que, dans l'hypothèse adoptée, il ait également *par lui-même* ces modifications qui sont telles ou telles et qui sont les conséquences de sa propre nature. Mais si ces modifications sont les conséquences de sa propre nature, la cause première ne peut susciter à son tour de modifications qu'en agissant sur la nature de l'être concerné, c'est-à-dire, qu'en le créant dans son principe même d'existence. CQFD.

Cela est trop métaphysique? J'avoue qu'il faudrait lire Leibniz et Spinoza. L'argument de la conscience vous suffit? Restons-en là. Il n'est pas difficile de comprendre que notre conscience nous rend présents à nous-mêmes en nous rendant présents au monde. Et concluons que, si le monde a une première cause, cette première cause est au principe de notre existence même : il nous faut reconnaître que nous sommes des êtres créés.

4) Toutefois, on ne saurait en rester là, du moins si l'on veut combattre efficacement l'athéisme. Mon existence est créée; elle l'est nécessairement, puisque, ne pouvant être cause d'elle-même, elle n'échappe pas aux causes qui agissent sur elle, ni par conséquent à la première cause. Si l'on ajoute à cela que le premier principe, étant la source de toute chose, est présent à toute chose et présent dans toute chose, on risque de tomber tout droit dans le spinozisme et de faire de toute existence un mode de l'être éternel. Il faut donc réussir à accorder à ce principe producteur ou créateur deux attributs supplémentaires et établir qu'il n'est pas une cause aveugle, qu'il crée *avec dessein*, qu'il est donc pourvu d'intelligence et de liberté.

Condillac n'est pas au bout de ses peines, car, répétons-le, il n'accorde pas que nous puissions avoir une idée de la nature même de Dieu. Il faut donc d'abord donner la signification que l'intelligence et la liberté ont pour les hommes, et les faire varier ensuite intensivement pour les amener à la hauteur du premier

principe. Repartons de l'opinion des athées (spinozistes). Le premier principe est présent à toute chose. Il est donc partout, de tout
temps, immense et éternel. Si jamais il est pourvu d'intelligence,
il conçoit évidemment toutes choses, ce qui est encore une
manière de leur être présent. Mais il les conçoit immensément,
a-temporellement. Ou, pour le dire à la manière de Leibniz, « il
voit à la fois tous les êtres tant possibles qu'existants ; il en voit
dans un même instant la nature, toutes les propriétés, toutes les
combinaisons, et tous les phénomènes qui doivent en résulter »[1].
Reste la question : est-il effectivement intelligent ? Condillac
reprend alors la preuve classique par l'ordre du monde, non pour
établir l'existence du premier principe, puisque cette existence
est déjà établie, mais pour déterminer en lui cet attribut de l'intelligence. L'ordre de l'univers est si admirablement disposé qu'on
ne peut pas ne pas l'imputer à une cause ayant la connaissance de
ce qu'elle produit. Considérez le plus petit insecte : « que de
finesse, que de beauté ! », etc. Considérez votre propre âme qui
peut acquérir de l'intelligence et former des desseins : comment
refuser au principe qui l'a créée les mêmes qualités d'intelligence et de dessein ?

   5) Reste à établir en Dieu la liberté. Le procédé est le même, il
va des hommes à Dieu. La liberté humaine renferme trois
choses : la délibération sur ce que nous devons faire ; la décision
de faire par une détermination de notre propre volonté ; enfin, le
pouvoir de faire ce que nous voulons. Nous délibérons, parce que
nous ne connaissons pas tout ; Dieu qui connaît tout n'a pas
besoin de délibérer : tout est dans la détermination de sa volonté ;
et puisqu'il n'est pas limité, il n'y a aucune difficulté à ce qu'il
fasse ce qu'il veut. Sa liberté est infinie.

   6) Ce n'est pas encore tout à fait fini : il faut conjuguer la
connaissance divine et la liberté divine dans l'idée de Providence, établir qu'il est le maître du commencement et de la fin de
tout être, sans que le temps ait nécessairement même signification pour chaque existence, chaque espèce d'être, prouver

   1. *TA*, p. 175.

qu'il ne peut être qu'unique, et enfin que les athées ont bien tort, puisque ce progrès de la preuve est le progrès de la connaissance humaine, lorsqu'elle s'élève vers ce qui la dépasse. Il est assurément beaucoup plus compliqué de déterminer la nature divine que la nature des animaux : pour atteindre la connaissance de la première, il faut user du raisonnement ; pour saisir la seconde, il suffit de l'observer.

Le retour de l'animal

De la connaissance de Dieu on passe à la connaissance des lois morales comme commandements divins. La loi sociale, nous l'avons dit, devient de la sorte la loi naturelle, loi éternelle qui émane du premier principe et à laquelle nous sommes assujettis depuis notre création ; et cela doublement : au titre de notre création elle-même, Dieu nous ayant voulu capables d'une conscience morale ; au titre de notre destinée, Dieu nous ayant laissé la liberté d'obéir ou de désobéir à la loi. À partir de là, on établit que les hommes sont capables de mérite et de démérite devant Dieu ; que le Dieu créateur est aussi un Dieu de justice ; qu'il y a donc une autre vie où nous serons punis ou récompensés et que notre âme est immortelle. Ce raisonnement, mis en place très rapidement par Condillac, repose sur l'idée que seul celui qui peut *connaître* la loi peut être obligé par elle, être récompensé ou puni par elle et mériter la vie immortelle. Les animaux n'ayant pas cette connaissance, il n'y a pas lieu de penser que leur âme soit immortelle. Ce n'est donc que par ce biais que l'on peut conclure à la différence radicale de l'âme des hommes et de l'âme des bêtes, alors que la considération des opérations mentales de l'une et de l'autre ne nous faisait conclure qu'à une différence de degré.

Remarquons toutefois que, jusqu'ici, l'on s'est borné à comparer la connaissance des bêtes et la connaissance des hommes, et que, précisément parce que l'on a affaire à la question de la connaissance, l'on a réussi, si l'on accepte le raisonnement d'ensemble, à passer d'une différence de degré à une différence, sinon de nature, du moins de destinée. Mais peut-on parvenir à un tel résultat quand on passe sur l'autre versant, celui de la vie pratique ? Tel est donc l'objet des chapitres VII à IX : « Il nous reste à rechercher en quoi nos passions diffèrent des leurs »[1].

En première approche, le raisonnement paraît exactement symétrique à celui concernant la connaissance. L'amour de soi est la passion commune à tous les animaux et c'est de lui que naissent tous les penchants. Mais les bêtes sont limitées à un petit nombre de besoins ; elles n'ont pas notre réflexion, notre discernement ; elles n'ont pas la connaissance de la mort ; elles ne savent pas ce qu'est la vertu ni ce qu'est le vice. Et donc leurs passions, en même temps que leurs plaisirs, sont beaucoup moins nombreuses, beaucoup moins développées, beaucoup moins raffinées ; elles s'éteignent avec la satisfaction des besoins du corps. Mais l'homme est capable de bien autre chose : « sa vie est à lui, il continue de réfléchir et de désirer dans les moments mêmes où son corps ne lui demande plus rien »[2]. Il est libre d'exercer son âme.

Mais, à y regarder de plus près, la conclusion paraît beaucoup plus ambiguë ; et il n'est pas si sûr que l'homme étant moins borné dans ses passions que l'animal, réussisse à faire valoir la différence qui l'en sépare.

Empruntons les termes de Condillac[3]. Toutes les actions des hommes ne procèdent que d'une seule source, une source qui leur est commune avec les animaux, l'amour-propre. C'est pourquoi, le système pratique qui se met en place pour les uns et pour les autres est semblable. Mais un système pratique n'a pas qu'une unité de principe, il a aussi une unité de fin. Et c'est là que se fait la différence : les hommes peuvent mettre leurs fins dans le vrai bonheur, celui de la vertu, qui les destine à l'immortalité, alors que les animaux en restent aux plaisirs d'une vie mortelle.

1. *TA*, p. 183.
2. *TA*, p. 186.
3. *TA*, p. 188.

Et c'est la connaissance de la morale et de Dieu qui les élève à cette hauteur de vue et d'action. Mais jusqu'où le règne de la vertu diffère-t-il des plaisirs attachés à la conservation de la vie ?

C'est une constante chez Condillac que de partir des considérations pratiques. Si la statue n'éprouvait ni plaisir ni douleur, elle resterait simple sensation. Pour commencer à comparer, juger, raisonner, il faut qu'elle éprouve des besoins. Mais c'est aussi une constante chez notre auteur que d'intellectualiser l'activité pratique. On le voit bien dans la valeur qu'il accorde au besoin. En effet, il entre toujours de la connaissance dans le besoin, puisqu'il faut inventer les moyens de sa satisfaction ; et, comme la connaissance est ce qui par excellence est susceptible de progrès, il est facile ici de faire se mouvoir, un peu plus, un peu moins, les limites qu'on fixe à chaque espèce d'êtres. Mais quand on considère les passions plutôt que les besoins (l'abbé ne fait pas de distinction explicite entre les deux), les choses paraissent moins claires. Le besoin dépend toujours des conditions dans lesquelles on se trouve, il est lié à un certain état du monde qui prend telle ou telle valeur en fonction du développement de l'être propre. Mais la passion, qui certes a des objets, est d'abord une pulsion de la vie, un désir. Prise en elle-même, elle est un penchant spontané vers un bien, vers un plaisir (et le plaisir n'est jamais quelque chose d'utile). Même les passions les plus élevées telles que l'amour de la vertu, ne laissent pas de tendre vers un tel plaisir, vers un tel bien, spirituel peut-être, mais en tout cas sensible ; car même les passions les mieux instruites par la raison dépendent de cette source sans nom qu'est notre vie. Par ailleurs, si l'on applique dans le champ pratique l'argument intensif en vertu duquel, dans le champ de la connaissance, les hommes finissent par penser pour penser, l'on obtient symétriquement, comme Condillac le reconnaît lui-même, que les hommes finissent par désirer pour désirer, ce sans quoi ils tomberaient dans l'ennui, dans la monotonie du système de l'habitude. Or toute cette économie des passions et des plaisirs, animée par le désir du désir, apparaît singulièrement hédoniste, peut-être plus que l'abbé ne voudrait le concéder. Car ce sont les passions qui sont les ressorts de l'âme : « Chaque passion suppose dans l'âme une suite d'idées qui lui est propre, et dans le corps une suite correspondante de mouvements. Elle commande à toutes ces suites »[1]. Selon le bien qu'elle poursuit, elle sert plus ou moins bien la conservation de notre vie ; et elle peut entrer en conflit avec d'autres passions, menaçant notre bonheur, les habitudes du corps et de l'âme qu'elle a suscitées contrariant d'autres habitudes du corps et de l'âme. Et toutes les passions réunies d'un être suscite le système d'habitudes, harmonieux ou non, qui est le sien et par lequel il s'efforce de conserver son existence et de se porter au bonheur. Un tel goût de la vie et une telle façon d'y satisfaire se trouvent chez les hommes comme chez les animaux.

Il est vrai que les animaux ne désirent pas pour désirer ; ils désirent pour satisfaire les besoins de leur existence corporelle. Mais il ne faut pas trop vite les réduire à un système d'utilité : ils désirent, parce qu'ils ont une âme – Condillac ne cesse de le répéter – et l'on sait qu'avoir une âme, c'est penser et désirer. Si la pensée rapproche les animaux des hommes, la passion ne rapproche-t-elle pas les hommes des animaux ? désirer pour désirer, n'est-ce pas toujours désirer ? Non pas que la passion serait bestiale et qu'il faudrait la combattre pour y substituer le principe de la raison ; mais en ce sens qu'elle est le ressort de la vie animée, et donc le principe d'organisation de notre existence heureuse ou malheureuse. Elle est le nœud même par lequel s'entremêlent la suite des idées de l'âme et la suite des mouvements du corps ; elle est le facteur de l'ordre ou du désordre qui font le bonheur ou le malheur de l'existence. La supériorité de l'homme sur l'animal dit ici l'excellence de la vie animée.

Certes, Condillac ne dit rien de tel ; et il s'efforce de creuser l'écart. Mais il suffit de considérer les remarques pédagogiques, fort suggestives, qu'il fait dans le chapitre IX et qui mériteraient un développement pour elles-mêmes[2]. On ne corrige la passion que

---

1. *TA*, p. 188.
2. L'auteur de l'*Émile* ne peut avoir ignoré ces pages.

par l'éducation. Mais l'éducation n'a pas pour fin d'éradiquer la passion : elle a pour fin de favoriser l'harmonie de l'âme en agissant sur le système total qu'elle constitue ; plus particulièrement, en agissant sur les habitudes tant de l'âme que du corps, que génère chaque passion, et qu'il faut accorder à celles d'autres passions. La réflexion peut avoir une telle influence ; elle sert « à corriger nos méchantes habitudes, à entretenir et même fortifier les bonnes, et à en acquérir de meilleures »[1]. En effet, elle peut reprendre les liaisons d'idées changées en habitudes ou les compléter ou les porter à plus de hauteur. C'est ainsi qu'elle redresse les faux jugements qui nous font ignorer notre bien véritable, et qu'elle combat les erreurs tant pratiques que spéculatives, etc. Mais on le voit, pour être heureux, il ne suffit pas que la réflexion se porte au-delà de l'habitude, il faut surtout qu'elle exerce une fonction correctrice et régulatrice, en harmonisant toute cette épaisseur de passion, de mouvement et d'habitude, qui fait la substance même de notre existence.

DIALOGUE FINAL ENTRE L'HUMANISTE ET LE NATURALISTE

L'humaniste dit au naturaliste :

—Je redoutais la lecture de *Traité des animaux* : il n'est jamais très bon de parler des animaux quand on veut parler des hommes. Et peut-on parler d'autre chose que des hommes ? Je n'aime pas ce détour par la vie animale. Et je soupçonne que cette querelle avec Buffon est une fausse querelle, une querelle d'auteurs. Car, enfin, que dit l'abbé ? Les mêmes lois, la même génération des facultés, les mêmes apprentissages, valent pour tout le monde animal, y compris les hommes. « Sensation, besoin, liaison des idées, voilà tout le système auquel il faut rapporter toutes les opérations des animaux »[2]. La différence entre les espèces ne tient qu'à la différence de leurs organes et à la dimension de leurs besoins. L'homme n'est qu'un animal plus

1. *AT*, p. 190.
2. *AT*, p. 200.

compliqué qui s'est développé davantage sous l'effet des circonstances ; et prétexter que le Créateur l'a voulu, n'ajoute pas grand chose. Tous les animaux, dit l'abbé, sentent et même pensent : qu'est-ce alors que la raison, qui n'appartient qu'aux hommes ? La faculté de sentir portée à un plus haut degré ! Tous les animaux, étant sensibles, éprouvent du plaisir et de la douleur ; c'est cela qui leur apprend à penser, à acquérir des connaissances, à se mouvoir vers les objets de leur satisfaction : qu'est-ce alors que la volonté, qui n'appartient qu'aux hommes ? La faculté de désirer portée à un plus haut niveau ! Comment donc dire que l'âme des hommes est différente de l'âme des bêtes ? Ce n'est qu'une âme un peu mieux perfectionnée.

—Cela est vrai, mais souvenez-vous de ce que disait Leibniz : c'est comme dans l'empire d'Arlequin sur la lune, tout est partout et toujours la même chose, au degré de perfection près. Nous avons vu comment, faisant varier la condition animale sur une échelle de perfection, Condillac menait l'homme au dépassement de cette condition. Y a-t-il plus noble spectacle que cette libération de l'homme, y a-t-il plus digne fin que de trouver son bonheur dans l'activité même de l'âme ? Activité dont Condillac nous donne un bel échantillon avec sa preuve de l'existence de Dieu ! Ce qui me gêne pour ma part, c'est qu'on oublie trop vite les animaux. Je ne nie pas que Condillac fasse beaucoup en leur faveur ; trop peut-être ! Il est toujours si facile pour le sage de dire que l'insensé est son frère ; il est toujours si commode pour l'homme civilisé de reconnaître son semblable dans le sauvage ; il est si vain de la part du maître de traiter son chien comme son enfant. J'aime les animaux pour ce qu'ils sont. Tenez ! Même si Buffon n'est pas très solide, je préfère ses naïvetés aux arguments construits de l'abbé. Et je l'approuve entièrement quand il dit qu'il faut cesser de s'extasier sur les ruches ou sur l'amour maternel des grizzli. Étudions-les ; c'est le moyen le plus sûr de les respecter. Ce ne sont pas des machines : accordons-leur le sentiment. Ce ne sont pas des hommes : n'en faisons pas des êtres spirituels. Chacun à sa place.

— Pardonnez-moi, dit l'humaniste, de revenir sur ce point. Mais si vous donnez aux bêtes un moi de sentiment, vous devez accorder deux *moi* à l'homme, un moi qui sent et un moi qui pense ; et cela ne se peut.

— Quand cesserez-vous de régler l'être des bêtes sur les difficultés que vous avez avec l'être des hommes ? Je vous ferai observer que Condillac ne fait pas mieux, puisqu'il distingue un moi d'habitude et un moi de réflexion, et que, tout soucieux qu'il soit d'établir leur union, il finit par déclarer que le premier est mortel et le second immortel.

— Vous êtes injuste. Il finit par dire que, sans doute, l'âme des bêtes est mortelle et que le Créateur a pour cela de bonnes raisons : ne connaissant pas le bien et le mal, elles iraient évidemment toutes au paradis : résultat fâcheux, si l'on songe qu'une partie non négligeable des hommes ira en enfer. Sans compter qu'il n'est pas interdit que, une fois au ciel, les hommes aient encore besoin d'avoir des habitudes pour mieux se libérer de leur finitude. Mais je vous avoue que j'ai un faible pour la solution cartésienne : elle ne connaît qu'un seul *moi* ; vivre c'est penser ; renvoyons tout le reste à la mécanique.

— Je vois un grand risque à introduire la mécanique, car elle a tôt fait d'éliminer le *moi* qui est de reste. Les matérialistes sont aussi les enfants de Descartes. On commence par expliquer que le corps est une machine, la vie un mouvement, la sensibilité un ébranlement, et l'on finit par affirmer que la pensée est un ordinateur. Mais, pour combattre cette réduction que je n'accepte pas, j'avoue ne pas savoir s'il vaut mieux suivre Buffon ou Condillac. Buffon abordait la difficulté de front : le moi du sentiment, dit-il, est un moi matériel, tandis que le moi de la pensée est un moi spirituel ; c'est qu'il était conscient qu'on ne peut parler des animaux sans traiter du physique de la vie. Condillac, lui, se dérobe : il prétend ne rien dire de la nature des animaux pour ne considérer que le moral de l'âme et commencer par la sensation. Est-ce un bon procédé ? Même les réductionnistes les plus endurcis, s'ils ne se conduisent pas en francs matérialistes, finissent par accorder ce moral de l'âme. Car ils nous diront : « Votre point de départ, c'est la sensation, le simple sentiment si vous suivez Buffon, la simple pensée si vous adoptez Condillac; le nôtre est encore plus élémentaire : c'est un système mécanique, une machine. Mais je dis comme vous que l'animal est une machine beaucoup plus compliquée que toutes les machines inventées par les hommes. Je suis prêt à accepter votre théorie des seuils : la cybernétique nous a permis d'en franchir un, quand elle nous a fait inventer des machines qui sont capables de se gouverner elles-mêmes. Et, puisque vous voulez vous en tenir aux seules opérations de l'âme ou de l'esprit, je suis prêt à vous accorder que, si l'intelligence humaine fonctionne de la même façon qu'une intelligence artificielle, c'est d'une façon beaucoup plus compliquée et si parfaite qu'on peut raisonnablement douter qu'une machine parvienne jamais à un tel résultat. Assurément, la conscience et la liberté ne sont pas comprises dans cela; et c'est pourquoi nous tenons encore pour le moral de l'âme ».

— J'accueille sans crainte ce raisonnement, répond l'humaniste. Le mécanisme ou ses versions plus modernes ne nous donnent que l'étude de la nature. L'homme est d'un autre ordre, celui de la raison, de la vertu et de la liberté. Vous vous intéressez aux animaux; vous voulez savoir s'ils relèvent entièrement de l'ordre de la nature ou s'ils ont part, en quelque mesure, à l'ordre de la pensée. Je vous écoute avec curiosité. Mais je dois vous dire que la question ne m'importe guère. Parlons plutôt de la société, de la civilisation, du Bien et du Mal.

— Ah! Je vous ai deviné! Vous avez omis de dire qu'un système artificiel est une production de l'industrie humaine et qu'un système mécanique n'est qu'une représentation abstraite formée par l'intelligence humaine. Ainsi, vous placez habilement l'homme au début et à la fin, au début par son intelligence qui représente le monde, à la fin par sa volonté morale qui aspire à un autre monde. Et voilà toute la raison de votre humanisme : dans un espace uniforme et abstrait, celui des corps, qui est le produit de votre propre esprit, vous ne trouvez plus la place de l'homme et vous inventez un ailleurs, celui de la conscience, de la pensée ou de la liberté. Mais craignez de vivre en pleine tragédie, car il n'est jamais bon d'être partagé en deux. Mon point de vue est plus facile et plus serein : il n'y a qu'un seul monde ; et l'homme a sa place parmi les êtres vivants qui sont capables de se nourrir et de se reproduire comme lui ; et parmi les êtres animés qui sont capables d'être sensibles, comme lui, à leur environnement et de se mouvoir vers ce qui leur importe. Je ne donne pas, je l'avoue, une représentation grandiose des hommes ; je n'en exalte ni les accomplissements ni les manques. Et je vous concède que la lecture du *Traité des animaux* ne me transporte pas d'enthousiasme. Mais je tiens qu'il n'y a pas de fossé à l'intérieur de l'homme entre sa vie et sa pensée, entre ses besoins et ses œuvres, entre son animalité et sa spiritualité. La recherche de la sagesse commence par des études de biologie.

— Mais quoi ! Le vécu des hommes ne dit-il pas tout autre chose que l'animalité ? Osez-vous dire, et je prends cet exemple parce qu'il est celui de l'âme captive, osez-vous dire que la passion amoureuse ne soit qu'une complication de l'âme sensitive qu'Aristote accorde à tous les animaux ? Voyez de quelles couleurs la passion embellit l'objet aimé et le reste du monde, quand elle espère ! Voyez de quelles résonances elle remplit l'âme, quand elle est déçue ! Voyez aussi ce courage qui est le sien, celui de placer tout le destin d'une vie dans un regard, dans un sourire obtenu ! J'ignore de quel amour l'animal peut avoir le cœur rempli ; mais la passion n'appartient qu'à l'homme ; la passion et bien d'autres choses. Encore une fois, je veux bien qu'on parle des animaux, par curiosité, par intérêt ; mais seule l'humanité m'importe !

— Vous tirez tout vers le haut, dit le naturaliste. Je n'aime pas qu'on aille placer la vie dans les hauteurs de l'âme ; pas davantage, d'ailleurs, dans ses profondeurs. Mais je voudrais vous proposer une considération nouvelle, car nous n'avons cessé d'admettre jusqu'à présent que l'homme tenait le milieu dans l'échelle des êtres. Je sais que c'était l'opinion d'Aristote : les hommes, disait cet excellent philosophe, ont leur place parmi les êtres naturels ; certains lui sont supérieurs, d'autres lui sont inférieurs. Le philosophe, ajoutait-il, doit certainement regarder vers ce qui est inengendré et incorruptible, vers ce qui est supérieur à lui et qu'il n'entrevoit que dans l'excellence de son âme et de ses actions; là est son plus grand bonheur et toute la perfection à laquelle il doit tendre. Mais le philosophe n'ignore pas non plus qu'il vit dans ce monde; et il est bien placé pour connaître les animaux, puisqu'il est présent parmi eux. J'aime assez ce sens de la mesure, ce goût de l'équilibre, qui a je ne sais quoi d'apaisant. Mais, si vous le voulez bien, donnons enfin une chance aux animaux et plaçons-les à la place de l'homme au milieu de l'échelle. Peut-être pourrions-nous alors nous approcher d'une étude de la vie pour elle-même. L'homme ne perdrait pas totalement au change, puisqu'il est lui-même un animal; et il serait conduit à reconnaître qu'il y a quelque chose, je ne dis pas d'étranger, mais d'étrange en lui: sa propre vie. Les philosophes ont beau additionner le physique et le moral, ils n'ont pas encore dit ce qu'est la vie.

— Vous êtes perdu, répond l'humaniste. Je ne connais pas d'autre moyen de parler de ce qui est étrange qu'en disant que cela est beau. Vous n'avez pas d'autre issue que l'émerveillement devant les mille et une manifestations de la vie. Nous pouvons au moins nous entendre sur cela; du moins, si nous ne nous déchirons pas sur la nature de l'amour du beau, car j'imagine que vous en ferez une passion, tandis que j'en fais l'accord des facultés supérieures de l'homme. Paix entre nous! Quel sera l'objet de notre contemplation? Un cheval au galop, crinière au vent? Un gypaête planant superbement au dessus d'une crête dentelée? Un poisson-ange, bleu turquoise à raies jaunes, l'œil tout rond, aux aguets dans un massif de corail? Ou une *melibe leonina*, vaguant mollement dans le silence des eaux?

NOTE SUR L'ÉTABLISSEMENT DU TEXTE

Nous avons établi le texte du *Traité des animaux* sur le volume III de l'édition posthume des *Œuvres de Condillac* (1798). Cette édition, qui fut assurée par Arnoux et Mousnier, les exécuteurs testamentaires de Mably, frère de Condillac, fait office de référence consacrée. Nous avons modernisé l'orthographe et dans une moindre mesure la ponctuation, en veillant à fournir au lecteur la présentation la plus lisible.

Condillac cite abondamment Buffon. Les citations sont tantôt entre guillemets tantôt en italiques. On trouve aussi des paraphrases. Mais les références sont toujours claires et précises. Dans l'édition originale, elles renvoient à deux éditions de l'*Histoire naturelle*, à savoir : l'édition originale in-4° de l'Imprimerie Royale (à partir de 1749) et l'édition in-12, par la même imprimerie (à partir de 1752). Rappelons que l'*Histoire naturelle, générale et particulière* fut une entreprise où Buffon compta beaucoup de collaborateurs, le plus important d'entre eux étant Daubenton, et qu'elle ne fut achevée qu'après sa mort (en 1804 pour l'édition originale des 44 volumes que compte la collection). Du vivant même de Buffon parurent plusieurs rééditions des volumes parus et des éditions étrangères (dont des contrefaçons), ce qui est dire le succès de l'ouvrage [1].

---

1. Pour un détail complet, voir la bibliographie établie par E. Genet-Varcin et J. Roger dans les *Œuvres philosophiques de Buffon*, texte établi et présenté par Jean Piveteau, Paris, P.U.F., 1954, p. 537 *sq.*

Dans le texte que nous présentons, nous avons conservé, sans la modifier, la référence à l'édition in-4° ; mais nous avons supprimé la seconde référence et l'avons remplacée par un renvoi à l'édition fort commode donnée par Jacques Piveteau, réunissant de longs extraits sous le titre *Œuvres philosophiques de Buffon* et parue aux Presses universitaires de France, dans la collection du « Corpus général des philosophes français », Paris, 1954. Nous indiquons successivement, la page, la colonne (A ou B) et la ligne. Ce recueil ne contient pas quelques-uns des passages du tome III de l'*Histoire naturelle*, auxquels Condillac se réfère.

On lira donc les références à l'*Histoire naturelle* de la manière suivante : Tome II, p. 7 ; 235 A, 20-29 = page 7 du tome II de l'édition originale *in quarto* ; page 235 de l'édition Piveteau, colonne A, lignes 20 à 29.

Les notes de Condillac sont appelées par des chiffres arabes ; nos propres notes par des lettres. Tout ce qui est entre crochets est de notre fait. Quelques-unes de nos notes explicitent des expressions du XVIIIe siècle ; nous les avons écrites en italiques.

TRAITÉ DES ANIMAUX

*Où, après avoir fait des observations critiques sur le sentiment
de Descartes et sur celui de M. de Buffon, on entreprend
d'expliquer leurs principales facultés*

PRÉFACE

Il serait peu curieux de savoir ce que sont les bêtes, si ce n'était pas un moyen de connaître mieux ce que nous sommes. C'est dans ce point de vue qu'il est permis de faire des conjectures sur un pareil sujet. « S'il n'existait point d'animaux, dit M. de Buffon, la nature de l'homme serait encore plus incompréhensible ». Cependant il ne faut pas s'imaginer qu'en nous comparant avec eux, nous puissions jamais comprendre la nature de notre être : nous n'en pouvons découvrir que les facultés, et la voie de comparaison peut être un artifice pour les soumettre à nos observations.

Je n'ai formé le projet de cet ouvrage que depuis que le *Traité des sensations* a paru, et j'avoue que je n'y aurais peut-être jamais pensé, si M. de Buffon n'avait pas écrit sur le même sujet. Mais il a voulu répandre qu'il avait rempli l'objet du *Traité des sensations* et que j'ai eu tort de ne l'avoir pas cité.

Pour me justifier d'un reproche qui certainement ne peut pas m'être fait par ceux qui auront lu ce que nous avons écrit l'un et l'autre, il me suffira d'exposer ses opinions sur la *nature* des animaux, et sur les sens [1]. Ce sera presque le seul objet de la première partie de cet ouvrage.

---

1. Je conviens qu'il y a des choses dans le *Traité des sensations,* qui ont pu servir de prétexte à ce reproche. La première, c'est que M. de Buffon dit, comme moi, que le toucher ne donne des idées que parce qu'il est formé d'organes mobiles et flexibles ; mais je l'ai cité, puisque j'ai combattu une conséquence qu'il tire de ce principe. La seconde et la dernière, c'est qu'il croit que la vue a besoin des leçons du toucher : pensée que Molyneux, Locke, Berkeley ont eue avant lui. Or, je n'ai pas dû parler de tous ceux qui ont pu répéter ce qu'ils ont dit. Le seul tort que j'ai eu, a été de ne pas citer M. de Voltaire ;

Dans la seconde je fais un système auquel je me suis bien gardé de donner pour titre *De la nature des animaux*. J'avoue à cet égard toute mon ignorance, et je me contente d'observer les facultés de l'homme d'après ce que je sens, et de juger de celles des bêtes par analogie.

Cet objet est très différent de celui du *Traité des sensations*. On peut indifféremment lire avant ou après ce traité que je donne aujourd'hui, et ces deux ouvrages s'éclaireront mutuellement.

car il a mieux fait que répéter : je réparerai cet oubli. D'ailleurs, M. de Buffon n'a pas jugé à propos d'adopter entièrement le sentiment de Berkeley. Il ne dit pas, comme cet Anglais, que le toucher nous est nécessaire pour apprendre à voir des grandeurs, des figures, des objets, en un mot. Il assure, au contraire, que l'œil voit naturellement et par lui-même des objets et qu'il ne consulte le toucher que pour se corriger de deux erreurs, dont l'une consiste à voir les objets doubles, et l'autre à les voir renversés. Il n'a donc pas connu, aussi bien que Berkeley, l'étendue des secours que les yeux retirent du toucher. C'était une raison de plus pour ne pas parler de lui, je n'aurais pu que le critiquer, comme je ferai bientôt. Enfin il n'a pas vu que le toucher veille à l'instruction de chaque sens : découverte qui est due au *Traité des sensations*. Il ne doute pas, par exemple, que dans les animaux l'odorat ne montre de lui-même, et dès le premier instant, les objets, et le lieu où ils sont. Il est persuadé que ce sens, quand il serait seul, pourrait leur tenir lieu de tous les autres. J'établis précisément le contraire ; mais la lecture de cet ouvrage démontrera qu'il n'est pas possible que j'aie rien pris dans ceux de M. de Buffon.

PREMIÈRE PARTIE

DU SYSTÈME DE DESCARTES
ET DE L'HYPOTHÈSE DE M. DE BUFFON

CHAPITRE PREMIER
*Que les bêtes ne sont pas de purs automates, et pourquoi on est porté
à imaginer des systèmes qui n'ont point de fondement*

Le sentiment de *Descartes* sur les bêtes commence à être si
vieux qu'on peut présumer qu'il ne lui reste guère de partisans;
car les opinions philosophiques suivent le sort des choses de
mode : la nouveauté leur donne la vogue, le temps les plonge
dans l'oubli; on dirait que leur ancienneté est la mesure du degré
de crédibilité qu'on leur donne.

C'est la faute des philosophes. Quels que soient les caprices
du public, la vérité bien présentée y mettrait des bornes; et si elle
l'avait une fois subjugué, elle le subjuguerait encore toutes les
fois qu'elle se présenterait à lui[a].

Sans doute nous sommes bien loin de ce siècle éclairé qui
pourrait garantir d'erreur toute la postérité. Vraisemblablement
nous n'y arriverons jamais : nous en approcherons toujours d'âge
en âge; mais il fuira toujours devant nous. Le temps est comme
une vaste carrière qui s'ouvre aux philosophes. Les vérités,
semées de distance en distance, sont confondues dans une infi-

---

a. *la vérité bien présentée mettrait des bornes à ces caprices ; et ayant subjugué une
fois le public, elle le subjuguerait encore...*

nité d'erreurs qui remplissent tout l'espace. Les siècles s'écoulent, les erreurs s'accumulent, le plus grand nombre des vérités échappe, et les athlètes se disputent des prix que distribue un spectateur aveugle.

C'était peu pour *Descartes* d'avoir tenté d'expliquer la formation et la conservation de l'univers par les seules lois du mouvement, il fallait encore borner au pur mécanisme jusqu'à des êtres animés[a]. Plus un philosophe a généralisé une idée, plus il veut la généraliser. Il est intéressé à l'étendre à tout, parce qu'il lui semble que son esprit s'étend avec elle, et elle devient bientôt dans son imagination la première raison des phénomènes.

C'est souvent la vanité qui enfante ces systèmes, et la vanité est toujours ignorante ; elle est aveugle, elle veut l'être, et elle veut cependant juger. Les fantômes qu'elle produit, ont assez de réalité pour elle : elle craindrait de les voir se dissiper.

Tel est le motif secret qui porte les philosophes à expliquer la nature sans l'avoir observée, ou du moins après des observations assez légères. Ils ne présentent que des notions vagues, des termes obscurs, des suppositions gratuites, des contradictions sans nombre ; mais ce chaos leur est favorable : la lumière détruirait l'illusion ; et, s'ils ne s'égaraient pas, que resterait-il à plusieurs ? Leur confiance est donc grande, et ils jettent un regard méprisant sur ces sages observateurs qui ne parlent que d'après ce qu'ils voient, et qui ne veulent voir que ce qui est : ce sont à leurs yeux de petits esprits qui ne savent pas généraliser.

Est-il donc si difficile de généraliser, quand on ne connaît ni la justesse, ni la précision ? Est-il si difficile de prendre une idée comme au hasard, de l'étendre et d'en faire un système ?

C'est aux philosophes qui observent scrupuleusement, qu'il appartient uniquement de généraliser. Ils considèrent les phénomènes, chacun sous toutes ses faces ; ils les comparent ; et s'il est possible de découvrir un principe commun à tous, ils ne le laissent pas échapper. Ils ne se hâtent donc pas d'imaginer ; ils ne généralisent, au contraire, que parce qu'ils y sont forcés par la

---

a. Descartes, *Discours sur la méthode*, V[e] partie (Voir le texte II de notre dossier).

suite des observations. Mais ceux que je blâme, moins circons-
pects, bâtissent, d'une seule idée générale, les plus beaux systèmes. Ainsi, du seul mouvement d'une baguette, l'enchanteur
élève, détruit, change tout au gré de ses désirs ; et l'on croirait que
c'est pour présider à ces philosophes, que les Fées ont été
imaginées[1].

Cette critique est chargée[b] si on l'applique à *Descartes* ; et on
dira sans doute que j'aurais dû choisir un autre exemple. En effet,
nous devons tant à ce génie que nous ne saurions parler de ses
erreurs avec trop de ménagement. Mais enfin il ne s'est trompé
que parce qu'il s'est trop pressé de faire des systèmes ; et j'ai cru
pouvoir saisir cette occasion, pour faire voir combien s'abusent
tous ces esprits qui se piquent plus de généraliser que d'observer.

Ce qu'il y a de plus favorable pour les principes qu'ils
adoptent, c'est l'impossibilité où l'on est quelquefois d'en
démontrer, à la rigueur, la fausseté. Ce sont des lois auxquelles
il semble que Dieu aurait pu donner la préférence ; et s'il l'a pu, il
l'a dû, conclut bientôt le philosophe qui mesure la sagesse divine
à la sienne.

Avec ces raisonnements vagues, on prouve tout ce qu'on
veut, et par conséquent on ne prouve rien. Je veux[c] que Dieu ait
pu réduire les bêtes au pur mécanisme ; mais l'a-t-il fait ? Observons et jugeons ; c'est à quoi nous devons nous borner.

Nous voyons des corps dont le cours est constant et uniforme ; ils ne choisissent point leur route, ils obéissent à une
impulsion étrangère ; le sentiment leur serait inutile, ils n'en

---

1. Ce n'est pas qu'ils n'aient des talents. On pourrait quelquefois leur appliquer ce
que M. de Buffon dit de Burnet : « Son livre est élégamment écrit ; il sait peindre et pré-
senter avec force de grandes images, et mettre sous les yeux des scènes magnifiques. Son
plan est vaste, mais l'exécution manque, faute de moyens ; son raisonnement est petit,
ses preuves sont faibles, et sa confiance est si grande, qu'il la fait perdre à son lecteur »
(82 A). [Thomas Burnet, 1635-1715, auteur d'une *Telluris Theoria sacra, orbis nostri
originem et mutationes generales qua aut jam subiit, aut olim subiturus est, complec-
tens*, Londres, 1781. L'ouvrage, rapidement traduit en anglais, fut souvent réédité].

b. *excessive*
c. *Je veux bien que*

donnent d'ailleurs aucun signe ; ils sont donc soumis aux seules lois du mouvement.

D'autres corps restent attachés à l'endroit où ils sont nés ; ils n'ont rien à rechercher, rien à fuir. La chaleur de la terre suffit pour transmettre dans toutes les parties la sève qui les nourrit ; ils n'ont point d'organes pour juger de ce qui leur est propre ; ils ne choisissent point, ils végètent[d].

Mais les bêtes veillent elles-mêmes à leur conservation ; elles se meuvent à leur gré ; elles saisissent ce qui leur est propre, rejettent, évitent ce qui leur est contraire ; les mêmes sens, qui règlent nos actions, paraissent régler les leurs. Sur quel fondement pourrait-on supposer que leurs yeux ne voient pas, que leurs oreilles n'entendent pas, qu'elles ne sentent pas, en un mot ?

À la rigueur, ce n'est pas là une démonstration. Quand il s'agit de sentiment, il n'y a d'évidemment démontré pour nous que celui dont chacun a conscience. Mais parce que le sentiment des autres hommes ne m'est qu'indiqué, sera-ce une raison pour le révoquer en doute ? Me suffira-t-il de dire que Dieu peut former des automates qui feraient, par un mouvement machinal, ce que je fais moi-même avec réflexion ?

Le mépris serait la seule réponse à de pareils doutes. C'est extravaguer, que de chercher l'évidence partout ; c'est rêver, que d'élever des systèmes sur des fondements purement gratuits ; saisir le milieu entre ces deux extrémités, c'est philosopher.

Il y a donc autre chose dans les bêtes que du mouvement. Ce ne sont pas de purs automates, elles sentent.

CHAPITRE II
Que si les bêtes sentent, elles sentent comme nous

Si les idées que M. de Buffon a eues sur la *nature* des animaux et qu'il a répandues dans son *Histoire Naturelle*, formaient un tout dont les parties fussent bien liées, il serait aisé d'en

---

d. *Ils croissent* [en parlant des végétaux]

donner un extrait court et précis ; mais il adopte sur toute cette matière des principes si différents que, quoique je n'ai point envie de le trouver en contradiction avec lui-même, il m'est impossible de découvrir un point fixe, auquel je puisse rapporter toutes ses réflexions.

J'avoue que je me vois d'abord arrêté : car je ne puis comprendre ce qu'il entend par la faculté de sentir qu'il accorde aux bêtes, lui qui prétend, comme *Descartes*, expliquer mécaniquement toutes leurs actions.

Ce n'est pas qu'il n'ait tenté de faire connaître sa pensée. Après avoir remarqué que ce *mot sentir renferme un si grand nombre d'idées, qu'on ne doit pas le prononcer avant que d'en avoir fait l'analyse*, il ajoute :

> si par *sentir* nous entendons seulement faire une action de mouvement, à l'occasion d'un choc ou d'une résistance, nous trouverons que la plante appelée *sensitive* est capable de cette espèce de sentiment, comme les animaux. Si, au contraire, on veut que *sentir* signifie apercevoir et comparer des perceptions, nous ne sommes pas sûrs que les animaux aient cette espèce de sentiment [1].

Il la leur refusera même bientôt.

Cette analyse n'offre pas ce grand nombre d'idées qu'elle semblait promettre ; cependant, elle donne au mot *sentir* une signification qu'il ne me paraît point avoir. *Sensation* et *action de mouvement à l'occasion d'un choc ou d'une résistance* sont deux idées qu'on n'a jamais confondues ; et, si on ne les distingue pas, la matière la plus brute sera sensible : ce que M. de Buffon est bien éloigné de penser.

Sentir signifie proprement ce que nous éprouvons, lorsque nos organes sont remués par l'action des objets ; et cette impression est antérieure à l'action de comparer. Si dans ce moment j'étais borné à une sensation, je ne comparerais pas, et cependant je sentirais. Ce sentiment ne saurait être analysé : il se connaît

---

uniquement par la conscience de ce qui se passe en nous. Par conséquent, ou ces propositions, *les bêtes sentent* et *l'homme sent*, doivent s'entendre de la même manière ; ou *sentir*, lorsqu'il est dit des bêtes, est un mot auquel on n'attache point d'idée.

Mais M. de Buffon croit que les bêtes n'ont pas des sensations semblables aux nôtres, parce que, selon lui, ce sont des êtres purement matériels[1]. Il leur refuse encore le sentiment pris pour l'action d'apercevoir et de comparer. Quand donc il suppose qu'elles sentent, veut-il seulement dire qu'elles se meuvent à l'occasion d'un choc ou d'une résistance ? L'analyse du mot *sentir* semblerait le faire croire.

Dans le système de *Descartes* on leur accorderait cette espèce de sentiment et on croirait ne leur accorder que la faculté d'être mues. Cependant, il faut bien que M. de Buffon ne confonde pas se *mouvoir* avec *sentir*. Il reconnaît que les sensations des bêtes sont agréables ou désagréables. Or, avoir du plaisir et de la douleur est sans doute autre chose que se mouvoir à l'occasion d'un choc.

Avec quelque attention que j'aie lu les ouvrages de cet écrivain, sa pensée m'a échappé. Je vois qu'il distingue des sensations corporelles et des sensations spirituelles[2] ; qu'il accorde les unes et les autres à l'homme, et qu'il borne les bêtes aux premières. Mais en vain je réfléchis sur ce que j'éprouve en moi-même, je ne puis faire avec lui cette différence. Je ne sens pas d'un côté mon corps, et de l'autre mon âme ; je sens mon âme dans mon corps ; toutes mes sensations ne me paraissent que les modifications d'une même substance ; et je ne comprends pas ce qu'on pourrait entendre par des *sensations corporelles*.

---

1. Il appelle *intérieures* les sensations propres à l'homme et il dit que les animaux n'ont point des sensations de cette espèce ; qu'elles ne peuvent appartenir à la matière, ni dépendre par leur nature des organes corporels (Tome II, p. 442 ; 297 A, 54 – B, 2).

2. « Il paraît que la douleur que l'enfant ressent dans les premiers temps, et qu'il exprime par des gémissements, n'est qu'une sensation corporelle, semblable à celle des animaux qui gémissent aussi dès qu'ils sont nés, et que les sensations de l'âme ne commencent à se manifester qu'au bout de quarante jours : car le rire et les larmes sont des produits de deux sensations intérieures, qui toutes deux dépendent de l'action de l'âme », Tome II, p. 452 ; 298 B, 2-12.

D'ailleurs, quand on admettrait ces deux espèces de sensations, il me semble que celles du corps ne modifieraient jamais l'âme et que celles de l'âme ne modifieraient jamais le corps. Il y aurait donc dans chaque homme deux *moi*, deux personnes, qui, n'ayant rien de commun dans la manière de sentir, ne sauraient avoir aucune sorte de commerce ensemble, et dont chacune ignorerait absolument ce qui se passerait dans l'autre.

L'unité de personne suppose nécessairement l'unité de l'être sentant ; elle suppose une seule substance simple, modifiée différemment à l'occasion des impressions qui se font dans les parties du corps. Un seul moi formé de deux principes sentants, l'un simple, l'autre étendu, est une contradiction manifeste : ce ne serait qu'une seule personne dans la supposition, c'en serait deux dans le vrai.

Cependant, M. de Buffon croit que l'*homme intérieur est double ; qu'il est composé de deux principes différents par leur nature, et contraires par leur action*, l'un spirituel, l'autre matériel ; qu'*il est aisé, en rentrant en soi-même, de reconnaître l'existence* de l'un et de l'autre, et que c'est de leurs combats que naissent toutes nos contradictions[1].

Mais on aura bien de la peine à comprendre que ces deux principes puissent jamais se combattre, si, comme il le *prétend* lui-même[2], celui qui est matériel est *infiniment subordonné à l'autre*, si *la substance spirituelle le commande*, si *elle en détruit ou en fait naître l'action*, si *le sens matériel, qui fait tout dans l'animal, ne fait dans l'homme que ce que le sens supérieur n'empêche pas*, s'il *n'est que le moyen ou la cause secondaire de toutes les actions*.

Heureusement pour son hypothèse, M. de Buffon dit, quelques pages après[3] :

> que *dans le temps de l'enfance, le principe matériel domine seul, et agit presque continuellement* [...] que, *dans la jeunesse, il prend*

1. Tome IV, p. 69, 71 ; 337 B, 45-46, 338 A, 44-45.
2. Tome IV, p. 33, 34 ; 326 B, 30-41.
3. Tome IV, p. 73, 74 ; 339 A, 17 *sq.*

*un empire absolu, et commande impérieusement à toutes nos
facultés* [...] qu'*il domine avec plus d'avantage que jamais.*

Ce n'est donc plus un moyen, une cause secondaire ; ce n'est
plus un principe infiniment subordonné, qui ne fait que ce qu'un
principe supérieur lui permet ; et l'*homme n'a tant de peine à se
concilier avec lui-même, que parce qu'il est composé de deux
principes opposés.*

   Ne serait-il pas plus naturel d'expliquer nos contradictions,
en disant que, suivant l'âge et les circonstances, nous contractons
plusieurs habitudes, plusieurs passions qui se combattent
souvent, dont quelques-unes sont condamnées par notre raison,
qui se forme trop tard pour les vaincre toujours sans effort ? Voilà
du moins ce que je vois quand je *rentre en moi-même*[1].

   Concluons que si les bêtes sentent, elles sentent comme nous.
Pour combattre cette proposition, il faudrait pouvoir dire ce que
c'est que sentir autrement que nous ne sentons ; il faudrait
pouvoir donner quelque idée de ces deux principes sentants que
suppose M. de Buffon.

---

   1. Plusieurs philosophes anciens ont eu recours, comme M. de Buffon, à deux
principes. Les Pythagoriciens admettaient dans l'homme, outre l'âme raisonnable, une
âme matérielle, semblable à celle qu'ils accordaient aux bêtes, et dont le propre était de
sentir. Ils croyaient, ainsi que lui, que les appétits, et tout ce que nous avons de commun
avec les bêtes, étaient propres à cette âme matérielle, connue sous le nom d'*âme sensitive*, et qu'on peut appeler avec l'auteur de l'*Histoire Naturelle, sens intérieur
matériel.*
   Mais les anciens ne croyaient pas que ces deux principes fussent d'une nature tout à
fait opposée. Dans leur système l'âme raisonnable ne différait de l'âme matérielle que du
plus au moins : c'était seulement une matière, plus spiritualisée. Aussi Platon, au lieu
d'admettre plusieurs âmes, admet plusieurs parties dans l'âme. L'une est le siège du
sentiment, elle est purement matérielle ; l'autre est l'entendement pur, elle est le siège de
la raison ; la troisième est un esprit mêlé, elle est imaginée pour servir de lien aux deux
autres. Ce système est faux, puisqu'il suppose que la matière sent et pense ; mais il n'est
pas exposé aux difficultés que je viens de faire contre *deux principes différents par leur
nature.*

CHAPITRE III
Que dans l'hypothèse où les bêtes seraient des êtres purement matériels, M. de Buffon ne peut pas rendre raison du sentiment qu'il leur accorde

M. de Buffon croit que dans l'animal l'action des objets sur les sens extérieurs en produit une autre sur le sens intérieur matériel, le cerveau; que, dans les sens extérieurs, les ébranlements sont très peu durables et, pour ainsi dire, instantanés; mais que le sens interne et matériel a l'avantage de conserver longtemps les ébranlements qu'il a reçus et d'agir à son tour sur les nerfs. Voilà en précis les lois mécaniques qui, selon lui, font mouvoir l'animal et qui en règlent les actions. Il n'en suit pas d'autres : c'est un être purement matériel; le sens intérieur est le seul principe de toutes ses déterminations [1].

Pour moi, j'avoue que je ne conçois point de liaison entre ces ébranlements et le sentiment. Des nerfs ébranlés par un sens intérieur, qui l'est lui-même par des sens extérieurs, ne donnent qu'une idée de mouvement; et tout ce mécanisme n'offre qu'une machine sans âme, c'est-à-dire, une matière que cet écrivain

---

1. Tome IV, p. 23, etc. ; 323 A, 51 *sq.*

C'est en d'autres termes le mécanisme imaginé par les Cartésiens. Mais ces ébranlements sont une vieille erreur que M. Quesnay a détruite. *Économie animale*, sect. 3, chap. 13 : « Plusieurs physiciens, dit-il, ont pensé que le seul ébranlement des nerfs, causé par les objets qui touchent les organes du corps, suffit pour occasionner le mouvement et le sentiment dans les parties où les nerfs sont ébranlés. Ils se représentent les nerfs comme des cordes fort tendues, qu'un léger contact met en vibration dans toute leur étendue. Des philosophes, ajoute-t-il, peu instruits en anatomie ont pu se former une telle idée… Mais cette tension, qu'on suppose dans les nerfs, et qui les rend si susceptibles d'ébranlement et de vibration, est si grossièrement imaginée, qu'il serait ridicule de s'occuper sérieusement à la réfuter ». Les grandes connaissances de M. Quesnay sur l'économie animale et l'esprit philosophique avec lequel il les expose sont une autorité qui a plus de force que tout ce que je pourrais dire contre ce mécanisme des ébranlements. C'est pourquoi, au lieu de combattre cette supposition, je me bornerai à faire voir qu'elle n'explique rien. [François Quesnay, médecin et économiste, dans son *Essai physique sur l'économie animale*, 1736].

reconnaît, dans un endroit de ses ouvrages, être incapable de sentiment[1]. Je demande donc comment il conçoit dans un autre, qu'un animal purement matériel peut sentir ?

En vain se fonde-t-il[2] sur la répugnance invincible et naturelle des bêtes pour certaines choses, sur leur appétit constant et décidé pour d'autres, sur cette faculté de distinguer sur le champ et sans incertitude ce qui leur convient de ce qui leur est nuisible. Cela fait voir qu'il ne peut se refuser aux raisons qui prouvent qu'elles sont sensibles. Mais il ne pourra jamais conclure que le sentiment soit uniquement l'effet d'un mouvement qui se transmet des organes au sens intérieur et qui se réfléchit du sens intérieur aux organes. Il ne suffit pas de prouver d'un côté que les bêtes sont sensibles et de supposer de l'autre que ce sont des êtres purement matériels : il faut expliquer ces deux propositions l'une par l'autre. M. de Buffon ne l'a point fait ; il ne l'a pas même tenté : d'ailleurs la chose est impossible. Cependant il ne croit pas qu'on puisse avoir des doutes sur son hypothèse. Quelles sont donc les démonstrations qui doivent si bien les détruire ?

CHAPITRE IV

Que dans la supposition où les animaux seraient tout à la fois purement matériels et sensibles, ils ne sauraient veiller à leur conservation, s'ils n'étaient pas encore capables de connaissance

Il est impossible de concevoir que le mécanisme puisse seul régler les actions des animaux. On comprend que l'ébranlement donné aux sens extérieurs passe au sens intérieur, qu'il s'y conserve plus ou moins longtemps, que de là il se répand dans le corps de l'animal, et qu'il lui communique du mouvement. Mais ce n'est encore là qu'un mouvement incertain, une espèce de convulsion. Il reste à rendre raison des mouvements déter-

---

1. Tome II, p. 3, 4 ; 234 A, 3-4.
2. Tome IV, p. 41, etc. ; 329 A, 16-23.

minés de l'animal, de ces mouvements qui lui font si sûrement fuir ce qui lui est contraire, et rechercher ce qui lui convient; et c'est ici que la connaissance est absolument nécessaire pour régler l'action même du sens intérieur, et pour donner au corps des mouvements différents, suivant la différence des circonstances.

M. de Buffon ne le croit pas; et *s'il y a toujours eu du doute à ce sujet*, il se flatte *de le faire disparaître, et même d'arriver à la conviction, en employant les principes* qu'il a *établis*[1].

Il distingue donc deux choses du sens : les unes relatives à la connaissance, le toucher, la vue; les autres relatives à l'instinct, à l'appétit, le goût, l'odorat; et, après avoir rappelé ces ébranlements, il reconnaît que le mouvement peut être *incertain, lorsqu'il est produit par les sens qui ne sont pas relatifs à l'appétit*; mais il assure, sans en donner aucune raison, qu'*il sera déterminé, si l'impression vient des sens de l'appétit*. Il assure, par exemple, que l'animal, au moment de sa naissance, *est averti de la présence de la nourriture et du lieu où il faut la chercher, par l'odorat*, lorsque ce sens est *ébranlé par les émanations du lait*[a]. C'est en assurant tout cela, qu'il croit conduire son lecteur à la conviction.

Il n'est que trop ordinaire aux philosophes de croire satisfaire aux difficultés, lorsqu'ils peuvent répondre par des mots qu'on est dans l'usage de donner et de prendre pour des raisons. Tels sont *instinct, appétit*. Si nous recherchons comment ils ont pu s'introduire, nous connaîtrons le peu de solidité des systèmes auxquels ils servent de principe.

Pour n'avoir pas su observer nos premières habitudes jusque dans l'origine, les philosophes ont été dans l'impuissance de rendre raison de la plupart de nos mouvements, et on a dit : *ils sont naturels et mécaniques*.

Ces habitudes ont échappé aux observations, parce qu'elles se sont formées dans un temps où nous n'étions pas capables de réfléchir sur nous. Telles sont les habitudes de toucher, de voir,

1. Tome IV, p. 35, 36, etc.; 327 B, 25 et 35-37.

a. 327 A, 41-44 et 327 A, 18-19.

d'entendre, de sentir, d'éviter ce qui est nuisible, de saisir ce qui est utile, de se nourrir : ce qui comprend les mouvements les plus nécessaires à la conservation de l'animal.

Dans cette ignorance, on a cru que les désirs qui se terminent aux besoins du corps diffèrent des autres par leur nature, quoiqu'ils n'en diffèrent que par l'objet. On leur a donné le nom d'*appétit*, et on a établi, comme un principe incontestable, que l'homme qui obéit à ses appétits ne fait que suivre l'impulsion du pur mécanisme, ou tout au plus d'un sentiment privé de connaissance : et c'est là sans doute ce qu'on appelle agir par instinct[1]. Aussitôt on infère que nous sommes à cet égard tout à fait matériels, et que, si nous sommes capables de nous conduire avec connaissance, c'est qu'outre le principe matériel qui appète[a], il y a en nous un principe supérieur qui désire et qui pense.

Tout cela étant supposé, il est évident que l'homme veillerait à sa conservation, quand même il serait borné au seul principe qui appète. Par conséquent on peut priver les bêtes de connaissance, et concevoir cependant qu'elles auront des mouvements déterminés. Il suffit d'imaginer que *l'impression vient des sens de l'appétit*; car si l'appétit règle si souvent nos actions, il pourra toujours régler celles des bêtes.

Si l'on demande donc pourquoi l'action de l'œil sur le sens intérieur ne donne à l'animal que des mouvements incertains, la raison en est claire et convaincante; *c'est que cet organe n'est pas relatif à l'appétit*; et si l'on demande pourquoi l'action de l'odorat sur le sens intérieur donne au contraire des mouvements déterminés, la chose ne souffre pas plus de difficultés, *c'est que ce sens est relatif à l'appétit*[2].

---

1. *Instinct*, à consulter l'étymologie, est la même chose qu'impulsion.

2. M. de Buffon n'en donne pas d'autre raison. Pour moi, je crois que ces deux sens ne produisent par eux-mêmes que des mouvements incertains. Les yeux ne peuvent pas guider l'animal nouveau-né, lorsqu'ils n'ont pas encore appris à voir; et si l'odorat commence de bonne heure à le conduire, c'est qu'il est plus prompt à prendre des leçons du toucher.

a. c'est qu'outre *le principe matériel de l'appétit*,

Voilà, je pense, comment s'est établi ce langage *philosophique* ; et c'est pour s'y conformer que M. de Buffon dit que l'odorat n'a pas besoin d'être instruit, que ce sens est le premier dans les bêtes, et que seul il pourrait leur tenir lieu de tous les autres[1].

Il me semble qu'il en aurait jugé tout autrement, s'il avait appliqué à l'odorat les principes qu'il adopte en traitant de la vue : c'était le cas de généraliser.

L'animal, suivant ces principes, voit d'abord tout en lui-même, parce que les images des objets sont dans ses yeux[2]. Or, M. de Buffon conviendra sans doute que les images tracées par les rayons de lumière ne sont que des ébranlements produits dans le nerf optique, comme les sensations de l'odorat ne sont que des ébranlements produits dans le nerf qui est le siège des odeurs. Nous pouvons donc substituer les ébranlements aux images ; et raisonnant sur l'odorat, comme il a fait sur la vue, nous dirons que les ébranlements ne sont que dans le nez, et que par conséquent l'animal ne sent qu'en lui-même tous les objets odoriférants.

Mais, dira-t-il, l'odorat est dans les bêtes bien supérieur aux autres sens : c'est le moins *obtus* de tous. Cela est-il donc bien vrai ? L'expérience confirme-t-elle une proposition aussi générale ? La vue n'a-t-elle pas l'avantage dans quelques animaux, le toucher dans d'autres, etc. ? D'ailleurs, tout ce qu'on pourrait conclure de cette supposition, c'est que l'odorat est, de tous les sens, celui où les ébranlements se font avec le plus de facilité et de vivacité ; mais, pour être plus faciles et plus vifs, je ne vois pas que ces ébranlements en indiquent davantage le lieu des objets. Des yeux, qui s'ouvriraient pour la première fois à la lumière, ne verraient-ils pas encore tout en eux, quand même on les supposerait beaucoup moins obtus que l'odorat le plus fin[3] ?

---

1. Tome IV, p. 31, 50 ; 325 B, 45.

2. « Sans le toucher tous les objets nous paraîtraient être dans nos yeux, parce que les images de ces objets y sont en effet ; et un enfant qui n'a encore rien touché, doit être affecté comme si tous les objets étaient en lui-même » (Tome III, p. 312 ; 307 A, 18-24).

3. Ce mot *obtus* explique pourquoi l'odorat ne donne pas des mouvements déterminés à l'enfant nouveau-né : c'est que ce sens, dit-on, *est plus obtus dans l'homme*

Cependant, dès qu'on se contente de répéter les mots *instinct*, *appétit*, et qu'on adopte à ce sujet les préjugés de tout le monde, il ne reste plus qu'à trouver dans le mécanisme la raison des actions des animaux ; c'est aussi là que M. de Buffon va la chercher, mais il me semble que ces raisonnements démontrent l'influence de ses principes : j'en vais donner deux exemples.

Ayant supposé *un chien qui, quoique pressé d'un violent appétit, semble n'oser toucher, et ne touche point en effet à ce qui pourrait le satisfaire, mais en même temps fait beaucoup de mouvements pour l'obtenir de la main de son maître*, il distingue trois ébranlements dans le sens intérieur de cet animal. L'un, est causé par le sens de l'appétit, et il déterminerait, selon M. de Buffon, le chien à se jeter sur la proie ; mais un autre ébranlement le retient, c'est celui de la douleur des coups qu'il a reçus pour avoir voulu d'autres fois s'emparer de cette proie. Il demeure donc en équilibre, parce que ces deux ébranlements, dit-on, sont deux puissances égales contraires, et qui se détruisent mutuellement. Alors un troisième ébranlement survient : c'est celui qui est produit lorsque le maître offre au chien le morceau qui est l'objet de son appétit ; *et comme ce troisième ébranlement n'est contrebalancé par rien de contraire, il devient la cause déterminante du mouvement*[1].

Je remarque d'abord que si c'est là, comme le prétend M. de Buffon, tout ce qui se passe dans ce chien, il n'y a en lui ni plaisir ni douleur, ni sensation ; il n'y a qu'un mouvement qu'on appelle ébranlement du sens intérieur matériel, et dont on ne saurait se faire aucune idée. Or, si l'animal ne sent pas, il n'est intéressé ni à se jeter sur la proie, ni à se contenir.

Je conçois, en second lieu, que si le chien était poussé, comme une boule, par deux forces égales et directement contraires, il resterait immobile, et qu'il commencerait à se

---

que dans l'animal (Tome IV, p. 35 ; 327 A, 26-27). Obtus ou non, il n'y a rien dans ce sens qui puisse faire soupçonner qu'il y ait de la nourriture quelque part.

1. Tome IV, p. 38, etc. ; 328 B, 26-34.

mouvoir lorsque l'une des deux forces deviendrait supérieure. Mais, avant de supposer que ces ébranlements donnent des déterminations contraires, il faudrait prouver qu'ils donnent chacun des déterminations certaines : précaution que M. de Buffon n'a pas prise.

Enfin il me paraît que le plaisir et la douleur sont les seules choses qui puissent se contrebalancer, et qu'un animal n'est en suspens, ou ne se détermine, que parce qu'il compare les sentiments qu'il éprouve, et qu'il juge de ce qu'il a à espérer ou de ce qu'il a à craindre. Cette interprétation est vulgaire, dira M. de Buffon, j'en conviens ; mais elle a du moins un avantage, c'est qu'on peut la comprendre.

Les explications qu'il donne des travaux des abeilles en fourniront un second exemple ; elles n'ont qu'un défaut, c'est de supposer des choses tout à fait contraires aux observations.

Je lui accorde que les ouvrages de dix mille automates seront réguliers, comme il le suppose [1], pourvu que les conditions suivantes soient remplies ; 1) que dans tous les individus, la forme extérieure et intérieure soit exactement la même ; 2) que le mouvement soit égal et conforme ; 3) qu'ils agissent tous les uns contre les autres avec des forces pareilles ; 4) qu'ils commencent tous à agir au même instant ; 5) qu'ils continuent toujours d'agir ensemble ; 6) qu'ils soient tous déterminés à ne faire que la même chose, et à ne la faire que dans un lieu donné et circonscrit.

Mais il est évident que ces conditions ne seront pas exactement remplies, si nous substituons dix mille abeilles à ces dix mille automates, et je ne conçois pas comment M. de Buffon ne s'en est pas aperçu. Est-il si difficile de découvrir que la forme extérieure et intérieure ne saurait être parfaitement la même dans dix mille abeilles, qu'il ne saurait y avoir dans chacune un mouvement égal et conforme, des forces pareilles ; que, ne naissant pas et ne se métamorphosant pas toutes au même instant, elles

---

1. Tome IV, p. 98 ; 346 B, 25.

n'agissent pas toujours toutes ensemble ; et qu'enfin, bien loin d'être déterminées à n'agir que dans un lieu donné et circonscrit, elles se répandent souvent de côté et d'autre ?

Tout ce mécanisme de M. de Buffon n'explique donc rien[1] ; il suppose, au contraire, ce qu'il faut prouver. Il ne porte que sur les idée vagues d'instinct, d'appétit, d'ébranlement, et il fait voir combien il est nécessaire d'accorder aux bêtes un degré de connaissance proportionné à leurs besoins.

Il y a trois sentiments sur les bêtes. On croit communément qu'elles sentent et qu'elles pensent : les Scolastiques prétendent qu'elles sentent et qu'elles ne pensent pas, et les Cartésiens les prennent pour des automates insensibles. On dirait que M. de Buffon, considérant qu'il ne pourrait se déclarer pour l'une de ces opinions, sans choquer ceux qui défendent les deux autres, a imaginé de prendre un peu de chacune, de dire avec tout le monde que les bêtes sentent, avec les Scolastiques qu'elles ne pensent pas, et avec les Cartésiens que leurs actions s'opèrent par des lois purement mécaniques.

---

1. On vient de traduire une Dissertation de M. de Haller, sur l'irritabilité [*Dissertation sur les parties irritables et sensibles des Animaux par M. de Haller, traduite du latin par M. Tissot*, Lausanne, 1755]. Ce sage observateur de la nature, qui sait généraliser les principes qu'il découvre, et qui sait surtout les restreindre, ce qui est plus rare et bien plus difficile, rejette toute cette supposition des ébranlements. Il ne croit pas qu'on puisse découvrir les principes de la sensibilité. « Tout ce qu'on peut dire là-dessus, dit-il, se borne à des conjectures que je ne hasarderai pas : je suis trop éloigné de vouloir enseigner quoi que ce soit de ce que j'ignore ; et la vanité de vouloir guider les autres dans des routes où l'on ne voit rien soi-même me paraît le dernier degré de l'ignorance ». Mais en vain, depuis Bacon, on crie qu'il faut multiplier les expériences, qu'il faut craindre de trop généraliser les principes, qu'il faut éviter les suppositions gratuites. Les Bacon et les Haller n'empêcheront point les physiciens modernes de faire ou de renouveler de mauvais systèmes. Malgré eux, ce siècle éclairé applaudira à des chimères, et ce sera à la postérité à mépriser toutes ces erreurs, et à juger de ceux qui les auront approuvées.

M. de Haller a réfuté solidement le système de M. de Buffon sur la génération, dans une préface qui a été traduite en 1751. [*Réflexions sur le Système de la génération de M. de Buffon, traduites d'une préface allemande de M. de Haller qui doit être mise à la tête du second volume de la traduction allemande de M. de Buffon*, Genève, 1751].

Chapitre V
Que les bêtes comparent, jugent, qu'elles ont des idées et de la mémoire

Il me sera aisé de prouver que les bêtes ont toutes ces facultés : je n'aurai qu'à raisonner conséquemment d'après les principes même de M. de Buffon.

> La matière inanimée, dit-il, n'a ni sentiment, ni sensation, ni conscience d'existence ; et lui attribuer quelques-unes de ces facultés, ce serait lui donner celle de penser, d'agir et de sentir à peu près dans le même ordre et de la même façon que nous pensons, agissons et sentons[1].

Or, il accorde aux bêtes sentiment, sensation et conscience d'existence[2]. Elles pensent donc, agissent et sentent à peu près dans le même ordre et de la même façon que nous pensons, agissons et sentons. Cette preuve est forte : en voici une autre.

Selon lui[3], *la sensation par laquelle nous voyons les objets simples et droits, n'est qu'un jugement de notre âme occasionné par le toucher ; et, si nous étions privés du toucher, les yeux nous tromperaient non seulement sur la position, mais encore sur le nombre des objets.*

Il croit encore que nos yeux ne voient qu'en eux-mêmes, lorsqu'ils s'ouvrent pour la première fois à la lumière. Il ne dit pas comment ils apprennent à voir au-dehors ; mais ce ne peut être, même dans ses principes, que l'effet d'un *jugement de l'âme occasionné par le toucher.*

Par conséquent, supposer que les bêtes n'ont point d'âme, qu'elles ne comparent point, qu'elles ne jugent point, c'est supposer qu'elles voient en elles-mêmes tous les objets, qu'elles les voient doubles et renversés.

M. de Buffon est obligé lui-même de reconnaître qu'elles ne voient, comme nous, que parce que, *par des actes répétés, elles*

---

1. Tome II, p. 3,4 ; 234 A, 3-10.
2. Tome IV, p. 41 ; 328 B 59 – 331 B (cf. 328 B 57 – 328 A 10).
3. Tome III, p. 307.

*ont joint aux impressions du sens de la vue celles du goût, de
l'odorat ou du toucher* [1].

Mais en vain évite-t-il de dire qu'elles ont fait des comparaisons et porté des jugements ; car le mot *joindre* ne signifie rien
ou c'est ici la même chose que comparer et juger.

Afin donc qu'un animal aperçoive hors de lui les couleurs,
les sons et les odeurs, il faut trois choses : l'une, qu'il touche les
objets qui lui donnent ces sensations ; l'autre, qu'il compare les
impressions de la vue, de l'ouïe et de l'odorat avec celles du
toucher ; la dernière, qu'il juge que les couleurs, les sons et les
odeurs sont dans les objets qu'il saisit. S'il touchait sans faire
aucune comparaison, sans porter aucun jugement, il continuerait
à ne voir, à n'entendre, à ne sentir qu'en lui-même.

Or tout animal qui fait ces opérations a des idées ; car, selon
M. de Buffon, les *idées ne sont que des sensations comparées, ou
des associations de sensations* [2], ou, pour parler plus clairement,
il a des idées, parce qu'il a des sensations qui lui représentent les
objets extérieurs et les rapports qu'ils ont à lui.

Il a encore de la mémoire ; car, pour contracter l'habitude de
juger à l'odorat, à la vue, etc., avec tant de précision et de sûreté,
il faut qu'il ait comparé les jugements qu'il a portés dans une
circonstance avec ceux qu'il a portés dans une autre. Un seul
jugement ne lui donnera pas toute l'expérience dont il est
capable ; par conséquent, le centième ne la lui donnera pas
davantage, s'il ne lui reste aucun souvenir des autres : il sera pour
cet animal, comme s'il était le seul et le premier [3].

---

1. Tome IV, p. 38 ; 328 A, 4-7.

2. Tome IV, p. 41 ; 329 A, 8-10.

3. Les passions dans l'animal « sont, dit M. de Buffon, fondées sur l'expérience du
sentiment, c'est-à-dire, sur la répétition des actes de douleur ou de plaisir, et le renouvellement des sensations antérieures de même genre… ». « J'avoue que j'ai de la peine à
entendre cette définition de l'expérience. Mais on ajoute : le courage naturel se remarque
dans les animaux qui sentent leurs forces, c'est-à-dire, qui les ont éprouvées, mesurées et
trouvées supérieures à celles des autres » [Tome IV, p. 80].

Plus on pèsera ces expressions, plus on sera convaincu qu'elles supposent des jugements et de la mémoire : car *mesurer*, c'est juger ; et si les animaux ne se souvenaient pas
d'avoir trouvé leurs forces supérieures, ils n'auraient pas le courage qu'on leur suppose.

Aussi M. de Buffon admet-il dans les bêtes une espèce de mémoire. *Elle ne consiste que dans le renouvellement des sensations, ou plutôt des ébranlements qui les ont causées. Elle n'est produite que par le renouvellement du sens intérieur matériel.* Il l'appelle *réminiscence*[1].

Mais, si la réminiscence n'est que le renouvellement de certains mouvements, on pourrait dire qu'une montre a de la réminiscence; et si elle n'est que le renouvellement des sensations, elle est inutile à l'animal. M. de Buffon en donne la preuve, lorsqu'il dit que, *si la mémoire ne consistait que dans le renouvellement des sensations passées, ces sensations se représenteraient à notre sens intérieur sans y laisser une impression déterminée; qu'elles se présenteraient sans aucun ordre, sans liaison entre elles*[2]. De quel secours serait donc une mémoire qui retracerait les sensations en désordre, sans liaison et sans laisser une impression déterminée? Cette mémoire est cependant la seule qu'il accorde aux bêtes.

Il n'en accorde pas même d'autre à l'homme endormi; car, pour avoir *une nouvelle démonstration contre l'entendement et la mémoire des animaux*, il voudrait pouvoir prouver que les rêves sont tout à fait indépendants de l'âme, qu'ils sont uniquement l'effet de la *réminiscence matérielle, et qu'ils résident en entier dans le sens intérieur matériel*[3].

> Les imbéciles[a], dit-il, dont l'âme est sans action, rêvent comme les autres hommes; il se produit donc des rêves indépendamment de l'âme, puisque dans les imbéciles l'âme ne produit rien.

Dans les imbéciles l'âme est sans action, elle ne produit rien! Il faut que cela ait paru bien évident à M. de Buffon puisqu'il se contente de le supposer. C'est cependant leur âme qui touche, qui voit, qui sent et qui meut leur corps suivant ses besoins.

---

1. Tome IV, p. 60 ; 335 A (citation approximative).
2. Tome IV, p. 56 ; 333 B, 14-20.
3. Tome IV, p. 61 ; 335 A, 45-57.

a. *les faibles d'esprit*

Mais, persuadé qu'il a déjà trouvé des rêves où l'âme n'a point de part, il lui paraîtra bientôt démontré qu'il n'y en a point qu'elle produise, et que par conséquent tous *ne résident que dans le sens intérieur matériel*. Son principe est qu'il n'entre dans les rêves aucune sorte d'idées, aucune comparaison, aucun jugement; et il avance ce principe avec confiance, parce que sans doute il ne remarque rien de tout cela dans les siens. Mais cela prouve seulement qu'il ne rêve pas comme un autre.

Quoi qu'il en soit, il me semble que M. de Buffon a lui-même démontré que les bêtes comparent, jugent, qu'elles ont des idées et de la mémoire.

Chapitre VI
Examen des observations que M. de Buffon a faites sur les sens

Les philosophes qui croient que les bêtes pensent, ont fait bien des raisonnements pour prouver leur sentiment: mais le plus solide de tous leur a échappé. Prévenus que nous n'avons qu'à ouvrir les yeux pour voir comme nous voyons, ils n'ont pas pu démêler les opérations de l'âme dans l'usage que chaque animal fait de ses sens. Ils ont cru que, nous-mêmes, nous nous servons des nôtres mécaniquement et par instinct, et ils ont donné de fortes armes à ceux qui prétendent que les bêtes sont de purs automates.

Il me semble que si M. de Buffon avait plus approfondi ce qui concerne les sens, il n'aurait pas fait tant d'efforts pour expliquer mécaniquement les actions des animaux. Afin de ne laisser aucun doute sur le fond de son hypothèse, il faut donc détruire toutes les erreurs qui l'y ont engagé, ou qui du moins lui ont fermé les yeux à la vérité. D'ailleurs, c'est d'après cette partie de son ouvrage que le *Traité des sensations* a été fait, si l'on en croit certaines personnes.

La vue est le premier sens qu'il observe. Après quelques détails anatomiques, inutiles à l'objet que je me propose, il dit qu'un enfant voit d'abord tous les objets doubles et renversés [1].

---

1. Tome III, p. 307 [Voir le texte VII de notre dossier].

Ainsi les yeux, selon lui, voient par eux-mêmes des objets; ils en voient la moitié plus que lorsqu'ils ont reçu des leçons du toucher[a] : ils aperçoivent des grandeurs, des figures, des situations; ils ne se trompent que sur le nombre et la position des choses; et si le tact est nécessaire à leur instruction, c'est moins pour leur apprendre à voir, que pour leur apprendre à éviter les erreurs où ils tombent.

Berkeley a pensé différemment[b], et M. de Voltaire a ajouté de nouvelles lumières au sentiment de cet anglais [1]. Ils méritaient bien l'un et l'autre que M. de Buffon leur fit voir en quoi ils se trompent, et qu'il ne se contentât pas de supposer que l'œil voit naturellement des objets.

Il est vrai que cette supposition n'a pas besoin de preuves pour le commun des lecteurs : elle est tout à fait conforme à nos préjugés. On aura toujours bien de la peine à imaginer que les yeux puissent voir des couleurs, sans voir de l'étendue; or, s'ils voient de l'étendue, ils voient des grandeurs, des figures et des situations.

---

1. « Il faut, dit-il, absolument conclure que les distances, les grandeurs, les situations ne sont pas, à proprement parler, des choses visibles, c'est-à-dire, ne sont pas les objets propres et immédiats de la vue. L'objet propre et immédiat de la vue n'est autre chose que la lumière colorée : tout le reste, nous ne le sentons qu'à la longue et par expérience. Nous apprenons à voir, précisément comme nous apprenons à parler et à lire. La différence est que l'art de voir est plus facile, et que la nature est également à tous notre maître.

Les jugements soudains presque uniformes, que toutes nos âmes, à un certain âge, portent des distances, des grandeurs, des situations, nous font penser qu'il n'y a qu'à ouvrir les yeux pour voir de la manière dont nous voyons. On se trompe, il y faut le secours des autres sens (d'un autre sens). Si les hommes n'avaient que le sens de la vue, ils n'auraient aucun moyen pour connaître l'étendue en longueur, largeur et profondeur ; et un pur esprit ne la connaîtrait peut-être pas, à moins que Dieu ne la lui révélât. Il est très difficile de séparer dans notre entendement l'extension d'un objet d'avec les couleurs de cet objet. Nous ne voyons jamais rien que d'étendu, et de là nous sommes tous portés à croire que nous voyons en effet l'étendue », Voltaire, *Éléments de la philosophie de Newton*, IIe partie, chap. 7.

a. *Du fait de la vision binoculaire.*

b. Berkeley, *Essai d'une nouvelle théorie de la vision.*

Mais ils n'aperçoivent par eux-mêmes rien de semblable et, par conséquent, il ne leur est pas possible de tomber dans les erreurs que leur attribue M. de Buffon. Aussi l'aveugle de Cheselden[a] n'a-t-il jamais dit qu'il vît les objets doubles et dans une situation différente de celle où il les touchait.

Mais, dira-t-on[1], les images qui se peignent sur la rétine sont renversées, et chacune se répète dans chaque œil. Je réponds qu'il n'y a d'image nulle part. On les voit, répliquera-t-on, et on citera l'expérience de la chambre obscure. Tout cela ne prouve rien ; car, où il n'y a point de couleur, il n'y a point d'image : or, il n'y a pas plus de couleur sur la rétine et sur le mur de la chambre obscure, que sur les objets. Ceux-ci n'ont d'autre propriété que de réfléchir les rayons de lumière ; et, suivant les principes même de M. de Buffon, il n'y a dans la rétine qu'un certain ébranlement ; or, un ébranlement n'est pas une couleur, il ne peut être que la cause occasionnelle d'une modification de l'âme.

En vain la cause physique de la sensation est double, en vain les rayons agissent dans un ordre contraire à la position des objets : ce n'est pas une raison de croire qu'il y ait dans l'âme une sensation double et renversée ; il ne peut y avoir qu'une manière d'être, qui, par elle-même, n'est susceptible d'aucune situation. C'est au toucher à apprendre aux yeux à répandre cette sensation sur la surface qu'il parcourt ; et, lorsqu'ils sont instruits, ils ne voient ni double, ni renversé ; ils aperçoivent nécessairement les grandeurs colorées dans le même nombre et dans la même position que le toucher aperçoit les grandeurs palpables. Il est singulier qu'on ait cru le toucher nécessaire pour apprendre aux yeux à se corriger de deux erreurs où il ne leur est pas possible de tomber.

On demandera sans doute comment, dans mes principes, il peut se faire qu'on voie quelquefois double : il est aisé d'en rendre raison.

1. Tome III, p. 308, 309.

a. William Cheselden (1688-1752) chirurgien anglais, abaissa la cataracte d'un aveugle-né. Il rapporta en 1728, dans les *Philosophical Transactions*, le détail de l'opération et les premières réactions de l'aveugle ayant recouvré la vue.

Lorsque le toucher instruit les yeux, il leur fait prendre l'habitude de se diriger tous deux sur le même objet, de voir suivant des lignes qui se réunissent au même lieu, de rapporter chacun au même endroit la même sensation, et c'est pourquoi ils voient simple.

Mais si, dans la suite, quelque cause empêche ces deux lignes de se réunir, elles aboutiront à des lieux différents. Alors les yeux continueront chacun de voir le même objet, parce qu'ils ont l'un et l'autre contracté l'habitude de rapporter au-dehors la même sensation ; mais ils verront double, parce qu'il ne leur sera plus possible de rapporter cette sensation au même endroit : c'est ce qui arrive, par exemple, lorsqu'on se presse le coin d'un œil.

Lorsque les yeux voient double, c'est donc parce qu'ils jugent d'après les habitudes mêmes que le tact leur a fait contracter ; et on ne peut pas accorder à M. de Buffon que l'expérience d'un homme louche[a], qui voit simple après avoir vu double, *prouve évidemment que nous voyons en effet les objets doubles, et que ce n'est que par l'habitude que nous les jugeons simples*[1]. Cette expérience prouve seulement que les yeux de cet homme ne sont plus louches ou qu'ils ont appris à se faire une manière de voir conforme à leur situation.

Tels sont les principes de M. de Buffon sur la vue. Je passe à ce qu'il dit sur l'ouïe.

Après avoir observé que l'ouïe ne donne aucune idée de distance, il remarque que, lorsqu'un corps sonore est frappé, le son se répète comme les vibrations : cela n'est pas douteux. Mais il en conclut que nous devons entendre naturellement plusieurs sons distincts, que c'est l'habitude qui nous fait croire que nous n'entendons qu'un son ; et pour le prouver, il rapporte une chose qui lui est arrivée. *Étant dans son lit, à demi endormi*, il entendit sa pendule, et il compta cinq heures, quoiqu'il n'en fût qu'une, et qu'elle n'en eût pas sonné davantage ; car la sonnerie n'était point dérangée. Or il ne lui fallut qu'un *moment de réflexion* pour

1. Tome III, p. 311.

a. *un homme qui louche*

conclure qu'il venait d'être *dans le cas où serait quelqu'un qui entendrait pour la première fois*, et qui, ne sachant pas qu'un coup ne doit produire qu'un son, *jugerait de la succession des différents sons sans préjugé, aussi bien que sans règle, et par la seule impression qu'ils font sur l'organe* : et, dans ce cas, il *entendrait en effet autant de sons distincts qu'il y a de vibrations successives dans le corps sonore*[1].

Les sons se répètent comme les vibrations, c'est-à-dire, sans interruption. Il n'y a point d'intervalle sensible entre les vibrations ; il n'y a point de silence entre les sons : voilà pourquoi le son paraît continu, et je ne vois pas qu'il soit nécessaire d'y mettre plus de mystère. M. de Buffon a supposé que l'œil voit naturellement des objets dont il ne doit la connaissance qu'aux habitudes que le tact lui a fait prendre, et il suppose ici que l'oreille doit à l'habitude un sentiment qu'elle a naturellement. L'expérience qu'il apporte ne prouve rien, parce qu'il était à demi endormi quand il l'a faite. Je ne vois pas pourquoi ce demi-sommeil l'aurait mis dans le cas d'un homme qui entendrait pour la première fois. Si c'était là un moyen de nous dépouiller de nos habitudes et de découvrir ce dont nous étions capables avant d'en avoir contracté, il faudrait croire que le défaut des métaphysiciens a été jusqu'ici de se tenir trop éveillés ; mais cela ne leur a pas empêché d'avoir des songes et c'est dans ces songes qu'on pourrait dire qu'il n'entre souvent aucune sorte d'idées.

Un sommeil profond est le repos de toutes nos facultés, de toutes nos habitudes. Un demi-sommeil est le demi-repos de nos facultés ; il ne leur permet pas d'agir avec toute leur force ; et, comme un réveil entier nous rend toutes nos habitudes, un demi-réveil nous les rend en partie : on ne s'en sépare donc que pour dormir à demi.

Les autres détails de M. de Buffon sur l'ouïe n'ont aucun rapport à l'objet que je traite. Il nous reste à examiner ce qu'il dit sur les sens en général.

1. Tome III, p. 336.

Après quelques observations sur le physique des sensations et sur l'organe du toucher, qui ne donne des idées exactes de la forme des corps, que parce qu'il est divisé en parties mobiles et flexibles, il se propose de rendre compte des *premiers mouvements, des premières sensations* et des *premiers jugements d'un homme dont le corps et les organes seraient parfaitement formés, mais qui s'éveilleroit tout neuf pour lui-même et pour tout ce qui l'environne*[1].

Cet homme, qu'on verra plus souvent à la place de M. de Buffon, qu'on ne verra M. de Buffon à la sienne, nous apprend que son premier instant a été *plein de joie et de trouble*. Mais devons-nous l'en croire? La joie est le sentiment que nous goûtons, lorsque nous nous trouvons mieux que nous n'avons été, ou du moins aussi bien, et que nous sommes comme nous pouvons désirer d'être. Elle ne peut donc se trouver que dans celui qui a vécu plusieurs moments et qui a comparé les états par où il a passé. Le trouble est l'effet de la crainte et de la méfiance : sentiments qui supposent des connaissances, que cet homme certainement n'avait point encore.

S'il se trompe, ce n'est pas qu'il ne réfléchit déjà sur lui-même. Il remarque qu'il ne savait ce qu'il était, où il était, d'où il venait. Voilà des réflexions bien prématurées : il ferait mieux de dire qu'il ne s'occupait point encore de tout cela.

Il ouvre les yeux, aussitôt il voit *la lumière, la voûte céleste, la verdure de la terre, le cristal des eaux*, et il croit que tous ces objets sont en lui et font partie de lui-même. Mais comment ses yeux ont-ils appris à démêler tous ces objets? Et s'ils les démêlent, comment peut-il croire qu'ils font partie de lui-même? Quelques personnes ont eu de la peine à comprendre que la statue, bornée à la vue, ne se crût que lumière et couleur. Il est bien plus difficile d'imaginer que cet homme, qui distingue si bien les objets les uns des autres, ne sache pas les distinguer de lui-même.

Cependant, persuadé que tout est en lui, c'est-à-dire, selon M. de Buffon sur sa rétine, car c'est là que sont les images, *il*

---

1. Tome III, p. 364; 309 B, 25-31 [Voir le texte VI de notre dossier].

tourne ses yeux vers l'astre de la lumière : mais cela est encore bien difficile à concevoir. Tourner les yeux vers un objet, n'est-ce pas le chercher hors de soi ? Peut-il savoir ce que c'est que diriger ses yeux d'une façon plutôt que d'une autre ? En sent-il le besoin ? Sait-il même qu'il a des yeux ? Remarquez que cet homme se meut sans avoir aucune raison de se mouvoir. Ce n'est pas ainsi qu'on a fait agir la statue.

L'éclat de la lumière le blesse, il ferme la paupière ; et croyant avoir perdu tout son être, il est affligé, saisi d'étonnement. Cette affliction est fondée ; mais elle prouve que le premier instant n'a pu être *plein de joie*. Car si l'affliction doit être précédée d'un sentiment agréable qu'on a perdu, la joie doit l'être d'un sentiment désagréable dont on est délivré.

Au milieu de cette affliction et les yeux toujours fermés, sans qu'on sache pourquoi, il entend le *chant des oiseaux, le murmure des airs*. Il *écoute longtemps*, et il se persuade *bientôt que cette harmonie est lui*[1]. Mais *écouter* n'est pas exact : cette expression suppose qu'il ne confond pas les sons avec lui-même. On dirait d'ailleurs qu'il hésite pour se persuader que cette harmonie est lui ; car il *écoute longtemps*. Il devrait le croire d'abord, et sans chercher à se le persuader. Je pourrais demander d'où il sait que les premiers sons qu'il a entendus étaient formés par le chant des oiseaux et par le murmure des airs.

Il ouvre les yeux et fixe ses regards sur mille objets divers. Il voit donc encore bien plus de choses que la première fois : mais il y a de la contradiction à fixer ses regards sur des objets, et à croire, comme il fait, que ces objets sont tous en lui, dans ses yeux. Il ne peut pas savoir ce que c'est que fixer ses regards, ouvrir, fermer la paupière. Il sait qu'il est affecté d'une certaine manière ; mais il ne connaît pas encore l'organe auquel il doit ses sensations.

Cependant, il va parler en philosophe qui a déjà fait des découvertes sur la lumière. Il nous dira que ces mille objets, cette partie de lui-même lui paraît immense en grandeur *par la quantité*

1. Tome III, p. 365 ; 310 A, 14-19.

des accidents de lumière et par la variété des couleurs. Il est étonnant que l'idée d'immensité soit une des premières qu'il acquiert.

Il aperçoit qu'il a *la puissance de détruire et de produire de
son gré cette belle partie de lui-même*, et c'est alors qu'*il commence à voir sans émotion et à entendre sans trouble*. Il me
semble au contraire que ce serait bien plutôt le cas d'être ému
et troublé.

Un air léger, dont il sent la fraîcheur, saisit ce moment pour
lui apporter des parfums qui lui donnent un *sentiment d'amour
pour lui-même*. Jusque-là il ne s'aimait point encore. Les objets
visibles, les sons, ces belles parties de son être ne lui avaient
point donné ce sentiment. L'odorat serait-il seul le principe de
l'amour-propre ?

Comment sait-il qu'il y a un *air léger* ? Comment sait-il que
les parfums lui sont apportés de dehors par cet *air léger*, lui qui
croit que tout est en lui, que tout est lui ? Ne dirait-on pas qu'il a
déjà pesé l'air ? Enfin, ces parfums ne lui paraissent-ils pas des
parties de lui-même ? Et, si cela est, pourquoi juge-t-il qu'ils lui
sont apportés ?

Amoureux de lui-même, pressé par les plaisirs de sa *belle et
grande existence, il se lève tout d'un coup et se sent transporté
par une force inconnue.*

Et où transporté ? Pour remarquer pareille chose, ne faut-il
pas connaître un lieu hors de soi ? Et peut-il avoir cette connaissance, lui qui voit tout en lui ?

Il n'a point encore touché son corps : s'il le connaît, ce n'est
que par la vue. Mais où le voit-il ? Sur sa rétine, comme tous les
autres objets. Son corps pour lui n'existe que là. Comment donc
cet homme peut-il juger qu'il se lève et qu'il est transporté ?

Enfin, quel motif peut le déterminer à se mouvoir ? C'est qu'il
est pressé par les plaisirs de sa *belle et grande existence*. Mais,
pour jouir de ces plaisirs, il n'a qu'à rester où il est ; et ce n'est que
pour en chercher d'autres qu'il pourrait penser à se lever, à se
transporter. Il ne se déterminera donc à changer de lieu que
lorsqu'il saura qu'il y a un espace hors de lui, qu'il a un corps, que
ce corps, en se transportant, peut lui procurer une existence plus

belle et plus *grande*. Il faut même qu'il ait appris à en régler les mouvements. Il ignore toutes ces choses, et cependant il va marcher et faire des observations sur toutes les situations où il se trouvera.

À peine fait-il un pas que tous les objets sont confondus, tout est en désordre. Je n'en vois pas la raison. Les objets qu'il a si bien distingués au premier instant doivent dans celui-ci disparaître tous ou en partie, pour faire place à d'autres qu'il distinguera encore. Il ne peut pas plus y avoir de confusion et de désordre dans un moment que dans l'autre.

Surpris de la situation où il se trouve, il croit que son existence fuit, et il devient immobile sans doute pour l'arrêter; et, pendant ce repos, il s'amuse à porter sur son corps, que nous avons vu n'exister pour lui que sur sa rétine, une main qu'il n'a point encore appris à voir hors de ses yeux. Il la conduit aussi sûrement que s'il avait appris à en régler les mouvements, et il parcourt les parties de son corps, comme si elles lui avaient été connues avant qu'il les eût touchées.

Alors, il remarque que tout ce qu'il touche sur lui rend à sa main sentiment pour sentiment, et il aperçoit bientôt que cette faculté de sentir est répandue dans toutes les parties de son être. Il ne sent donc toutes les parties de son être qu'au moment où il découvre cette faculté. Il ne les connaissait pas lorsqu'il ne les sentait pas. Elles n'existaient que dans ses yeux; celles qu'il ne voyait pas n'existaient pas pour lui. Nous lui avons cependant entendu dire qu'il se lève, qu'il se transporte, et qu'il parcourt son corps avec la main.

Il remarque ensuite qu'avant qu'il se fût touché, son corps lui paraissait immense, sans qu'on sache où il a pris cette idée d'immensité. La vue n'a pu la lui donner: car, lorsqu'il voyait son corps, il voyait aussi les objets qui l'environnaient et qui, par conséquent, le limitaient. Il a donc bien tort d'ajouter que tous les autres objets ne lui paraissent en comparaison que des points lumineux. Ceux qui traçaient sur sa rétine des images plus étendues devaient certainement lui paraître plus grands.

Cependant, il continue de se toucher et de se regarder. Il a, de son aveu, *les idées les plus étranges. Le mouvement de sa main lui paraît une espèce d'existence fugitive, une succession de choses semblables.* On peut bien lui accorder que ces idées sont *étranges.*

Mais ce qui me paraît plus étrange encore, c'est la manière dont il découvre qu'il y a quelque chose hors de lui. Il faut qu'il marche *la tête haute et levée vers le ciel*, qu'il aille se *heurter contre un palmier*, qu'il *porte la main sur ce corps étranger*, et qu'il le *juge tel, parce qu'il ne lui rend pas sentiment pour sentiment*[1].

Quoi! Lorsqu'il portait un pied devant l'autre, n'éprouvait-il pas un sentiment qui ne lui était pas rendu? Ne pouvait-il pas remarquer que ce que son pied touchait n'était pas une partie de lui-même? N'était-il réservé qu'à la main de faire cette découverte? Et si jusqu'alors il a ignoré qu'il y eût quelque chose hors de lui, comment a-t-il pu songer à se mouvoir, à marcher, à porter la tête haute et levée vers le ciel?

Agité par cette nouvelle découverte, il a peine à se rassurer, il veut toucher le soleil, il ne trouve que le vide des airs : il tombe de surprises en surprises, et ce n'est qu'après une infinité d'épreuves qu'il apprend à se servir de ses yeux pour guider sa main, qui devrait bien plutôt lui apprendre à conduire ses yeux.

C'est alors qu'il est suffisamment instruit. Il a l'usage de la vue, de l'ouïe, de l'odorat, du toucher. Il se repose à l'ombre d'un bel arbre : des fruits d'une couleur vermeille descendent en forme de grappe à la portée de sa main ; il en saisit un, il le mange, il s'endort, se réveille, regarde à côté de lui, se croit doublé, c'est-à-dire, qu'il se trouve avec une femme.

Telles sont les observations de M. de Buffon sur la vue, l'ouïe et les sens en général. Si elles sont vraies, tout le *Traité des sensations* porte à faux.

---

1. Tome III, p. 367 ; 311 A, 31-36.

Conclusion de la première partie

Il est peu d'esprits assez sains pour se garantir des imaginations contagieuses. Nous sommes des corps faibles, qui prenons toutes les impressions de l'air qui nous environne, et nos maladies dépendent bien plus de notre mauvais tempérament, que des causes extérieures qui agissent sur nous. Il ne faut donc pas s'étonner de la facilité avec laquelle le monde embrasse les opinions les moins fondées : ceux qui les inventent ou qui les renouvellent ont beaucoup de confiance[a]; et ceux qu'ils prétendent instruire, ont, s'il est possible, plus d'aveuglement encore : comment pourrait-elle ne pas se répandre ?

Qu'un philosophe donc qui ambitionne de grands succès, exagère les difficultés du sujet qu'il entreprend de traiter; qu'il agite chaque question comme s'il allait développer les ressorts les plus secrets des phénomènes; qu'il ne balance point à donner pour neufs les principes les plus rebattus, qu'il les généralise autant qu'il lui sera possible; qu'il affirme les choses dont son lecteur pourrait douter, et dont il devrait douter lui-même; et qu'après bien des efforts, plutôt pour faire valoir ses veilles, que pour rien établir, il ne manque pas de conclure qu'il a démontré ce qu'il s'était proposé de prouver. Il lui importe peu de remplir son objet : c'est à sa confiance à persuader que tout est dit quand il a parlé[b].

Il ne se piquera pas de bien écrire, lorsqu'il raisonnera : alors les constructions longues et embarrassées échappent au lecteur, comme les raisonnements. Il réservera tout l'art de son éloquence, pour jeter de temps en temps de ces périodes artistement faites, où l'on se livre à son imagination sans se mettre en peine du ton qu'on vient de quitter et de celui qu'on va reprendre, où l'on substitue au terme propre celui qui frappe davantage et où l'on se plaît à dire plus qu'on ne doit dire. Si quelques jolies phrases qu'un écrivain pourrait ne pas se permettre ne font pas lire un

---

a. *beaucoup d'aplomb*

b. *fort de la confiance qu'il a en lui-même, il veut persuader que tout est dit quand il a parlé.*

livre, elles le font feuilleter et l'on en parle. Traitassiez-vous les sujets les plus graves, on s'écriera : *ce philosophe est charmant.*

Alors, considérant avec complaisance vos hypothèses, vous direz : *elles forment le système le plus digne du Créateur.* Succès qui n'appartient qu'aux philosophes, qui, comme vous, aiment à généraliser.

Mais n'oubliez pas de traiter avec mépris ces observateurs qui ne suivent pas vos principes parce qu'ils sont plus timides que vous quand il s'agit de raisonner : dites qu'*ils admirent d'autant plus, qu'ils observent davantage et qu'ils raisonnent moins*; qu'*ils nous étourdissent de merveilles qui ne sont pas dans la nature, comme si le Créateur n'était pas assez grand par ses ouvrages, et que nous crussions le faire plus grand par notre imbécillité*[a]. Reprochez-leur enfin *des monstres de raisonnements sans nombre.*

Plaignez surtout ceux qui s'occupent à observer des insectes; car *une mouche ne doit pas tenir dans la tête d'un naturaliste plus de place qu'elle n'en tient dans la nature*, et une république d'abeilles *ne sera jamais aux yeux de la raison, qu'une foule de petites bêtes qui n'ont d'autre rapport avec nous que celui de nous fournir de la cire et du miel*[b].

Ainsi, tout entier à de grands objets vous verrez *Dieu créer l'univers, ordonner les existences, fonder la nature sur des lois invariables et perpétuelles*, et vous vous garderez bien *de le trouver attentif à conduire une république de mouches, et fort occupé de la manière dont se doit plier l'aile d'un scarabée*[c]. Faites-le à votre image, regardez-le comme un grand naturaliste qui dédaigne les détails, crainte qu'un insecte ne tienne trop de place dans sa tête : car vous *chargeriez sa volonté de trop de petites lois, et vous dérogeriez à la noble simplicité de sa nature, si vous l'embarrassiez de quantité de statuts particuliers, dont*

a. *faiblesse*

b. 344 B, 19 e *sq.*

c. Tome IV, p. 99 ; 345 B, 29-35. Par ces mots, Buffon ironisait lui-même contre Réaumur, auteur d'une *Histoire des Abeilles* (1740).

l'un ne serait que pour les mouches, l'autre pour les hiboux,
l'autre pour les mulots, etc.[a].

C'est ainsi que vous vous déterminerez à n'admettre que les
principes que vous pourrez généraliser davantage. Ce n'est pas,
au reste, qu'il ne vous soit permis de les oublier quelquefois.
Trop d'exactitude rebute. On n'aime point à étudier un livre dont
on n'entend les différentes parties, que lorsqu'on l'entend tout
entier. Si vous avez du génie, vous connaîtrez la portée des
lecteurs, vous négligerez la méthode, et vous ne vous donnerez
pas la peine de rapprocher vos idées. En effet, avec des principes
vagues, avec des contradictions, avec peu de raisonnements, ou
avec des raisonnements peu conséquents, on est entendu de tout
le monde.

Mais, direz-vous, est-il donc d'un naturaliste[b] de juger des
animaux par le volume[c]? Ne doit-il entrer dans sa vaste tête que
des planètes, des montagnes, des mers? Et faut-il que les plus
petits objets soient des hommes, des chevaux, etc.? Quand toutes
ces choses s'y arrangeraient dans le plus grand ordre et d'une
manière toute à lui, quand l'univers entier serait engendré dans
son cerveau, et qu'il en sortirait comme du sein du chaos, il me
semble que le plus petit insecte peut bien remplir la tête d'un
philosophe moins ambitieux. Son organisation, ses facultés, ses
mouvements, offrent un spectacle que nous admirerons d'autant
plus que nous l'observerons davantage, parce que nous en raison-
nerons mieux. D'ailleurs, l'abeille a bien d'autres rapports avec
nous que celui de nous fournir de la cire et du miel. Elle a *un sens*
intérieur matériel, des sens extérieurs, une réminiscence maté-
rielle, des sensations corporelles, du plaisir, de la douleur, des
besoins, des passions; des sensations combinées, l'expérience du
sentiment: elle a, en un mot, toutes les facultés qu'on explique si
merveilleusement par l'ébranlement des nerfs.

Je ne vois pas, ajouterez-vous, pourquoi je craindrais de charger et
d'embarrasser la volonté du créateur, ni pourquoi le soin de créer

a. 348 B, 15-22.

b. *appartient-il donc à un naturaliste*

c. Et donc de se désintéresser des mouches ou encore des abeilles dont on s'émer-
veille. Dans tout ce passage quelque peu biaisé, Condillac fait parler le lecteur à sa place.

l'univers ne lui permettrait pas de s'occuper de la manière dont se doit plier l'aile d'un scarabée. Les lois, continuerez-vous, se multiplient autant que les êtres. Il est vrai que le système de l'univers est un et qu'il y a par conséquent une loi générale que nous ne connaissons pas; mais cette loi agit différemment suivant les circonstances, et de là naissent des lois particulières pour chaque espèce de choses, et même pour chaque individu. Il y a non seulement des *statuts particuliers* pour les mouches, il y en a encore pour chaque mouche. Ils nous paraissent de *petites lois*, parce que nous jugeons de leurs objets par le volume; mais ce sont de grandes lois, puisqu'ils entrent dans le système de l'univers. Je voudrais donc bien vainement suivre vos conseils; mes hypothèses n'élèveraient pas la Divinité, mes critiques ne rabaisseraient pas les philosophes qui observent et qui admirent. Ils conserveront sans doute la considération que le public leur a accordée; ils la méritent, parce que c'est à eux que la philosophie doit ses progrès.

Après cette digression, il ne me reste plus qu'à rassembler les différentes propositions que M. de Buffon a avancées pour établir ses hypothèses. Il est bon d'exposer en peu de mots les différents principes qu'il adopte, l'accord qu'il y a entre eux et les conséquences qu'il en tire. Je m'arrêterai surtout aux choses qui ne me paraissent pas aussi évidentes qu'à lui et sur lesquelles il me permettra de lui demander des éclaircissements.

I. *Sentir* ne peut-il se prendre que pour *se mouvoir* à l'occasion d'un choc ou d'une résistance et pour *apercevoir* et *comparer*? Et si les bêtes n'aperçoivent, ni ne comparent, leur faculté de sentir n'est-elle que la faculté d'être mues?

II. Ou, si *sentir* est *avoir du plaisir ou de la douleur*, comment concilier ces deux propositions: *la matière est incapable de sentiment* et: *les bêtes, quoique purement matérielles, ont du sentiment?*

III. Que peut-on entendre par des sensations *corporelles*, si la matière ne sent pas?

IV. Comment une seule et même personne peut-elle être composée de deux principes différents par leur nature, contraires par leur action et doués chacun d'une manière de sentir qui leur est propre?

V. Comment ces deux principes sont-ils la source des contradictions de l'homme, si l'un est infiniment subordonné à l'autre, s'il n'est que le moyen, la cause secondaire, et s'il ne fait que ce que le principe supérieur lui permet?

VI. Comment le principe matériel est-il infiniment subordonné, s'il domine seul dans l'enfance, s'il commande impérieusement dans la jeunesse?

VII. Pour assurer que le mécanisme fait tout dans les animaux, suffit-il de supposer d'un côté que ce sont des êtres purement matériels, et de prouver de l'autre, par des faits, que ce sont des êtres sensibles? Ne faudrait-il pas expliquer comment la faculté de sentir est l'effet des lois purement mécaniques?

VIII. Comment les bêtes peuvent-elles être sensibles et privées de toute espèce de connaissance? De quoi leur sert le sentiment, s'il ne les éclaire pas et si les lois mécaniques suffisent pour rendre raison de toutes leurs actions?

IX. Pourquoi le sens intérieur, ébranlé par les sens extérieurs, ne donne-t-il pas toujours à l'animal un mouvement incertain?

X. Pourquoi les sens relatifs à l'appétit ont-ils seuls la propriété de déterminer ses mouvements?

XI. Que signifient ces mots *instinct*, *appétit*? Suffit-il de les prononcer pour rendre raison des choses?

XII. Comment l'odorat, ébranlé par les émanations du lait, montre-t-il le lieu de la nourriture à l'animal qui vient de naître? Quel rapport y a-t-il entre cet ébranlement qui est dans l'animal, et le lieu où est la nourriture? Quel guide fait si sûrement franchir ce passage?

XIII. Peut-on dire que parce que l'odorat est en nous plus obtus, il ne doit pas également instruire l'enfant nouveau-né?

XIV. De ce que les organes sont moins obtus, s'ensuit-il autre chose, sinon que les ébranlements du sens intérieur sont plus vifs? Et, parce qu'ils sont plus vifs, est-ce une raison pour qu'ils indiquent le lieu des objets?

XV. Si les ébranlements qui se font dans le nerf, qui est le siège de l'odorat, montrent si bien les objets et le lieu où ils sont, pourquoi ceux qui se font dans le nerf optique n'ont-ils pas la même propriété ?

XVI. Des yeux qui seraient aussi peu obtus que l'odorat le plus fin, apercevraient-ils, dès le premier instant, le lieu des objets ?

XVII. Si l'on ne peut accorder à la matière le sentiment, la sensation et la conscience d'existence, sans lui accorder la faculté de penser, d'agir et de sentir à peu près comme nous, comment se peut-il que les bêtes soient douées de sentiment, de sensation, de conscience d'existence, et qu'elles n'aient cependant pas la faculté de penser ?

XVIII. Si la sensation, par laquelle nous voyons les objets simples et droits, n'est qu'un jugement de notre âme occasionné par le toucher, comment les bêtes, qui n'ont point d'âme, qui ne jugent point, parviennent-elles à voir les objets simples et droits ?

XIX. Ne faut-il pas qu'elles portent des jugements pour apercevoir hors d'elles les odeurs, les sons et les couleurs ?

XX. Peuvent-elles apercevoir les objets extérieurs et n'avoir point d'idées ? Peuvent-elles sans mémoire contracter des habitudes et acquérir de l'expérience ?

XXI. Qu'est-ce qu'une réminiscence matérielle qui ne consiste que dans le renouvellement des ébranlements du sens intérieur matériel ?

XXII. De quel secours serait une mémoire ou une réminiscence, qui rappellerait les sensations sans ordre, sans liaison, et sans laisser une impression déterminée ?

XXIII. Comment les bêtes joignent-elles les sensations de l'odorat à celles des autres sens, comment combinent-elles leurs sensations, comment s'instruisent-elles, si elles ne comparent pas, si elles ne jugent pas ?

XXIV. Parce que le mécanisme suffirait pour rendre raison des mouvements de dix mille automates, qui agiraient tous avec des forces parfaitement égales, qui auraient précisément la même forme intérieure et extérieure, qui naîtraient et qui se métamorphoseraient tous au même instant et qui seraient déterminés à n'agir que dans un lieu donné et circonscrit, faut-il croire que le mécanisme suffise aussi pour rendre raison des actions de dix mille abeilles qui agissent avec des forces inégales, qui n'ont pas absolument la même forme intérieure et extérieure, qui ne naissent pas et qui ne se métamorphosent pas au même instant, et qui sortent souvent du lieu où elles travaillent ?

XXV. Pourquoi Dieu ne pourrait-il pas s'occuper de la manière dont se doit plier l'aile d'un scarabée ? Comment se plierait cette aile, si Dieu ne s'en occupait pas ?

XXVI. Comment des lois pour chaque espèce particulière chargeraient-elles et embarrasseraient-elles sa volonté ? Les différentes espèces pourraient-elles se conserver, si elles n'avaient pas chacune leurs lois ?

XXVII. De ce que les images se peignent dans chaque œil et de ce qu'elles sont renversées, peut-on conclure que nos yeux voient naturellement les objets doubles et renversés ? Y a-t-il même des images sur la rétine ? Y a-t-il autre chose qu'un ébranlement ? Cet ébranlement ne se borne-t-il pas à être la cause occasionnelle d'une modification de l'âme, et une pareille modification peut-elle par elle-même représenter de l'étendue et des objets ?

XXVIII. Celui qui, ouvrant pour la première fois les yeux, croit que tout est en lui, discerne-t-il la voûte céleste, la verdure de la terre, le cristal des eaux, démêle-t-il mille objets divers ?

XXIX. Pense-t-il à tourner les yeux, à fixer ses regards sur des objets qu'il n'aperçoit qu'en lui-même ? Sait-il seulement s'il a des yeux ?

XXX. Pense-t-il à se transporter dans un lieu qu'il ne voit que sur sa rétine, et qu'il ne peut encore soupçonner hors de lui ?

XXXI. Pour découvrir un espace extérieur, faut-il qu'il s'y promène avant de le connaître, et qu'il aille la tête haute et levée vers le ciel se heurter contre un palmier ?

Je néglige plusieurs questions que je pourrais faire encore ; mais je pense que celles-là suffisent.

SECONDE PARTIE

SYSTÈME DES FACULTÉS DES ANIMAUX

La première partie de cet ouvrage démontre que les bêtes sont capables de quelques connaissances. Ce sentiment est celui du vulgaire : il n'est combattu que par des philosophes, c'est-à-dire, par des hommes qui d'ordinaire aiment mieux une absurdité qu'ils imaginent, qu'une vérité que tout le monde adopte. Ils sont excusables ; car s'ils avaient dit moins d'absurdités, il y aurait parmi eux moins d'écrivains célèbres.

J'entreprends donc de mettre dans son jour une vérité toute commune, et ce sera sans doute un prétexte à bien des gens pour avancer que cet ouvrage n'a rien de neuf. Mais si, jusqu'ici, cette vérité a été crue sans être conçue, si on n'y a réfléchi que pour accorder trop aux bêtes, ou pour ne leur accorder point assez, il me reste à dire bien des choses qui n'ont pas été dites.

En effet, quel écrivain a expliqué la génération de leurs facultés, le système de leurs connaissances, l'uniformité de leurs opérations, l'impuissance où elles sont de se faire une langue proprement dite, lors même qu'elles peuvent articuler, leur instinct, leurs passions et la supériorité que l'homme a sur elles à tous égards[a] ? Voilà cependant les principaux objets dont je me propose de rendre raison. Le système que je donne n'est point

---

a. Condillac annonce le contenu des chapitres qui suivent.

arbitraire : ce n'est pas dans mon imagination que je le puise, c'est dans l'observation ; et tout lecteur intelligent, qui rentrera en lui-même, en reconnaîtra la solidité.

CHAPITRE PREMIER

De la génération des habitudes communes à tous les animaux

Au premier instant de son existence, un animal ne peut former le dessein de se mouvoir. Il ne sait seulement pas qu'il a un corps, il ne le voit pas, il ne l'a pas encore touché.

Cependant les objets font des impressions sur lui ; il éprouve des sentiments agréables et désagréables : de là naissent ses premiers mouvements ; mais ce sont des mouvements incertains ; ils se font en lui sans lui, il ne sait point encore les régler.

Intéressé par le plaisir et par la peine, il compare les états où il se trouve successivement. Il observe comment il passe de l'un à l'autre, et il découvre son corps et les principaux organes qui le composent.

Alors, son âme apprend à rapporter à son corps les impressions qu'elle reçoit. Elle sent en lui ses plaisirs, ses peines, ses besoins ; et cette manière de sentir suffit pour établir entre l'un et l'autre le commerce le plus intime. En effet, dès que l'âme ne se sent que dans son corps, c'est pour lui comme pour elle qu'elle se fait une habitude de certaines opérations ; et c'est pour elle comme pour lui que le corps se fait une habitude de certains mouvements.

D'abord le corps se meut avec difficulté ; il tâtonne, il chancelle : l'âme trouve les mêmes obstacles à réfléchir ; elle hésite, elle doute.

Une seconde fois les mêmes besoins déterminent les mêmes opérations, et elles se font de la part des deux substances avec moins d'incertitude et de lenteur.

Enfin les besoins se renouvellent, et les opérations se répètent si souvent, qu'il ne reste plus de tâtonnement dans le corps, ni d'incertitude dans l'âme : les habitudes de se mouvoir et de juger sont contractées.

C'est ainsi que les besoins produisent d'un côté une suite d'idées, et de l'autre une suite de mouvements correspondants.

Les animaux doivent donc à l'expérience les habitudes qu'on croit leur être naturelles. Pour achever de s'en convaincre, il suffit de considérer quelqu'une de leurs actions.

Je suppose donc un animal qui se voit, pour la première fois, menacé de la chute d'un corps, et je dis qu'il ne songera pas à l'éviter : car il ignore qu'il en puisse être blessé ; mais s'il en est frappé, l'idée de la douleur se lie aussitôt à celle de tout corps prêt à tomber sur lui ; l'une ne se réveille plus sans l'autre, et la réflexion lui apprend bientôt comment il doit se mouvoir, pour se garantir de ces sortes d'accidents.

Alors, il évitera jusqu'à la chute d'une feuille. Cependant, si l'expérience lui apprend qu'un corps aussi léger ne peut pas l'offenser, il l'attendra sans se détourner, il ne paraîtra pas même y faire attention.

Or, peut-on penser qu'il se conduise ainsi naturellement ? Tient-il de la nature la différence de ces deux corps, ou la doit-il à l'expérience ? Les idées en sont-elles innées ou acquises ? Certainement, s'il ne reste immobile à la vue d'une feuille qui tombe sur lui que parce qu'il a appris qu'il n'en doit rien craindre, il ne se dérobe à une pierre que parce qu'il a appris qu'il en peut être blessé.

La réflexion veille donc à la naissance des habitudes, à leurs progrès ; mais, à mesure qu'elle les forme, elle les abandonne à elles-mêmes, et c'est alors que l'animal touche, voit, marche, etc., sans avoir besoin de réfléchir sur ce qu'il fait.

Par là toutes les actions d'habitude sont autant de choses soustraites à la réflexion : il ne reste d'exercice à celle-ci que sur d'autres actions qui se déroberont encore à elle, si elles tournent en habitude ; et comme les habitudes empiètent sur la réflexion, la réflexion cède aux habitudes.

Ces observations sont applicables à tous les animaux ; elles font voir comment ils apprennent tous à se servir de leurs organes, à fuir ce qui leur est contraire, à rechercher ce qui leur est utile, à veiller, en un mot, à leur conservation.

CHAPITRE II
Système des connaissances dans les animaux

Un animal ne peut obéir à ses besoins, qu'il ne se fasse bientôt une habitude d'observer les objets qu'il lui importe de reconnaître. Il essaie ses organes sur chacun d'eux : ses premiers moments sont donnés à l'étude ; et lorsque nous le croyons tout occupé à jouer, c'est proprement la nature qui joue avec lui pour l'instruire.

Il étudie, mais sans avoir le dessein d'étudier ; il ne se propose pas d'acquérir des connaissances pour en faire un système : il est tout occupé des plaisirs qu'il recherche et des peines qu'il évite ; cet intérêt seul le conduit : il avance sans prévoir le terme où il doit arriver.

Par ce moyen, il est instruit, quoiqu'il ne fasse point d'effort pour l'être. Les objets se distinguent à ses yeux, se distribuent avec ordre ; les idées se multiplient suivant les besoins, se lient étroitement les unes aux autres : le système de ses connaissances est formé.

Mais les mêmes plaisirs n'ont pas toujours pour lui le même attrait, et la crainte d'une même douleur n'est pas toujours également vive : la chose doit varier suivant les circonstances. Ses études changent donc d'objets, et le système de ses connaissances s'étend peu à peu à différentes suites d'idées.

Ces suites ne sont pas indépendantes : elles sont au contraire liées les unes aux autres, et ce lien est formé des idées qui se trouvent dans chacune. Comme elles sont et ne peuvent être que différentes combinaisons d'un petit nombre de sensations, il faut nécessairement que plusieurs idées soient communes à toutes. On conçoit donc qu'elles ne forment ensemble qu'une même chaîne.

Cette liaison augmente encore par la nécessité où l'animal se trouve de se retracer à mille reprises ces différentes suites d'idées. Comme chacune doit sa naissance à un besoin particulier, les besoins qui se répètent et se succèdent tour à tour, les entretiennent ou les renouvellent continuellement ; et l'animal se fait une si grande habitude de parcourir ses idées, qu'il s'en retrace une longue suite toutes les fois qu'il éprouve un besoin qu'il a déjà ressenti.

Il doit donc uniquement la facilité de parcourir ses idées à la grande liaison qui est entre elles. À peine un besoin détermine son attention sur un objet, aussitôt cette faculté jette une lumière qui se répand au loin : elle porte en quelque sorte le flambeau devant elle.

C'est ainsi que les idées renaissent par l'action même des besoins qui les ont d'abord produites. Elles forment, pour ainsi dire, dans la mémoire, des tourbillons qui se multiplient comme les besoins. Chaque besoin est un centre, d'où le mouvement se communique jusqu'à la circonférence. Ces tourbillons sont alternativement supérieurs les uns aux autres, selon que les besoins deviennent tour à tour plus violents. Tous font leurs révolutions avec une variété étonnante : ils se pressent, ils se détruisent, il s'en forme de nouveaux, à mesure que les sentiments, auxquels ils doivent toute leur force, s'affaiblissent, s'éclipsent, ou qu'il s'en produit qu'on n'avait point encore éprouvés. D'un instant à l'autre, le tourbillon qui en a entraîné plusieurs est donc englouti à son tour, et tous se confondent aussitôt que les besoins cessent : on ne voit plus qu'un chaos. Les idées passent et repassent sans ordre, ce sont des tableaux mouvants, qui n'offrent que des images bizarres et imparfaites, et c'est aux besoins à les dessiner de nouveau et à les placer dans leur vrai jour.

Tel est en général le système des connaissances dans les animaux. Tout y dépend d'un même principe, le besoin ; tout s'y exécute par le même moyen, la liaison des idées.

Les bêtes inventent donc, si *inventer* signifie la même chose que *juger, comparer, découvrir*. Elles inventent même encore, si par là on entend se représenter d'avance ce qu'on va faire. Le castor se peint la cabane qu'il veut bâtir ; l'oiseau, le nid qu'il veut construire. Ces animaux ne feraient pas ces ouvrages si l'imagination ne leur en donnait pas le modèle.

Mais les bêtes ont infiniment moins d'invention que nous, soit parce qu'elles sont plus bornées dans leurs besoins, soit parce qu'elles n'ont pas les mêmes moyens pour multiplier leurs idées et pour en faire des combinaisons de toute espèce.

Pressées par leurs besoins et n'ayant que peu de choses à apprendre, elles arrivent presque tout à coup au point de perfection auquel elles peuvent atteindre; mais elles s'arrêtent aussitôt, elles n'imaginent pas même qu'elles puissent aller au-delà. Leurs besoins sont satisfaits, elles n'ont plus rien à désirer et, par conséquent, plus rien à rechercher. Il ne leur reste qu'à se souvenir de ce qu'elles ont fait, et à le répéter toutes les fois qu'elles se retrouvent dans les circonstances qui l'exigent. Si elles inventent moins que nous, si elles perfectionnent moins, ce n'est donc pas qu'elles manquent tout à fait d'intelligence, c'est que leur intelligence est plus bornée [1].

---

1. M. de Buffon prétend que l'analogie ne prouve pas que la faculté de penser soit commune à tous les animaux. « Pour que cette analogie fût bien fondée, dit-il (Tome IV, p. 39; 328 A, 37-47), il faudrait du moins que rien ne pût la démentir; il serait nécessaire que les animaux pussent faire et fissent dans quelques occasions tout ce que nous faisons. Or le contraire est évidemment démontré; ils n'inventent, ils ne perfectionnent rien, ils ne réfléchissent par conséquent sur rien, ils ne font jamais que les mêmes choses de la même façon ».

Le contraire est évidemment démontré! Quand nous voyons, quand nous marchons, quand nous nous détournons d'un précipice, quand nous évitons la chute d'un corps, et dans mille autres occasions, que faisons-nous de plus qu'eux? Je dis donc qu'ils inventent, qu'ils perfectionnent: qu'est-ce en effet que l'invention? C'est le résultat de plusieurs découvertes et de plusieurs comparaisons. Quand Molière, par exemple, a inventé un caractère, il en a trouvé les traits dans différentes personnes, et il les a comparés pour les réunir, dans un certain point de vue. *Inventer* équivaut donc à *trouver* et à *comparer.*

Or, les bêtes apprennent à toucher, à voir, à marcher, à se nourrir, à se défendre, à veiller à leur conservation. Elles font donc des découvertes; mais elles n'en font que parce qu'elles comparent, elles inventent donc; elles perfectionnent même; car, dans les commencements, elles ne savent pas toutes ces choses comme elles les savent lorsqu'elles ont plus d'expérience.

CHAPITRE III

Que les individus d'une même espèce agissent d'une manière
d'autant plus uniforme, qu'ils cherchent moins à se copier ;
et que par conséquent les hommes ne sont si différents les uns
des autres, que parce que ce sont de tous les animaux
ceux qui sont le plus portés à l'imitation

On croit communément que les animaux d'une même espèce ne font tous les mêmes choses que parce qu'ils cherchent à se copier; et que les hommes se copient d'autant moins, que leurs actions diffèrent davantage. Le titre de ce chapitre passera donc pour un paradoxe : c'est le sort de toute vérité qui choque les préjugés reçus; mais nous la démontrerons, cette vérité, si nous considérons les habitudes dans leur principe.

Les habitudes naissent du besoin d'exercer ses facultés : par conséquent le nombre des habitudes est proportionné au nombre des besoins.

Or les bêtes ont évidemment moins de besoins que nous; dès qu'elles savent se nourrir, se mettre à l'abri des injures de l'air et se défendre de leurs ennemis ou les fuir, elles savent tout ce qui est nécessaire à leur conservation.

Les moyens qu'elles emploient pour veiller à leurs besoins sont simples; ils sont les mêmes pour tous les individus d'une même espèce. La nature semble avoir pourvu à tout et ne leur laisser que peu de chose à faire : aux unes, elle a donné la force; aux autres, l'agilité; et à toutes, des aliments qui ne demandent point d'apprêt.

Tous les individus d'une même espèce étant donc mus par le même principe, agissant pour les mêmes fins, et employant des moyens semblables, il faut qu'ils contractent les mêmes habitudes, qu'ils fassent les mêmes choses, et qu'ils les fassent de la même manière.

S'ils vivaient donc séparément, sans aucune sorte de commerce et, par conséquent, sans pouvoir se copier, il y aurait dans leurs opérations la même uniformité que nous remarquons dans le principe qui les meut et dans les moyens qu'ils emploient.

Or il n'y a que fort peu de commerce d'idées parmi les bêtes, même parmi celles qui forment une espèce de société. Chacune est donc bornée à sa seule expérience. Dans l'impuissance de se communiquer leurs découvertes et leurs méprises particulières, elles recommencent à chaque génération les mêmes études, elles s'arrêtent après avoir refait les mêmes progrès ; le corps de leur société est dans la même ignorance que chaque individu et leurs opérations offrent toujours les mêmes résultats.

Il en serait de même des hommes, s'ils vivaient séparément et sans pouvoir se faire part de leurs pensées. Bornés au petit nombre de besoins absolument nécessaires à leur conservation, et ne pouvant se satisfaire que par des moyens semblables, ils agiraient tous les uns comme les autres, et toutes les générations se ressembleraient : aussi voit-on que les opérations qui sont les mêmes dans chacun d'eux sont celles par où ils ne songent point à se copier. Ce n'est point par imitation que les enfants apprennent à toucher, à voir, etc. ; ils l'apprennent d'eux-mêmes, et néanmoins ils touchent et voient tous de la même manière.

Cependant, si les hommes vivaient séparément, la différence des lieux et des climats les placerait nécessairement dans des cironstances différentes : elle mettrait donc de la variété dans leurs besoins et, par conséquent, dans leur conduite. Chacun ferait à part les expériences auxquelles sa situation l'engagerait ; chacun acquerrait des connaissances particulières ; mais leurs progrès seraient bien bornés, et ils différeraient peu les uns des autres.

C'est donc dans la société qu'il y a d'homme à homme une différence plus sensible. Alors, ils se communiquent leurs besoins, leurs expériences : ils se copient mutuellement, et il se forme une masse de connaissances qui s'accroît d'une génération à l'autre.

Tous ne contribuent pas également à ces progrès. Le plus grand nombre est celui des imitateurs serviles : les inventeurs sont extrêmement rares, ils ont même commencé par copier, et chacun ajoute bien peu à ce qu'il trouve établi.

Mais la société étant perfectionnée, elle distribue les citoyens en différentes classes et leur donne différents modèles à imiter.

Chacun, élevé dans l'état auquel sa naissance le destine, fait ce qu'il voit faire, et comme il le voit faire. On veille longtemps pour lui à ses besoins, on réfléchit pour lui, et il prend les habitudes qu'on lui donne; mais il ne se borne pas à copier un seul homme, il copie tous ceux qui l'approchent, et c'est pourquoi il ne ressemble exactement à aucun.

Les hommes ne finissent donc par être si différents, que parce qu'ils ont commencé par être copistes et qu'ils continuent de l'être; et les animaux d'une même espèce n'agissent tous d'une même manière, que parce que, n'ayant pas au même point que nous le pouvoir de se copier, leur société ne saurait faire ces progrès qui varient tout à la fois notre état et notre conduite [1].

1. Je demande si l'on peut dire avec M. de Buffon: «D'où peut venir cette uniformité dans tous les ouvrages des animaux? y a-t-il de plus forte preuve que leurs opérations ne sont que des résultats purement mécaniques et matériels? Car, s'ils avaient la moindre étincelle de la lumière qui nous éclaire, on trouverait au moins de la variété […] dans leurs ouvrages […]. Mais non, ils travaillent tous sur le même modèle, l'ordre de leurs actions est tracé dans l'espèce entière, il n'appartient point à l'individu; et si l'on voulait attribuer une âme aux animaux, on serait obligé à n'en faire qu'une pour chaque espèce, à laquelle chaque individu participerait également» (Tome II, p. 440; 297 A, 1-23).

Ce serait se perdre dans une opinion qui n'expliquerait rien et qui souffrirait d'autant plus de difficultés, qu'on ne saurait trop ce qu'on voudrait dire. Je viens, ce me semble, d'expliquer d'une manière plus simple et plus naturelle l'uniformité qu'on remarque dans les opérations des animaux.

Cette âme unique pour une espèce entière fait trouver une raison toute neuve de la variété qui est dans nos ouvrages. C'est que nous avons chacun une âme à part et indépendante de celle d'un autre (Tome II, p. 442; 297 A, 27-37). Mais si cette raison est bonne, ne faudrait-il pas conclure que plusieurs hommes qui se copient n'ont qu'une âme à eux tous? En ce cas, il y aurait moins d'âmes que d'hommes; il y en aurait même beaucoup moins que d'écrivains.

M. de Buffon, bien persuadé que les bêtes n'ont point d'âme, conclut avec raison qu'elles ne sauraient avoir la volonté d'être différentes les unes des autres; mais j'ajouterai qu'elles ne sauraient avoir la volonté de se copier. Cependant M. de Buffon croit qu'elles ne font les mêmes choses que parce qu'elles se copient. C'est que, selon lui, l'imitation n'est qu'un résultat de la machine, et que les animaux doivent se copier toutes les fois qu'ils se ressemblent par l'organisation (Tome IV, p. 86, etc.; 343 A, 6 sq.). C'est que «toute habitude commune, bien loin d'avoir pour cause le principe d'une intelligence éclairée, ne suppose au contraire que celui d'une aveugle imitation» (Tome IV, p. 95; 346 A, 2-6). Pour moi, je ne conçois pas que l'imitation puisse avoir lieu parmi des êtres sans intelligence.

Chapitre IV
Du langage des animaux [1]

Il y a des bêtes qui sentent comme nous le besoin de vivre ensemble ; mais leur société manque de ce ressort qui donne tous les jours à la nôtre de nouveaux mouvements et qui la fait tendre à une plus grande perfection.

Ce ressort est la parole. J'ai fait voir ailleurs combien le langage contribue aux progrès de l'esprit humain[a]. C'est lui qui préside aux sociétés et à ce grand nombre d'habitudes qu'un homme qui vivrait seul ne contracterait point. Principe admirable de la communication des idées, il fait circuler la sève qui donne aux arts et aux sciences la naissance, l'accroissement et les fruits.

Nous devons tout à ceux qui ont le don de la parole, c'est-à-dire, à ceux qui, parlant pour dire quelque chose et faire entendre et sentir ce qu'ils disent, répandent dans leurs discours la lumière et le sentiment. Ils nous apprennent à les copier jusque dans la manière de sentir : leur âme passe en nous avec toutes ses habitudes : nous tenons d'eux la pensée.

Si au lieu d'élever des systèmes sur de mauvais fondements, on considérait par quels moyens la parole devient l'interprète des sentiments de l'âme, il serait aisé, ce me semble, de comprendre pourquoi les bêtes, même celles qui peuvent articuler, sont dans l'impuissance d'apprendre à parler une langue. Mais ordinai-

---

1. M. de Buffon croit que la supériorité de l'homme sur les bêtes, et l'impuissance où elles sont de se faire une langue, lors même qu'elles ont des organes propres à articuler, prouvent qu'elles ne pensent pas (t. II, p. 438, etc. ; 296 B). Ce chapitre détruira ce raisonnement, qui a déjà été fait par les Cartésiens, ainsi que tous ceux que M. de Buffon emploie à ce sujet. Tous ! Je me trompe : en voici un qu'il faut excepter.

« Il en est de leur amitié (des animaux) comme de celle d'une femme pour son serin, d'un enfant pour son jouet, etc. : toutes deux sont aussi peu réfléchies : toutes deux ne sont qu'un sentiment aveugle ; celui de l'animal est seulement plus naturel, puisqu'il est fondé sur le besoin, tandis que l'autre n'a pour objet qu'un insipide amusement auquel l'âme n'a point de part » (t. IV, p. 84 ; 342 A, 31-39).

On veut prouver par là que l'attachement, par exemple, d'un chien pour son maître, n'est qu'un effet mécanique, qu'il ne suppose ni réflexion, ni pensée, ni idée.

a. *Essai sur l'origine des connaissances humaines,* I, 4, § 1 *sq.* ; II, 1, 15, § 146.

rement les choses les plus simples sont celles que les philosophes découvrent les dernières.

Cinq animaux n'auraient rien de commun dans leur manière de sentir, si l'un était borné à la vue, l'autre au goût, le troisième à l'ouïe, le quatrième à l'odorat, et le dernier au toucher. Or il est évident que, dans cette supposition, il leur serait impossible de se communiquer leurs pensées.

Un pareil commerce suppose donc, comme une condition essentielle, que tous les hommes ont en commun un même fonds d'idées. Il suppose que nous avons les mêmes organes, que l'habitude d'en faire usage s'acquiert de la même manière par tous les individus, et qu'elle fait porter à tous les mêmes jugements.

Ce fonds varie ensuite, parce que la différence des conditions, en nous plaçant chacun dans des circonstances particulières, nous soumet à des besoins différents. Ce germe de nos connaissances est donc plus ou moins cultivé : il se développe par conséquent plus ou moins. Tantôt, c'est un arbre qui s'élève et qui pousse des branches de toute part, pour nous mettre à l'abri, tantôt ce n'est qu'un tronc où des sauvages se retirent.

Ainsi, le système général des connaissances humaines embrasse plusieurs systèmes particuliers ; et les circonstances où nous nous trouvons, nous renferment dans un seul ou nous déterminent à nous répandre dans plusieurs.

Alors les hommes ne peuvent mutuellement se faire connaître leurs pensées que par le moyen des idées qui sont communes à tous. C'est par là que chacun doit commencer ; et c'est là, par conséquent, que le savant doit aller prendre l'ignorant, pour l'élever insensiblement jusqu'à lui.

Les bêtes qui ont cinq sens participent plus que les autres à notre fonds d'idées ; mais comme elles sont, à bien des égards, organisées différemment, elles ont aussi des besoins tout différents. Chaque espèce a des rapports particuliers avec ce qui l'environne : ce qui est utile à l'une est inutile ou même nuisible à l'autre ; elles sont dans les mêmes lieux, sans être dans les mêmes circonstances.

Ainsi, quoique les principales idées qui s'acquièrent par le tact, soient communes à tous les animaux, les espèces se forment, chacune à part, un système de connaissances.

Ces systèmes varient à proportion que les circonstances diffèrent davantage ; et, moins ils ont de rapports les uns avec les autres, plus il est difficile qu'il y ait quelque commerce de pensées entre les espèces d'animaux.

Mais, puisque les individus, qui sont organisés de la même manière, éprouvent les mêmes besoins, les satisfont par des moyens semblables et se trouvent à peu près dans de pareilles circonstances, c'est une conséquence qu'ils fassent chacun les mêmes études, et qu'ils aient en commun le même fonds d'idées. Ils peuvent donc avoir un langage, et tout prouve en effet qu'ils en ont un. Ils se demandent, ils se donnent des secours : ils parlent de leurs besoins, et ce langage est plus étendu, à proportion qu'ils ont des besoins en plus grand nombre et qu'ils peuvent mutuellement se secourir davantage.

Les cris inarticulés et les actions du corps sont les signes de leurs pensées ; mais pour cela il faut que les mêmes sentiments occasionnent dans chacun les mêmes cris et les mêmes mouvements ; et, par conséquent, il faut qu'ils se ressemblent jusque dans l'organisation extérieure. Ceux qui habitent l'air et ceux qui rampent sur la terre ne sauraient même se communiquer les idées qu'ils ont en commun.

Le langage d'action prépare à celui des sons articulés [a]. Aussi y a-t-il des animaux domestiques capables d'acquérir quelque intelligence de ce dernier. Dans la nécessité où ils sont de connaître ce que nous voulons d'eux, ils jugent de notre pensée par nos mouvements, toutes les fois qu'elle ne renferme que des idées qui leur sont communes et que notre action est à peu près telle que serait la leur en pareil cas. En même temps, ils se font une habitude de lier cette pensée au son dont nous l'accompagnons constamment, en sorte que pour nous faire entendre

---

a. Voir l'*Essai sur l'origine des connaissances humaines*, IIe partie, 1re section.

d'eux, il nous suffit bientôt de leur parler. C'est ainsi que le chien apprend à obéir à notre voix.

Il n'en est pas de même des animaux dont la conformation extérieure ne ressemble point du tout à la nôtre. Quoique le perroquet, par exemple, ait la faculté d'articuler, les mots qu'il entend et ceux qu'il prononce ne lui servent ni pour découvrir nos pensées, ni pour nous faire connaître les siennes, soit parce que le fonds commun d'idées que nous avons avec lui n'est pas aussi étendu que celui que nous avons avec le chien, soit parce que son langage d'action diffère infiniment du nôtre. Comme nous avons plus d'intelligence, nous pouvons, en observant ses mouvements, deviner quelquefois les sentiments qu'il éprouve; pour lui, il ne saurait se rendre aucun compte de ce que signifie l'action de nos bras, l'attitude de notre corps, l'altération de notre visage. Ces mouvements n'ont point assez de rapports avec les siens, et d'ailleurs ils expriment souvent des idées qu'il n'a point et qu'il ne peut avoir. Ajoutez à cela que les circonstances ne lui font pas, comme au chien, sentir le besoin de connaître nos pensées.

C'est donc une suite de l'organisation que les animaux ne soient pas sujets aux mêmes besoins, qu'ils ne se trouvent pas dans les mêmes circonstances, lors même qu'ils sont dans les mêmes lieux, qu'ils n'acquièrent pas les mêmes idées, qu'ils n'aient pas le même langage d'action, et qu'ils se communiquent plus ou moins leurs sentiments, à proportion qu'ils diffèrent plus ou moins à tous ces égards. Il n'est pas étonnant que l'homme, qui est aussi supérieur par l'organisation que par la nature de l'esprit qui l'anime, ait seul le don de la parole; mais, parce que les bêtes n'ont pas cet avantage, faut-il croire que ce sont des automates, ou des êtres sensibles, privés de toute espèce d'intelligence? Non sans doute. Nous devons seulement conclure que, puisqu'elles n'ont qu'un langage fort imparfait, elles sont à peu près bornées aux connaissances que chaque individu peut acquérir par lui-même. Elles vivent ensemble, mais elles pensent presque toujours à part. Comme elles ne peuvent se communiquer qu'un très petit nombre d'idées, elles se copient peu; se copiant peu, elles contribuent faiblement à leur perfection réci-

proque; et, par conséquent, si elles font toujours les mêmes
choses et de la même manière, c'est, comme je l'ai fait voir,
parce qu'elles obéissent chacune aux mêmes besoins.

Mais si les bêtes pensent, si elles se font connaître quelques-
uns de leurs sentiments, enfin, s'il y en a qui entendent quelque
peu notre langage, en quoi donc diffèrent-elles de l'homme ?
N'est-ce que du plus au moins ?

Je réponds que dans l'impuissance où nous sommes de
connaître la nature des êtres, nous ne pouvons juger d'eux que
par leurs opérations. C'est pourquoi nous voudrions vainement
trouver le moyen de marquer à chacun ses limites ; nous ne
verrons jamais entre eux que du plus ou du moins. C'est ainsi que
l'homme nous paraît différer de l'ange, et l'ange de Dieu même,
mais de l'ange à Dieu la distance est infinie ; tandis que de
l'homme à l'ange elle est très considérable, et sans doute plus
grande encore de l'homme à la bête.

Cependant, pour marquer ces différences, nous n'avons que
des idées vagues et des expressions figurées, *plus*, *moins*, *distance*. Aussi je n'entreprends pas d'expliquer ces choses. Je ne
fais pas un système de la nature des êtres, parce que je ne la
connais pas ; j'en fais un de leurs opérations, parce que je crois
les connaître. Or ce n'est pas dans le principe qui les constitue
chacun ce qu'ils sont, c'est seulement dans leurs opérations
qu'ils paraissent ne différer que du plus au moins ; et de cela seul
il faut conclure qu'ils diffèrent par leur essence. Celui qui a le
moins n'a pas sans doute dans sa nature de quoi avoir le plus. La
bête n'a pas dans sa nature de quoi devenir homme, comme
l'ange n'a pas dans sa nature de quoi devenir Dieu.

Cependant, lorsqu'on fait voir les rapports qui sont entre nos
opérations et celles des bêtes, il y a des hommes qui s'épou-
vantent. Ils croient que c'est nous confondre avec elles ; et ils leur
refusent le sentiment et l'intelligence, quoiqu'ils ne puissent leur
refuser ni les organes qui en sont le principe mécanique, ni les
actions qui en sont les effets. On croirait qu'il dépend d'eux
de fixer l'essence de chaque être. Livrés à leurs préjugés, ils
appréhendent de voir la nature telle qu'elle est. Ce sont des

enfants qui, dans les ténèbres, s'effraient des fantômes que l'imagination leur présente.

CHAPITRE V
De l'instinct et de la raison

On dit communément que les animaux sont bornés à l'instinct et que la raison est le partage de l'homme. Ces deux mots *instinct* et *raison*, qu'on n'explique point, contentent tout le monde et tiennent lieu d'un système raisonné.

L'instinct n'est rien, ou c'est un commencement de connaissance ; car les actions des animaux ne peuvent dépendre que de trois principes : ou d'un pur mécanisme, ou d'un sentiment aveugle, qui ne compare point, qui ne juge point, ou d'un sentiment qui compare, qui juge et qui connaît [1]. Or, j'ai démontré que les deux premiers principes sont absolument insuffisants.

Mais quel est le degré de connaissance qui constitue l'instinct ? C'est une chose qui doit varier suivant l'organisation des animaux. Ceux qui ont un plus grand nombre de sens et de besoins, ont plus souvent occasion de faire des comparaisons et de porter des jugements. Ainsi leur instinct est un plus grand degré de connaissance. Il n'est pas possible de le déterminer : il y a même du plus ou du moins d'un individu à l'autre dans une même espèce. Il ne faut donc pas se contenter de regarder l'instinct comme un principe qui dirige l'animal d'une manière tout à fait cachée ; il ne faut pas se contenter de comparer toutes les actions des bêtes à ces mouvements que nous faisons, dit-on, machinalement, comme si ce mot *machinalement* expliquait tout. Mais recherchons comment se font ces mouvements, et nous nous ferons une idée exacte de ce que nous appelons *instinct*.

Si nous ne voulons voir et marcher que pour nous transporter d'un lieu dans un autre, il ne nous est pas toujours nécessaire d'y réfléchir : nous ne voyons et nous ne marchons souvent que par

---

1. « Il me semble, dit M. de Buffon, que le principe de la connaissance n'est point celui du sentiment » (Tome IV, p. 78 ; 340 A, 58-59). En effet, c'est ce qu'il suppose partout.

habitude. Mais si nous voulons démêler plus de choses dans les objets, si nous voulons marcher avec plus de grâce, c'est à la réflexion à nous instruire ; et elle réglera nos facultés jusqu'à ce que nous nous soyons fait une habitude de cette nouvelle manière de voir et de marcher. Il ne lui restera alors d'exercice qu'autant que nous aurons à faire ce que nous n'avons point encore fait, qu'autant que nous aurons de nouveaux besoins, ou que nous voudrons employer de nouveaux moyens pour satisfaire à ceux que nous avons.

Ainsi il y a en quelque sorte deux *moi* dans chaque homme le moi d'habitude et le moi de réflexion. C'est le premier qui touche, qui voit ; c'est lui qui dirige toutes les facultés animales. Son objet est de conduire le corps, de le garantir de tout accident, et de veiller continuellement à sa conservation.

Le second, lui abandonnant tous ces détails, se porte à d'autres objets. Il s'occupe du soin d'ajouter à notre bonheur. Ses succès multiplient ses désirs, ses méprises les renouvellent avec plus de force : les obstacles sont autant d'aiguillons, la curiosité le meut sans cesse, l'industrie fait son caractère. Celui-là est tenu en action par les objets dont les impressions reproduisent dans l'âme les idées, les besoins et les désirs qui déterminent dans le corps les mouvements correspondants, nécessaires à la conservation de l'animal. Celui-ci est excité par toutes les choses qui, en nous donnant de la curiosité, nous portent à multiplier nos besoins.

Mais, quoiqu'ils tendent chacun à un but particulier, ils agissent souvent ensemble. Lorsqu'un géomètre, par exemple, est fort occupé de la solution d'un problème, les objets continuent encore d'agir sur ses sens. Le moi d'habitude obéit donc à leurs impressions : c'est lui qui traverse Paris, qui évite les embarras, tandis que le moi de réflexion est tout entier à la solution qu'il cherche.

Or retranchons d'un homme fait le moi de réflexion, on conçoit qu'avec le seul moi d'habitude, il ne saura plus se conduire, lorsqu'il éprouvera quelqu'un de ces besoins qui demandent de nouvelles vues et de nouvelles combinaisons. Mais il se conduira encore parfaitement bien toutes les fois qu'il n'aura qu'à répéter ce qu'il est dans l'usage de faire. Le moi d'habitude suffit donc aux besoins qui sont absolument nécessaires à la conservation de l'animal. Or l'instinct n'est que cette habitude privée de réflexion.

À la vérité, c'est en réfléchissant que les bêtes l'acquièrent ; mais, comme elles ont peu de besoins, le temps arrive bientôt où elles ont fait tout ce que la réflexion a pu leur apprendre. Il ne leur reste plus qu'à répéter tous les jours les mêmes choses : elles doivent donc n'avoir enfin que des habitudes, elles doivent être bornées à l'instinct.

La mesure de réflexion que nous avons au-delà de nos habitudes est ce qui constitue notre raison. Les habitudes ne suffisent que lorsque les circonstances sont telles qu'on n'a qu'à répéter ce qu'on a appris. Mais, s'il faut se conduire d'une manière nouvelle, la réflexion devient nécessaire, comme elle l'a été dans l'origine des habitudes, lorsque tout ce que nous faisions était nouveau pour nous.

Ces principes étant établis, il est aisé de voir pourquoi l'instinct des bêtes est quelquefois plus sûr que notre raison, et même que nos habitudes.

Ayant peu de besoins, elles ne contractent qu'un petit nombre d'habitudes ; faisant toujours les mêmes choses, elles les font mieux.

Leurs besoins ne demandent que des considérations qui ne sont pas bien étendues, qui sont toujours les mêmes, et sur lesquelles elles ont une longue expérience. Dès qu'elles y ont réfléchi, elles n'y réfléchissent plus : tout ce qu'elles doivent faire est déterminé, et elles se conduisent sûrement.

Nous avons au contraire beaucoup de besoins, et il est nécessaire que nous ayons égard à une foule de considérations qui varient suivant les circonstances. De là il arrive : 1) qu'il nous faut un plus grand nombre d'habitudes ; 2) que ces habitudes ne peuvent être entretenues qu'aux dépens les unes des autres ; 3) que n'étant pas en proportion avec la variété des circonstances, la raison doit venir au secours ; 4) que, la raison nous étant donnée pour corriger nos habitudes, les étendre, les perfectionner, et pour s'occuper non seulement des choses qui ont rapport à nos besoins les plus pressants, mais souvent encore de celles auxquelles nous prenons les plus légers intérêts, elle a un objet fort vaste et auquel la curiosité, ce besoin insatiable de connaissances, ne permet pas de mettre des bornes.

L'instinct est donc plus en proportion avec les besoins des bêtes que la raison ne l'est avec les nôtres; et c'est pourquoi il paraît ordinairement si sûr.

Mais il ne faut pas le croire infaillible. Il ne saurait être formé d'habitudes plus sûres que celles que nous avons de voir, d'entendre, etc.; habitudes qui ne sont si exactes, que parce que les circonstances qui les produisent sont en petit nombre, toujours les mêmes, et qu'elles se répètent à tout instant. Cependant elles nous trompent quelquefois. L'instinct trompe donc aussi les bêtes.

Il est d'ailleurs infiniment inférieur à notre raison. Nous l'aurions cet instinct, et nous n'aurions que lui, si notre réflexion était aussi bornée que celle des bêtes. Nous jugerions aussi sûrement, si nous jugions aussi peu qu'elles. Nous ne tombons dans plus d'erreurs, que parce que nous acquérons plus de connaissances. De tous les êtres créés, celui qui est le moins fait pour se tromper est celui qui a la plus petite portion d'intelligence.

Cependant, nous avons un instinct puisque nous avons des habitudes, et il est le plus étendu de tous. Celui des bêtes n'a pour objet que des connaissances pratiques: il ne se porte point à la théorie; car la théorie suppose une méthode, c'est-à-dire, des signes commodes pour déterminer les idées, pour les disposer avec ordre et pour en recueillir les résultats.

Le nôtre embrasse la pratique et la théorie: c'est l'effet d'une méthode devenue familière. Or, tout homme, qui parle une langue, a une manière de déterminer ses idées, de les arranger, et d'en saisir les résultats: il a une méthode plus ou moins parfaite. En un mot, l'instinct des bêtes ne juge que de ce qui est bon pour elles, il n'est que pratique. Le nôtre juge non seulement de ce qui est bon pour nous, il juge encore de ce qui est vrai et de ce qui est beau: nous le devons tout à la fois à la pratique et à la théorie.

En effet, à force de répéter les jugements de ceux qui veillent à notre éducation, ou de réfléchir de nous-mêmes sur les connaissances que nous avons acquises, nous contractons une si grande habitude de saisir les rapports des choses que nous pressentons quelquefois la vérité avant d'en avoir saisi la démonstration. Nous la discernons par instinct.

Cet instinct caractérise surtout les esprits vifs, pénétrants et étendus : il leur ouvre souvent la route qu'ils doivent prendre ; mais c'est un guide peu sûr si la raison n'en éclaire tous les pas.

Cependant, il est si naturel de fléchir sous le poids de ses habitudes qu'on se méfie rarement des jugements qu'il fait porter. Aussi les faux pressentiments règnent-ils sur tous les peuples ; l'imitation les consacre d'une génération à l'autre et l'histoire même de la philosophie n'est bien souvent que le tissu des erreurs où ils ont jeté les philosophes.

Cet instinct n'est guère plus sûr lorsqu'il juge du beau ; la raison en sera sensible, si on fait deux observations. La première, c'est qu'il est le résultat de certains jugements que nous nous sommes rendus familiers, qui, par cette raison, se sont transformés en ce que nous appelons *sentiment*, *goût* ; en sorte que sentir ou goûter la beauté d'un objet n'a été dans les commencements que juger de lui par comparaison avec d'autres.

La seconde, c'est que livrés dès l'enfance à mille préjugés, élevés dans toutes sortes d'usages et, par conséquent, dans bien des erreurs, le caprice préside plus que la raison aux jugements dont les hommes se font une habitude.

Cette dernière observation n'a pas besoin d'être prouvée : mais, pour être convaincu de la première, il suffit de considérer ceux qui s'appliquent à l'étude d'un art qu'ils ignorent. Quand un peintre, par exemple, veut former un élève, il lui fait remarquer la composition, le dessin, l'expression et le coloris des tableaux qu'il lui montre. Il les lui fait comparer sous chacun de ces rapports : il lui dit pourquoi la composition de celui-ci est mieux ordonnée, le dessin plus exact, pourquoi cet autre est d'une expression plus naturelle, d'un coloris plus vrai ; l'élève prononce ses jugements d'abord avec lenteur, peu à peu il s'en fait une habitude ; enfin, à la vue d'un nouveau tableau, il les répète de lui-même si rapidement qu'il ne paraît pas juger de sa beauté : il la sent, il la goûte.

Mais le goût dépend surtout des premières impressions qu'on a reçues, et il change d'un homme à l'autre, suivant que les circonstances font contracter des habitudes différentes. Voilà l'unique cause de la variété qui règne à ce sujet. Cependant, nous obéissons si naturellement à notre instinct, nous en répétons si naturellement les jugements, que nous n'imaginons pas qu'il y ait deux façons de sentir. Chacun est prévenu que son sentiment est la mesure de celui des autres. Il ne croit pas qu'on puisse prendre du plaisir à une chose qui ne lui en fait point : il pense qu'on a tout au plus sur lui l'avantage de juger froidement qu'elle est belle ; et encore est-il persuadé que ce jugement est bien peu fondé. Mais, si nous savions que le sentiment n'est dans son origine qu'un jugement fort lent, nous reconnaîtrions que ce qui n'est pour nous que jugement peut être devenu sentiment pour les autres.

C'est là une vérité qu'on aura bien de la peine à adopter. Nous croyons avoir un goût naturel, inné, qui nous rend juges de tout, sans avoir rien étudié. Ce préjugé est général et il devait l'être : trop de gens sont intéressés à le défendre. Les philosophes mêmes s'en accommodent, parce qu'il répond à tout et qu'il ne demande point de recherches. Mais, si nous avons appris à voir, à entendre, etc., comment le goût, qui n'est que l'art de bien voir, de bien entendre, etc., ne serait-il pas une qualité acquise ? Ne nous y trompons pas : le génie n'est, dans son origine, qu'une grande disposition pour apprendre à sentir ; le goût n'est que le partage de ceux qui ont fait une étude des arts, et les grands connaisseurs sont aussi rares que les grands artistes.

Les réflexions que nous venons de faire sur l'instinct et sur la raison démontrent combien l'homme est à tous égards supérieur aux bêtes. On voit que l'instinct n'est sûr qu'autant qu'il est borné ; et que si, étant plus étendu, il occasionne des erreurs, il a l'avantage d'être d'un plus grand secours, de conduire à des découvertes plus grandes et plus utiles, et de trouver dans la raison un surveillant qui l'avertit et qui le corrige.

L'instinct des bêtes ne remarque dans les objets qu'un petit nombre de propriétés. Il n'embrasse que des connaissances pratiques ; par conséquent, il ne fait point ou presque point d'abstractions. Pour fuir ce qui leur est contraire, pour rechercher ce qui leur est propre, il n'est pas nécessaire qu'elles décomposent les choses qu'elles craignent ou qu'elles désirent. Ont-elles faim, elles ne considèrent pas séparément les qualités et les aliments : elles cherchent seulement telle ou telle nourriture. N'ont-elles plus faim, elles ne s'occupent plus des aliments ni des qualités.

Dès qu'elles forment peu d'abstractions, elles ont peu d'idées générales : presque tout n'est qu'individu pour elles. Par la nature de leurs besoins, il n'y a que les objets extérieurs qui puissent les intéresser. Leur instinct les entraîne toujours au-dehors, et nous ne découvrons rien qui puisse les faire réfléchir sur elles pour observer ce qu'elles sont.

L'homme, au contraire, capable d'abstractions de toute espèce, peut se comparer avec tout ce qui l'environne. Il rentre en lui-même, il en sort ; son être et la nature entière deviennent les objets de ses observations ; ses connaissances se multiplient : les arts et les sciences naissent, et ne naissent que pour lui.

Voilà un champ bien vaste ; mais je ne donnerai ici que deux exemples de la supériorité de l'homme sur les bêtes : l'un sera tiré de la connaissance de la Divinité, l'autre de la connaissance de la morale.

CHAPITRE VI
Comment l'homme acquiert la connaissance de Dieu [1]

L'idée de Dieu est le grand argument des philosophes qui croient aux idées innées [a]. C'est dans la nature même de cet être

---

1. Ce chapitre est presque tiré tout entier d'une Dissertation que j'ai faite, il y a quelques années, qui est imprimée dans un recueil de l'académie de Berlin, et à laquelle je n'ai pas mis mon nom. [Il s'agit de la *Dissertation sur les Monades* publiée dans l'anonymat en 1748, en réponse au concours sur les monades lancé par l'Académie de Berlin en 1746-1747. Le présent chapitre est la reprise, le plus souvent littérale, du chapitre IX de la IIe partie de la *Dissertation*].

a. Cf. Descartes, IIIe et Ve *Méditations métaphysiques*.

qu'ils voient son existence ; car l'essence de toutes choses se dévoile à leurs yeux. Comment y aurait-il donc des hommes assez aveugles pour ne connaître les objets que par les rapports qu'ils ont à nous ? Comment ces natures, ces essences, ces déterminations premières, ces choses, en un mot, auxquelles on donne tant de noms, nous échapperaient-elles, si on pouvait les saisir d'une main si assurée ?

Encore enfants, nous n'apercevons dans les objets que des qualités relatives à nous ; s'il nous est possible de découvrir les essences, on conviendra du moins qu'il y faut une longue expérience soutenue de beaucoup de réflexion, et les philosophes reconnaîtront que ce n'est pas là une connaissance d'enfant. Mais puisqu'ils ont été dans l'enfance, ils ont été ignorants comme nous. Il faut donc les observer, remarquer les secours qu'ils ont eus, voir comment ils se sont élevés d'idées en idées, et saisir comment ils ont passé de la connaissance de ce que les choses sont par rapport à nous, à la connaissance de ce qu'elles sont en elles-mêmes. S'ils ont franchi ce passage, nous pourrons les suivre et nous deviendrons à cet égard adultes comme eux : s'ils ne l'ont pas franchi, il faut qu'ils redeviennent enfants avec nous.

Mais tous leurs efforts sont vains, le *Traité des sensations* l'a démontré ; et je crois qu'on sera bientôt convaincu que la connaissance que nous avons de la Divinité ne s'étend pas jusqu'à sa nature. Si nous connaissions l'essence de l'Être infini, nous connaîtrions sans doute l'essence de tout ce qui existe. Mais s'il ne nous est connu que par les rapports qu'il a avec nous, ces rapports prouvent invinciblement son existence.

Plus une vérité est importante, plus on doit avoir soin de ne l'appuyer que sur de solides raisons. L'existence de Dieu en est une, contre laquelle s'émoussent tous les traits des athées. Mais si nous l'établissons sur de faibles principes, n'est-il pas à craindre que l'incrédule ne s'imagine avoir sur la vérité même un avantage qu'il n'aurait que sur nos frivoles raisonnements, et que cette fausse victoire ne le retienne dans l'erreur ? N'est-il pas à craindre qu'il ne nous dise comme aux Cartésiens : *à quoi servent des principes métaphysiques, qui portent sur des hypothèses toutes gratuites ? Croyez-vous raisonner d'après une notion fort exacte, lorsque vous parlez de l'idée d'un être infiniment parfait, comme d'une idée qui renferme une infinité de réalités ? N'y reconnaissez-vous pas l'ouvrage de votre imagination, et ne voyez-vous pas que vous supposez ce que vous avez dessein de prouver ?*

La notion la plus parfaite que nous puissions avoir de la Divinité n'est pas infinie. Elle ne renferme, comme toute idée complexe, qu'un certain nombre d'idées partielles. Pour se former cette notion, et pour démontrer en même temps l'existence de Dieu, il est, ce me semble, un moyen bien simple : c'est de chercher par quels progrès et par quelle suite de réflexions l'esprit peut acquérir les idées qui la composent, et sur quels fondements il peut les réunir. Alors les athées ne pourront pas nous opposer que nous raisonnons d'après des idées imaginaires, et nous verrons combien leurs efforts sont vains pour soutenir des hypothèses qui tombent d'elles-mêmes. Commençons.

Un concours de causes m'a donné la vie ; par un concours pareil les moments m'en sont précieux ou à charge ; par un autre elle me sera enlevée : je ne saurais douter non plus de ma dépendance que de mon existence. Les causes qui agissent immédiatement sur moi seraient-elles les seules dont je dépends ? Je ne suis donc heureux ou malheureux que par elles et je n'ai rien à attendre d'ailleurs.

Telle a pu être, ou à peu près, la première réflexion des hommes, quand ils commencèrent à considérer les impressions agréables et désagréables qu'ils reçoivent de la part des objets. Ils virent leur bonheur ou leur malheur au pouvoir de tout ce qui agissait sur eux. Cette connaissance les humilia devant tout ce qui est, et les objets dont les impressions étaient plus sensibles furent leurs premières divinités. Ceux qui s'arrêtèrent sur cette notion grossière et qui ne surent pas remonter à une première cause, incapables de donner dans les subtilités rnétaphysiques des athées, ne songèrent jamais à révoquer en doute la puissance, l'intelligence et la liberté de leurs dieux. Le culte de tous les idolâtres en est la preuve. L'homme n'a commencé à combattre la divinité que quand il était plus fait pour la connaître. Le polythéisme prouve donc combien nous sommes tous convaincus de notre dépendance ; et pour le détruire, il suffit de ne pas s'arrêter à la première notion qui en a été le principe. Je continue donc.

Quoi ! Je dépendrais uniquement des objets qui agissent immédiatement sur moi ! Ne vois-je donc pas qu'à leur tour ils obéissent à l'action de tout ce qui les environne ? L'air m'est salutaire ou nuisible par les exhalaisons qu'il reçoit de la terre. Mais quelle vapeur celle-ci ferait-elle sortir de son sein, si elle n'était pas échauffée par le soleil ? Quelle cause a, de ce dernier, fait un corps tout en feu ? Cette cause en reconnaîtra-t-elle encore une autre ? Ou, pour ne m'arrêter nulle part, admettrai-je une progression d'effets à l'infini, sans une première cause ? Il y aurait donc proprement une infinité d'effets sans cause, évidente contradiction !

Ces réflexions, en donnant l'idée d'un premier principe, en démontrent en même temps l'existence. On ne peut donc pas soupçonner cette idée d'être du nombre de celles qui n'ont de réalité que dans l'imagination. Les philosophes qui l'ont rejetée ont été la dupe du plus vain langage. Le hasard n'est qu'un mot, et le besoin qu'ils en ont pour bâtir leurs systèmes prouve combien il est nécessaire de reconnaître un premier principe.

Quels que soient les effets que je considère, ils me conduisent tous à une première cause qui en dispose ou qui les arrange, soit immédiatement, soit par l'entremise de quelques causes secondes. Mais son action aurait-elle pour terme des êtres qui existeraient par eux-mêmes ou des êtres qu'elle aurait tirés du néant ? Cette question paraît peu nécessaire, si on accorde le point le plus important que nous en dépendons. En effet, quand j'existerais par moi-même, si je ne me sens que par les perceptions que cette cause me procure, ne fait-elle pas mon bonheur ou mon malheur ? Qu'importe que j'existe, si je suis incapable de me sentir ? Et proprement l'existence de ce que j'appelle *moi*, où commence-t-elle, si ce n'est au moment où je commence d'en avoir conscience ? Mais supposons que le premier principe ne fasse que modifier des êtres qui existent par eux-mêmes, et voyons si cette hypothèse se peut soutenir.

Un être ne peut exister, qu'il ne soit modifié d'une certaine manière. Ainsi dans la supposition que tous les êtres existent par eux-mêmes, ils ont aussi par eux-mêmes telle et telle modification[a]; en sorte que les modifications suivent nécessairement de la même nature dont on veut que leur existence soit l'effet.

Or, si le premier principe ne peut rien sur l'existence des êtres, il y aurait contradiction qu'il pût leur enlever les modifications, qui sont, conjointement avec leur existence, des effets nécessaires d'une même nature. Que, par exemple, A, B, C, qu'on suppose exister par eux-mêmes, soient en conséquence dans certains rapports, celui qui n'a point de pouvoir sur leur existence n'en a point sur ces rapports, il ne les peut changer : car un être ne peut rien sur un effet qui dépend d'une cause hors de sa puissance.

Si un corps par sa nature existe rond, il ne deviendra donc carré que lorsque sa même nature le fera exister carré ; et celui qui ne peut lui ôter l'existence ne peut lui ôter la rondeur pour lui donner une autre figure. De même, si par ma nature j'existe avec une sensation agréable, je n'en éprouverai une désagréable qu'autant que ma nature changera ma manière d'exister. En un mot, modifier un être, c'est changer sa manière d'exister : or, s'il est indépendant quant à son existence, il l'est quant à la manière dont il existe.

Concluons que le principe qui arrange toutes choses est le même que celui qui donne l'existence. Voilà la création. Elle n'est à notre égard que l'action d'un premier principe, par laquelle les êtres de non-existants deviennent existants. Nous ne saurions nous en faire une idée plus parfaite ; mais ce n'est pas une raison pour la nier, comme quelques philosophes l'ont prétendu.

Un aveugle-né niait la possibilité de la lumière, parce qu'il ne la pouvait pas comprendre, et il soutenait que, pour nous conduire, nous ne pouvons avoir que des secours à peu près semblables aux siens. Vous m'assurez, disait-il, que les ténèbres où je suis ne sont qu'une privation de ce que vous appelez lumière ;

---

a. *tel et tel mode*, c'est-à-dire, telle ou telle propriété, action ou rapport, qui fait que l'être considéré est ceci ou cela dans son existence.

vous convenez qu'il n'y a personne qui ne puisse se trouver dans les mêmes ténèbres : supposons donc, ajoutait-il, que tout le monde y fût actuellement, il ne sera pas possible que la lumière se reproduise jamais ; car l'être ne saurait provenir de sa privation, ou ne saurait tirer quelque chose du néant.

Les athées sont dans le cas de cet aveugle. Ils voient les effets ; mais n'ayant point d'idée d'une action créatrice, ils la nient pour y substituer des systèmes ridicules. Ils pourraient également soutenir qu'il est impossible que nous ayons des sensations ; car conçoit-on comment un être, qui ne se sentait point, commence à se sentir ?

Au reste, il n'est pas étonnant que nous ne concevions pas la création, puisque nous n'apercevons rien en nous qui puisse nous servir de modèle pour nous en faire une idée. Conclure de là qu'elle est impossible, c'est dire que la première cause ne peut pas créer, parce que nous ne le pouvons pas nous-mêmes : c'est encore un coup le cas de l'aveugle qui nie l'existence de la lumière.

Dès qu'il est démontré qu'une cause ne peut rien sur un être auquel elle n'a pas donné l'existence, le système d'Épicure[a] est détruit, puisqu'il suppose que des substances qui existent chacune par elles-mêmes, agissent cependant les unes sur les autres. Il ne reste pour ressource aux athées, que de dire que toutes choses émanent nécessairement d'un premier principe, comme d'une cause aveugle et sans dessein. Voilà, en effet, où ils ont réuni tous leurs efforts. Il faut donc développer les idées d'intelligence et de liberté, et voir sur quel fondement on les peut joindre aux premières.

Tout est présent au premier principe, puisque, dans la supposition même des athées, tout est renfermé dans son essence. Si tout lui est présent, il est partout, il est de tous les temps ; il est immense, éternel. Il n'imagine donc pas comme nous, et toute son intelligence, s'il en a, consiste à concevoir. Mais il y a encore

---

a. Dans le système d'Épicure, les atomes sont insécables et immuables ; en se choquant dans le vide éternel, ils finissent par engendrer des mondes.

bien de la différence entre sa manière de concevoir et la nôtre : 1) ses idées n'ont pas la même origine ; 2) il ne les forme pas les unes des autres par une espèce de génération ; 3) il n'a pas besoin de signes pour les arranger dans sa mémoire : il n'a pas même de mémoire, puisque tout lui est présent ; 4) il ne s'élève pas de connaissances en connaissances par différents progrès. Il voit donc à la fois tous les êtres, tant possibles qu'existants ; il en voit dans un même instant la nature, toutes les propriétés, toutes les combinaisons et tous les phénomènes qui doivent en résulter. C'est de la sorte qu'il doit être intelligent ; mais comment s'assurer qu'il l'est ? Il n'y a qu'un moyen. Les mêmes effets qui nous ont conduit à cette première cause, nous feront connaître ce qu'elle est quand nous réfléchirons sur ce qu'ils sont eux-mêmes.

Considérons les êtres qu'elle a arrangés (je dis *arrangés*, car il n'est pas nécessaire pour prouver son intelligence de supposer qu'elle ait créé). Peut-on voir l'ordre des parties de l'univers, la subordination qui est entre elles et comment tant de choses différentes forment un tout si durable, et rester convaincu que l'univers a pour cause un principe qui n'a aucune connaissance de ce qu'il produit, qui, sans dessein, sans vue, rapporte cependant chaque être à des fins particulières subordonnées à une fin générale ? Si l'objet est trop vaste, qu'on jette les yeux sur le plus vil insecte. Que de finesse ! Que de beauté ! Que de magnificence dans les organes ! Que de précautions dans le choix des armes, tant offensives que défensives ! Que de sagesse dans les moyens dont il a été pourvu à sa subsistance ! Mais, pour observer quelque chose qui nous est plus intime, ne sortons pas de nous-mêmes. Que chacun considère avec quel ordre les sens concourent à sa conservation, comment il dépend de tout ce qui l'environne et tient à tout par des sentiments de plaisir ou de douleur. Qu'il remarque comment ses organes sont faits pour lui transmettre des perceptions, son âme pour opérer sur ces perceptions, en former tous les jours de nouvelles idées, et acquérir une intelligence qu'elle ose refuser au premier être. Il conclura sans doute que celui qui nous enrichit de tant de sensations différentes connaît le présent qu'il nous fait ; qu'il ne donne point à l'âme la faculté d'opérer sur ses sensations sans savoir ce qu'il lui donne ; que l'âme ne peut, par l'exercice de ses opérations, acquérir de l'intelligence qu'il n'ait lui-même une idée de cette intelligence ; qu'en un mot il connaît le système par lequel toutes nos facultés naissent du sentiment et que, par conséquent, il nous a formés avec connaissance et avec dessein.

Mais son intelligence doit être telle que je l'ai dit, c'est-à-dire, qu'elle doit tout embrasser d'un même coup d'œil. Si quelque chose lui échappait, ne fût-ce que pour un instant, le désordre détruirait son ouvrage.

Notre liberté renferme trois choses : 1) quelque connaissance de ce que nous devons ou ne devons pas faire ; 2) la détermination de la volonté, mais une détermination qui soit à nous et qui ne soit pas l'effet d'une cause plus puissante ; 3) le pouvoir de faire ce que nous voulons.

Si notre esprit était assez étendu et assez vif pour embrasser d'une simple vue les choses selon tous les rapports qu'elles ont à nous, nous ne perdrions pas de temps à délibérer. Connaître et se déterminer ne supposeraient qu'un seul et même instant. La délibération n'est donc qu'une suite de notre limitation et de notre ignorance, et elle n'est non plus nécessaire[a] à la liberté que l'ignorance même. La liberté de la première cause, si elle a lieu, renferme donc, comme la nôtre, connaissance, détermination de la volonté et pouvoir d'agir ; mais elle en diffère en ce qu'elle exclut toute délibération.

Plusieurs philosophes ont regardé la dépendance où nous sommes du premier être comme un obstacle à notre liberté. Ce n'est pas le lieu de réfuter cette erreur ; mais, puisque le premier être est indépendant, rien n'empêche qu'il ne soit libre : car nous trouvons dans les attributs de puissance et d'indépendance, que les athées ne peuvent lui refuser, et dans celui d'intelligence, que nous avons prouvé lui convenir, tout ce qui constitue la liberté. En effet, on y trouve connaissance, détermination et pouvoir d'agir. Cela est si vrai, que ceux qui ont voulu nier la liberté de la

---

a. *pas plus nécessaire*

première cause ont été obligés, pour raisonner conséquemment, de lui refuser l'intelligence.

Cet être, comme intelligent, discerne le bien et le mal, juge du mérite et du démérite, apprécie tout : comme libre, il se détermine et agit en conséquence de ce qu'il connaît. Ainsi, de son intelligence et de sa liberté naissent sa bonté, sa justice et sa miséricorde, sa providence en un mot.

Le premier principe connaît et agit de manière qu'il ne passe pas de pensées en pensées, de desseins en desseins. Tout lui est présent, comme nous l'avons dit ; et par conséquent c'est dans un instant qui n'a point de succession, qu'il jouit de toutes ses idées, qu'il forme tous ses ouvrages. Il est permanemment, et tout à la fois tout ce qu'il peut être, il est immuable ; mais s'il crée par une action qui n'a ni commencement ni fin, comment les choses commencent-elles ? Comment peuvent-elles finir ?

C'est que les créatures sont nécessairement limitées ; elles ne sauraient être à la fois tout ce qu'elles peuvent être : il faut qu'elles éprouvent des changements successifs, il faut qu'elles durent et, par conséquent, il faut qu'elles commencent et qu'elles puissent finir.

Mais, s'il est nécessaire que tout être limité dure, il ne l'est pas que la succession soit absolument la même dans tous, en sorte que la durée de l'un réponde à la durée de l'autre, instants pour instants. Quoique le monde et moi nous soyons créés dans la même éternité, nous avons chacun notre propre durée. Il dure par la succession de ses modes, je dure par la succession des miens ; et parce que ces deux successions peuvent être l'une sans l'autre, il a duré sans moi, je pourrais durer sans lui, et nous pourrions finir tous deux.

Il suffit donc de réfléchir sur la nature de la durée pour apercevoir, autant que notre faible vue peut le permettre, comment le premier principe, sans altérer son immutabilité, est libre de faire naître ou mourir les choses plus tôt ou plus tard. Cela vient uniquement du pouvoir qu'il a de changer la succession des modes de chaque substance. Que, par exemple, l'ordre de l'univers eût été tout autre, le monde, comme on l'a prouvé ailleurs[1], compterait des millions d'années, ou seulement quelques minutes, et c'est une suite de l'ordre établi que chaque chose naisse et meure dans le temps. La première cause est donc libre, parce qu'elle produit dans les créatures telle variation et telle succession qui lui plaît ; et elle est immuable, parce qu'elle fait tout cela dans un instant qui coexiste à toute la durée des créatures.

La limitation des créatures nous fait concevoir qu'on peut toujours leur ajouter quelque chose. On pourrait, par exemple, augmenter l'étendue de notre esprit, en sorte qu'il aperçût tout à la fois cent idées, mille ou davantage, comme il en aperçoit actuellement deux. Mais, par la notion que nous venons de nous faire du premier être, nous ne concevons pas qu'on puisse rien lui ajouter. Son intelligence, par exemple, ne saurait s'étendre à de nouvelles idées ; elle embrasse tout. Il en est de même de ses autres attributs, chacun d'eux est infini.

Il y a un premier principe ; mais n'y en a-t-il qu'un ? Y en aurait-il deux, ou même davantage ? Examinons encore ces hypothèses.

S'il y a plusieurs premiers principes, ils sont indépendants ; car ceux qui seraient subordonnés ne seraient pas premiers ; mais de là il s'ensuit : 1) qu'ils ne peuvent agir les uns sur les autres ; 2) qu'il ne peut y avoir aucune communication entre eux ; 3) que chacun d'eux existe à part, sans savoir seulement que d'autres existent ; 4) que la connaissance et l'action de chacun se borne à son propre ouvrage ; 5) enfin que, n'y ayant point de subordination entre eux, il ne saurait y en avoir entre les choses qu'ils produisent.

Ce sont là autant de vérités incontestables ; car il ne peut y avoir de communication entre deux êtres qu'autant qu'il y a quelque action de l'un à l'autre. Or, un être ne peut voir et agir qu'en lui-même, parce qu'il ne peut l'un et l'autre que là où il est. Sa vue et son action ne peuvent avoir d'autre terme que sa propre substance, et l'ouvrage qu'elle renferme. Mais l'indépendance

1. *Traité des sensations*, Ire Partie, chap. 4, § 18.

où seraient plusieurs premiers principes les mettrait nécessairement les uns hors des autres; car l'un ne pourrait être dans l'autre, ni comme partie, ni comme ouvrage. Il n'y aurait donc entre eux ni connaissance, ni action réciproque; ils ne pourraient ni concourir, ni se combattre; enfin chacun se croirait seul et ne soupçonnerait pas qu'il eût des égaux.

Il n'y a donc qu'un premier principe par rapport à nous et à toutes les choses que nous connaissons, puisqu'elles ne forment avec nous qu'un seul et même tout. Concluons même qu'il n'y en a qu'un absolument : que serait-ce, en effet, que deux premiers principes, dont l'un serait où l'autre ne serait pas, verrait et pourrait ce dont l'autre n'aurait aucune connaissance et sur quoi il n'aurait aucun pouvoir ? Mais il est inutile de s'arrêter à une supposition ridicule, que personne ne défend, qui n'était pas même venue encore dans l'esprit d'aucun philosophe, et qui semble la seule absurdité qui leur ait échappé. En effet, on n'a jamais admis plusieurs premiers principes, que pour les faire concourir à un même ouvrage : or j'ai prouvé que ce concours est impossible.

Une cause première, indépendante, unique, immense, éternelle, toute-puissante, immuable, intelligente, libre, et dont la providence s'étend à tout : voilà la notion la plus parfaite que nous puissions, dans cette vie, nous former de Dieu. À la rigueur, l'athéisme pourrait être caractérisé par le retranchement d'une seule de ces idées; mais la société, considérant plus particulièrement la chose par rapport à l'effet moral, n'appelle athées que ceux qui nient la puissance, l'intelligence, la liberté ou, en un mot, la providence de la première cause. Si nous nous conformons à ce langage, je ne puis croire qu'il y ait des peuples athées. Je veux qu'il y en ait qui n'aient aucun culte, et qui même n'aient point de nom qui réponde à celui de Dieu. Mais est-il un homme, pour peu qu'il soit capable de réflexion, qui ne remarque sa dépendance, et qui ne se sente naturellement porté à craindre et à respecter les êtres dont il croit dépendre ? Dans les moments où il est tourmenté par ses besoins, ne s'humiliera-t-il pas devant tout ce qui lui paraît la cause de son bonheur ou de son malheur ? Or ces sentiments n'emportent-ils pas que les êtres qu'il craint et qu'il respecte sont puissants, intelligents et libres ? Il a donc déjà sur Dieu les idées les plus nécessaires par rapport à l'effet moral. Que cet homme donne ensuite des noms à ces êtres, qu'il imagine un culte, pourra-t-on dire qu'il ne connaît la Divinité que de ce moment, et que jusque-là il a été athée ? Concluons que la connaissance de Dieu est à la portée de tous les hommes, c'est-à-dire, une connaissance proportionnée à l'intérêt de la société.

CHAPITRE VII
Comment l'homme acquiert la connaissance
des principes de la morale

L'expérience ne permet pas aux hommes d'ignorer combien ils se nuiraient, si chacun, voulant s'occuper de son bonheur aux dépens de celui des autres, pensait que toute action est suffisamment bonne dès qu'elle procure un bien physique à celui qui agit. Plus ils réfléchissent sur leurs besoins, sur leurs plaisirs, sur leurs peines, et sur toutes les circonstances par où ils passent, plus ils sentent combien il leur est nécessaire de se donner des secours mutuels. Ils s'engagent donc réciproquement ; ils conviennent de ce qui sera permis ou défendu, et leurs conventions sont autant de lois auxquelles les actions doivent être subordonnées ; c'est là que commence la moralité.

Dans ces conventions, les hommes ne croiraient voir que leur ouvrage, s'ils n'étaient pas capables de s'élever jusqu'à la Divinité ; mais ils reconnaissent bientôt leur législateur dans cet être suprême qui, disposant de tout, est le seul dispensateur des biens et des maux. Si c'est par lui qu'ils existent et qu'ils se conservent, ils voient que c'est à lui qu'ils obéissent lorsqu'ils se donnent des lois. Ils les trouvent, pour ainsi dire, écrites dans leur nature.

En effet, il nous forme pour la société, il nous donne toutes les facultés nécessaires pour découvrir les devoirs du citoyen. Il veut donc que nous remplissions ces devoirs : certainement il ne pouvait pas manifester sa volonté d'une manière plus sensible. Les lois que la raison nous prescrit, sont donc des lois que Dieu nous impose lui-même; et c'est ici que s'achève la moralité des actions.

Il y a donc une loi naturelle, c'est-à-dire, une loi qui a son fondement dans la volonté de Dieu et que nous découvrons par le seul usage de nos facultés. Il n'est même point d'hommes qui ignorent absolument cette loi : car nous ne saurions former une société, quelque imparfaite qu'elle soit, qu'aussitôt nous ne nous obligions les uns à l'égard des autres. S'il en est qui veulent la méconnaître, ils sont en guerre avec toute la nature, ils sont mal avec eux-mêmes; et cet état violent prouve la vérité de la loi qu'ils rejettent, et l'abus qu'il font de leur raison.

Il ne faut pas confondre les moyens que nous avons pour découvrir cette loi, avec le principe qui en fait toute la force. Nos facultés sont les moyens pour la connaître. Dieu est le seul principe d'où elle émane. Elle était en lui avant qu'il créât l'homme : c'est elle qu'il a consultée lorsqu'il nous a formés, et c'est à elle qu'il a voulu nous assujettir.

Ces principes étant établis, nous sommes capables de mérite ou de démérite envers Dieu même : il est de sa justice de nous punir ou de nous récompenser.

Mais ce n'est pas dans ce monde que les biens et les maux sont proportionnés au mérite ou au démérite. Il y a donc une autre vie où le juste sera récompensé, où le méchant sera puni; et notre âme est immortelle.

Cependant, si nous ne considérons que sa nature, elle peut cesser d'être. Celui qui l'a créée, peut la laisser rentrer dans le néant. Elle ne continuera donc d'exister que parce que Dieu est juste. Mais, par là, l'immortalité lui est aussi assurée que si elle était une suite de son essence.

Il n'y a point d'obligations pour des êtres qui sont absolument dans l'impuissance de connaître des lois. Dieu, ne leur accordant aucun moyen pour se faire des idées du juste et de l'injuste, démontre qu'il n'exige rien d'eux, comme il fait voir tout ce qu'il commande à l'homme, lorsqu'il le doue des facultés qui doivent l'élever à ces connaissances. Rien n'est donc ordonné aux bêtes, rien ne leur est défendu, elles n'ont de règles que la force. Incapables de mérite et de démérite, elles n'ont aucun droit sur la justice divine. Leur âme est donc mortelle.

Cependant cette âme n'est pas matérielle, et on conclura sans doute que la dissolution du corps n'entraîne pas son anéantissement. En effet, ces deux substances peuvent exister l'une sans l'autre ; leur dépendance mutuelle n'a lieu que parce que Dieu le veut, et qu'autant qu'il le veut. Mais l'immortalité n'est naturelle à aucune des deux ; et si Dieu ne l'accorde pas à l'âme des bêtes, c'est uniquement parce qu'il ne la lui doit pas.

Les bêtes souffrent, dira-t-on : or, comment concilier avec la justice divine les peines auxquelles elles sont condamnées ? Je réponds que ces peines leur sont en général aussi nécessaires que les plaisirs dont elles jouissent : c'était le seul moyen de les avertir de ce qu'elles ont à fuir. Si elles éprouvent quelquefois des tourments qui font leur malheur, sans contribuer à leur conservation, c'est qu'il faut qu'elles finissent, et que ces tourments sont d'ailleurs une suite des lois physiques que Dieu a jugé à propos d'établir et qu'il ne doit pas changer pour elles.

Je ne vois donc pas que, pour justifier la providence, il soit nécessaire de supposer avec Malebranche, que les bêtes sont de purs automates. Si nous connaissions les ressorts de la nature, nous découvririons la raison des effets que nous avons le plus de peine à comprendre. Notre ignorance, à cet égard, n'autorise pas à recourir à des systèmes imaginaires ; il serait bien plus sage au philosophe de s'en reposer sur Dieu et sur sa justice.

Concluons que, quoique l'âme des bêtes soit simple comme celle de l'homme, et qu'à cet égard il n'y ait aucune différence entre l'une et l'autre, les facultés que nous avons en partage et la fin à laquelle Dieu nous destine, démontrent que, si nous pouvions pénétrer dans la nature de ces deux substances, nous verrions qu'elles diffèrent infiniment. Notre âme n'est donc pas de la même nature que celle des bêtes.

Les principes que nous avons exposés dans ce chapitre et dans le précédent sont les fondements de la morale et de la religion naturelle. La raison, en les découvrant, prépare aux vérités dont la révélation peut seule nous instruire ; et elle fait voir que la vraie philosophie ne saurait être contraire à la foi.

CHAPITRE VIII
En quoi les passions de l'homme diffèrent de celles des bêtes [1]

Nous avons suffisamment fait voir combien notre connaissance est supérieure à celle des bêtes : il nous reste à chercher en quoi nos passions diffèrent des leurs.

Les bêtes n'ayant pas notre réflexion, notre discernement, notre goût, notre invention, et étant bornées d'ailleurs par la nature à un petit nombre de besoins, il est bien évident qu'elles ne sauraient avoir toutes nos passions.

L'amour-propre [a] est sans doute une passion commune à tous les animaux, et c'est de lui que naissent tous les autres penchants.

Mais il ne faut pas entendre, par cet amour, le désir de se conserver. Pour former un pareil désir, il faut savoir qu'on peut périr ; et ce n'est qu'après avoir été témoins de la perte de nos semblables que nous pouvons penser que le même sort nous attend. Nous apprenons au contraire, en naissant, que nous sommes sensibles à la douleur. Le premier objet de l'amour-propre est donc d'écarter tout sentiment désagréable ; et c'est par là qu'il tend à la conservation de l'individu.

Voilà vraisemblablement à quoi se borne l'amour-propre des bêtes. Comme elles ne s'affectent réciproquement que par les signes qu'elles donnent de leur douleur ou de leur plaisir, celles qui continuent de vivre ne portent plus leur attention sur celles qui ne sont plus. D'ailleurs, toujours entraînées au dehors par

---

1. « Une passion est-elle autre chose, dit M. de Buffon, qu'une sensation plus forte que les autres, et qui se renouvelle à tout instant ? », Tome V, p. 77 ; 340 A, 32-35.

Sans doute c'est autre chose. Un homme violemment attaqué de la goutte a une sensation plus forte que les autres, et qui se renouvelle à tout instant. La goutte est donc une passion. Une passion est un désir dominant tourné en habitude. Voyez le *Traité des sensations* [Ire Partie, chap. III, § 3].

a. *L'amour de soi*

leurs besoins, incapables de réfléchir sur elles-mêmes, aucune ne se dirait en voyant ses semblables privées de mouvement, *elles ont fini, je finirai comme elles*. Elles n'ont donc aucune idée de la mort ; elles ne connaissent la vie que par sentiment ; elles meurent sans avoir prévu qu'elles pouvaient cesser d'être ; et, lorsqu'elles travaillent à leur conservation, elles ne sont occupées que du soin d'écarter la douleur.

Les hommes, au contraire, s'observent réciproquement dans tous les instants de leur vie, parce qu'ils ne sont pas bornés à ne se communiquer que les sentiments dont quelques mouvements ou quelques cris inarticulés peuvent être les signes. Ils se disent les uns aux autres tout ce qu'ils sentent et tout ce qu'ils ne sentent pas. Ils s'apprennent mutuellement comment leur force s'accroît, s'affaiblit, s'éteint. Enfin, ceux qui meurent les premiers, disent qu'il ne sont plus, en cessant de dire qu'ils existent, et tous répètent bientôt : *un jour donc nous ne serons plus*.

L'amour-propre, par conséquent, n'est pas pour l'homme le seul désir d'éloigner la douleur, c'est encore le désir de sa conservation. Cet amour se développe, s'étend, change de caractère suivant les objets ; il prend autant de formes différentes qu'il y a de manières de se conserver, et chacune de ces formes est une passion particulière.

Il est inutile de s'arrêter ici sur toutes ces passions. On voit aisément comment, dans la société, la multitude des besoins et la différence des conditions donnent à l'homme des passions dont les bêtes ne sont pas susceptibles.

Mais notre amour-propre a encore un caractère qui ne peut convenir à celui des bêtes. Il est vertueux ou vicieux, parce que nous sommes capables de connaître nos devoirs et de remonter jusqu'aux principes de la loi naturelle. Celui des bêtes est un instinct qui n'a pour objet que des biens et des maux physiques.

De cette seule différence naissent pour nous des plaisirs et des peines dont les bêtes ne sauraient se former d'idées : car les inclinations vertueuses sont une source de sentiments agréables, et les inclinations vicieuses sont une source de sentiments désagréables.

Ces sentiments se renouvellent souvent, parce que, par la nature de la société, il n'est presque pas de moments dans la vie où nous n'ayons occasion de faire quelque action vertueuse ou vicieuse. Par là ils donnent à l'âme une activité dans laquelle tout l'entretient et dont nous nous faisons bientôt un besoin.

Dès lors, il n'est plus possible de combler tous nos désirs : au contraire, en nous donnant la jouissance de tous les objets auxquels ils nous portent, on nous mettrait dans l'impuissance de satisfaire au plus pressant de tous nos besoins, celui de désirer. On enlèverait à notre âme cette activité, qui lui est devenue nécessaire ; il ne nous resterait qu'un vide accablant, un ennui de tout et de nous-mêmes.

Désirer est donc le plus pressant de tous nos besoins : aussi, à peine un désir est satisfait que nous en formons un autre. Souvent nous obéissons à plusieurs à la fois ou, si nous ne le pouvons pas, nous ménageons pour un autre temps ceux auxquels les circonstances présentes ne nous permettent pas d'ouvrir notre âme. Ainsi nos passions se renouvellent, se succèdent, se multiplient, et nous ne vivons plus que pour désirer et qu'autant que nous désirons.

La connaissance des qualités morales des objets est le principe qui fait éclore d'un même germe cette multitude de passions. Ce germe est le même dans tous les animaux, c'est l'amour-propre ; mais le sol, si j'ose ainsi parler, n'est pas propre à le rendre partout également fécond. Tandis que les qualités morales, multipliant à notre égard les rapports des objets, nous offrent sans cesse de nouveaux plaisirs, nous menacent de nouvelles peines, nous font une infinité de besoins, et par là nous intéressent, nous lient à tout ; l'instinct des bêtes, borné au physique, s'oppose non seulement à la naissance de bien des désirs, il diminue encore le nombre et la vivacité des sentiments qui pourraient accompagner les passions, c'est-à-dire, qu'il retranche ce qui mérite principalement de nous occuper, ce qui seul peut faire le bonheur ou le malheur d'un être raisonnable. Voilà pourquoi nous ne voyons dans les actions des bêtes qu'une brutalité qui avilirait les nôtres. L'activité de leur âme est momentanée ; elle cesse avec les besoins du corps, et ne se renouvelle qu'avec eux. Elles n'ont qu'une vie empruntée, qui, uniquement excitée par l'impression des objets sur les sens, fait bientôt place à une espèce de léthargie. Leur espérance, leur crainte, leur amour, leur haine, leur colère, leur chagrin, leur tristesse ne sont que des habitudes qui les font agir sans réflexion. Suscités par les biens et par les maux physiques, ces sentiments s'éteignent aussitôt que ces biens et ces maux disparaissent. Elles passent donc la plus grande partie de leur vie sans rien désirer : elles ne sauraient imaginer ni la multitude de nos besoins, ni la vivacité avec laquelle nous voulons tant de choses à la fois. Leur âme s'est fait une habitude d'agir peu : en vain voudrait-on faire violence à leurs facultés, il n'est pas possible de leur donner plus d'activité.

Mais l'homme, capable de mettre de la délicatesse dans les besoins du corps, capable de se faire des besoins d'une espèce toute différente, a toujours dans son âme un principe d'activité qui agit de lui-même. Sa vie est à lui, il continue de réfléchir et de désirer dans les moments mêmes où son corps ne lui demande plus rien. Ses espérances, ses craintes, son amour, sa haine, sa colère, son chagrin, sa tristesse sont des sentiments raisonnés, qui entretiennent l'activité de son âme et qui se nourrissent de tout ce que les circonstances peuvent leur offrir.

Le bonheur et le malheur de l'homme diffèrent donc bien du bonheur et du malheur des bêtes. Heureuses lorsqu'elles ont des sensations agréables, malheureuses lorsqu'elles en ont de désagréables, il n'y a que le physique de bon ou de mauvais pour elles. Mais, si nous exceptons les douleurs vives, les qualités physiques comparées aux qualités morales s'évanouissent, pour ainsi dire, aux yeux de l'homme. Les premières peuvent commencer notre bonheur ou notre malheur, les dernières peuvent seules mettre le comble à l'un ou à l'autre : celles-là sont bonnes ou mauvaises sans doute, celles-ci sont toujours meilleures qu'elles, ou pires ; en un mot, le moral qui, dans le principe, n'est que l'accessoire des passions, devient le principal entre les mains de l'homme[1].

Ce qui contribue surtout à notre bonheur, c'est cette activité que la multitude de nos besoins nous a rendue nécessaire. Nous ne sommes heureux qu'autant que nous agissons, qu'autant que nous exerçons nos facultés ; nous ne souffrons, par la perte d'un bien, que parce qu'une partie de l'activité de notre âme demeure sans objet. Dans l'habitude où nous sommes d'exercer nos facultés sur ce que nous avons perdu, nous ne savons pas les exercer sur ce qui nous reste et nous ne nous consolons pas.

Ainsi nos passions sont plus délicates sur les moyens propres à les satisfaire : elles veulent du choix, elles apprennent, de la raison qu'elles interrogent, à ne point mettre de différence entre le bon et l'honnête, entre le bonheur et la vertu ; et c'est par là surtout qu'elles nous distinguent du reste des animaux.

On voit par ces détails, comment d'un seul désir, celui d'écarter la douleur, naissent les passions dans tous les êtres capables de sentiment ; comment des mouvements qui nous sont communs avec les bêtes, et qui ne paraissent chez elles que l'effet d'un instinct aveugle, se transforment chez nous en vices ou en vertus, et comment la supériorité, que nous avons par l'intelligence, nous rend supérieurs par le côté des passions.

---

1. Selon M. de Buffon, il n'y a que le physique de l'amour qui soit bon, le moral n'en vaut rien (Tome IV, p. 80 ; 341 A, 51-54). Dans le vrai, l'un et l'autre est bon ou mauvais. Mais M. de Buffon ne considère le physique de l'amour que par le beau côté, et il l'élève bien au-dessus de ce qu'il est, puisqu'il le regarde comme *la cause première de tout bien*, comme *la source unique de tout plaisir*. Il ne considère aussi le moral que par le côté qui ravale l'homme, et il trouve que nous n'avons *fait que gâter la nature*. Si j'envisageais l'amour par les côtés que M. de Buffon a oubliés, il me serait aisé de prouver qu'il n'y a que le moral de cette passion qui soit bon, et que le physique n'en vaut rien ; mais je ne ferais qu'abuser des termes, sans pouvoir m'applaudir d'une éloquence que je n'ai pas, et dont je ne voudrais pas faire cet usage quand je l'aurais.

Chapitre IX
Système des habitudes dans tous les animaux :
comment il peut être vicieux ; que l'homme a l'avantage
de pouvoir corriger ses mauvaises habitudes

Tout est lié dans l'animal ; ses idées et ses facultés forment un système plus ou moins parfait.

Le besoin de fuir la peine et de rechercher le plaisir veille à l'instruction de chaque sens, détermine l'ouïe, la vue, le goût et l'odorat à prendre des leçons du toucher, fait contracter à l'âme et au corps toutes les habitudes nécessaires à la conservation de l'individu, fait éclore cet instinct qui guide les bêtes, et cette raison qui éclaire l'homme, lorsque les habitudes ne suffisent plus à le conduire : en un mot, il donne naissance à toutes les facultés.

J'ai fait voir que les suites d'idées que l'âme apprend à parcourir, et les suites de mouvements que le corps apprend à répéter, sont les seules causes de ces phénomènes, et que les unes et les autres varient suivant la différence des passions. Chaque passion suppose donc dans l'âme une suite d'idées qui lui est propre, et dans le corps une suite correspondante de mouvements. Elle commande à toutes ces suites : c'est un premier mobile qui, frappant un seul ressort, donne le mouvement à tous ; et l'action se transmet avec plus ou moins de vivacité, à proportion que la passion est plus forte, que les idées sont plus liées et que le corps obéit mieux aux ordres de l'âme.

Il arrive cependant du désordre dans le système des habitudes de l'homme ; mais ce n'est pas que nos actions dépendent de plusieurs principes : elles n'en ont qu'un et ne peuvent en avoir qu'un. C'est donc parce qu'elles ne conspirent pas toutes également à notre conservation, c'est parce qu'elles ne sont pas toutes subordonnées à une même fin ; et cela a lieu lorsque nous mettons notre plaisir dans des objets contraires à notre vrai bonheur. L'unité de fin, jointe à l'unité de principe, est donc ce qui donne au système toute la perfection possible.

Mais, parce que nos habitudes se multiplient infiniment, le système devient si compliqué qu'il y a difficilement entre toutes les parties un accord parfait. Les habitudes qui, à certains égards, conspirent ensemble, se nuisent à d'autres égards. Les mauvaises ne font pas tout le mal qu'on en pourrait craindre, les bonnes ne font pas tout le bien qu'on en pourrait espérer : elles se combattent mutuellement, et c'est la source des contradictions que nous éprouvons quelquefois. Le système ne continue à se soutenir que parce que le principe est le même et que les habitudes, qui ont pour fin la conservation de l'homme, sont encore les plus fortes.

Les habitudes des bêtes forment un système moins compliqué, parce qu'elles sont en plus petit nombre. Elles ne supposent que peu de besoins, encore sont-ils ordinairement faciles à satisfaire. Dans chaque espèce, les intérêts se croisent donc rarement. Chaque individu tend à sa conservation d'une manière simple et toujours uniforme ; et comme il a peu de combats avec les autres, il en a peu avec lui-même : car la principale source de nos contradictions intérieures, c'est la difficulté de concilier nos intérêts avec ceux de nos concitoyens.

L'avantage qu'ont les bêtes à cet égard, n'est qu'apparent, puisqu'elles sont bornées à l'instinct par les mêmes causes qui mettent des bornes à leurs besoins. Pour reconnaître combien notre sort est préférable, il suffit de considérer avec quelle supériorité nous pouvons nous-mêmes régler nos pensées.

Si une passion vive agit sur une suite d'idées, dont la liaison est tournée en habitude, je conviens qu'il semble alors qu'une cause supérieure agit en nous sans nous : le corps et l'âme se conduisent par instinct et nos pensées naissent comme des inspirations.

Mais si les passions sont faibles, si les idées sont peu liées, si nous remarquons que pour agir plus sûrement, il en faut acquérir de nouvelles, si le corps résiste à nos désirs, dans chacun de ces cas, nous reconnaissons que c'est nous qui comparons et qui jugeons : nous allons d'une pensée à une autre avec choix, nous agissons avec réflexion ; bien loin de sentir le poids d'une impulsion étrangère, nous sentons que nous déterminons nous-mêmes nos mouvements, et c'est alors que la raison exerce son empire.

La liaison des idées est donc pour nous une source d'avantages et d'inconvénients[1]. Si on la détruisait entièrement, il nous serait impossible d'acquérir l'usage de nos facultés : nous ne saurions seulement pas nous servir de nos sens.

Si elle se formait avec moins de facilité et moins de force, nous ne contracterions pas autant d'habitudes différentes, et cela serait aussi contraire aux bonnes qu'aux mauvaises. Comme alors il y aurait en nous peu de grands vices, il y aurait aussi peu de grandes vertus ; et comme nous tomberions dans moins d'erreurs, nous serions aussi moins propres à connaître la vérité. Au lieu de nous égarer en adoptant des opinions, nous nous égarerions faute d'en avoir. Nous ne serions pas sujets à ces illusions qui nous font quelquefois prendre le mal pour le bien : nous le serions à cette ignorance qui empêche de discerner en général l'un de l'autre.

Quels que soient donc les effets que produise cette liaison, il fallait qu'elle fût le ressort de tout ce qui est en nous : il suffit que nous en puissions prévenir les abus ou y remédier. Or notre intérêt bien entendu nous porte à corriger nos méchantes habitudes, à entretenir ou même fortifier les bonnes et à en acquérir de meilleures. Si nous recherchons la cause de nos égarements, nous découvrirons comment il est possible de les éviter.

Les passions vicieuses supposent toujours quelques faux jugements. La fausseté de l'esprit est donc la première habitude qu'il faut travailler à détruire.

Dans l'enfance, tous les hommes auraient naturellement l'esprit juste, s'ils ne jugeaient que des choses qui ont un rapport plus immédiat à leur conservation. Leurs besoins demandent d'eux des opérations si simples, les circonstances varient si peu à leur égard et se répètent si souvent, que leurs erreurs doivent être rares et que l'expérience ne peut manquer de les en retirer.

---

1. Voyez à ce sujet l'*Art de penser*, Iʳᵉ Partie, chap. 5. Locke, ni personne, n'avait connu toute l'étendue du principe de la liaison des idées. [*L'art de penser* est l'un des volumes composant le *Cours d'études pour l'instruction de Prince de Parme*, que Condillac fit paraître en 1775].

Avec l'âge, nos besoins se multiplient, les circonstances changent davantage, se combinent de mille manières et plusieurs nous échappent souvent. Notre esprit, incapable d'observer avec ordre toute cette variété, se perd dans une multitude de considérations.

Cependant les derniers besoins que nous nous sommes faits sont moins nécessaires à notre bonheur, et nous sommes aussi moins difficiles sur les moyens propres à les satisfaire. La curiosité nous invite à nous instruire de mille choses qui nous sont étrangères; et dans l'impuissance où nous sommes de porter de nous-mêmes des jugements, nous consultons nos maîtres, nous jugeons d'après eux et notre esprit commence à devenir faux.

L'âge des passions fortes arrive, c'est le temps de nos plus grands égarements. Nous conservons nos anciennes erreurs, nous en adoptons de nouvelles : on dirait que notre plus vif intérêt est d'abuser de notre raison, et c'est alors que le système de nos facultés est plus imparfait.

Il y a deux sortes d'erreurs : les unes appartiennent à la pratique; les autres à la spéculation.

Les premières sont plus aisées à détruire, parce que l'expérience nous apprend souvent que les moyens que nous employons pour être heureux sont précisément ceux qui éloignent notre bonheur. Ils nous livrent à de faux biens qui passent rapidement, et qui ne laissent après eux que la douleur ou la honte.

Alors, nous revenons sur nos premiers jugements, nous révoquons en doute des maximes que nous avons reçues sans examen, nous les rejetons et nous détruisons peu à peu le principe de nos égarements.

S'il y a des circonstances délicates où ce discernement soit trop difficile pour le grand nombre, la loi nous éclaire. Si la loi n'épuise pas tous les cas, il est des sages qui l'interprètent et qui, communiquant leurs lumières, répandent dans la société des connaissances qui ne permettent pas à l'honnête homme de se tromper sur ses devoirs. Personne ne peut plus confondre le vice avec la vertu; et s'il est encore des vicieux qui veuillent s'excuser, leurs efforts mêmes prouvent qu'ils se sentent coupables.

Nous tenons davantage aux erreurs de spéculation, parce qu'il est rare que l'expérience nous les fasse reconnaître; leur source se cache dans nos premières habitudes. Souvent incapables d'y remonter, nous sommes comme dans un labyrinthe dont nous battons toutes les routes; et si nous découvrons quelquefois nos méprises, nous ne pouvons presque pas comprendre comment il nous serait possible de les éviter. Mais ces erreurs sont peu dangereuses, si elles n'influent pas dans notre conduite; et si elles y influent, l'expérience peut encore les corriger.

Il me semble que l'éducation pourrait prévenir la plus grande partie de nos erreurs. Si, dans l'enfance, nous avons peu de besoins, si l'expérience veille alors sur nous pour nous avertir de nos fausses démarches, notre esprit conserverait sa première justesse pourvu qu'on eût soin de nous donner beaucoup de connaissances pratiques, et de les proportionner toujours aux nouveaux besoins que nous avons occasion de contracter.

Il faudrait craindre d'étouffer notre curiosité, en n'y répondant pas; mais il ne faudrait pas aspirer à la satisfaire entièrement. Quand un enfant veut savoir des choses encore hors de sa portée, les meilleures raisons ne sont pour lui que des idées vagues; et les mauvaises, dont on ne cherche que trop souvent à le contenter, sont des préjugés dont il lui sera peut-être impossible de se défaire. Qu'il serait sage de laisser subsister une partie de sa curiosité, de ne pas lui dire tout et de ne lui rien dire que de vrai! Il est bien plus avantageux pour lui de désirer encore d'apprendre que de se croire instruit, lorsqu'il ne l'est pas, ou, ce qui est plus ordinaire, lorsqu'il l'est mal.

Les premiers progrès de cette éducation seraient, à la vérité, bien lents. On ne verrait pas de ces prodiges prématurés d'esprit qui deviennent, après quelques années, des prodiges de bêtise; mais on verrait une raison dégagée d'erreurs et capable par conséquent de s'élever à bien des connaissances.

L'esprit de l'homme ne demande qu'à s'instruire. Quoique aride dans les commencements, il devient bientôt fécond par l'action des sens et il s'ouvre à l'influence de tous les objets capables de susciter en lui quelque fermentation. Si la culture ne se hâte donc pas d'étouffer les mauvaises semences, il s'épuisera pour produire des plantes peu salutaires, souvent dangereuses, et qu'on n'arrachera qu'avec de grands efforts.

C'est à nous à suppléer à ce que l'éducation n'a pas fait. Pour cela, il faut de bonne heure s'étudier à diminuer notre confiance : nous y réussirons, si nous nous rappelons continuellement les erreurs de pratique que notre expérience ne nous permet pas de nous cacher; si nous considérons cette multitude d'opinions qui, divisant les hommes, égarent le plus grand nombre, et si nous jetons surtout les yeux sur les méprises des plus grands génies.

On aura déjà fait bien du progrès, quand on sera parvenu à se méfier de ses jugements, et il restera un moyen pour acquérir toute la justesse dont on peut être capable. À la vérité, il est long, pénible même; mais enfin c'est le seul.

Il faut commencer par ne tenir aucun compte des connaissances qu'on a acquises, reprendre dans chaque genre et avec ordre toutes les idées qu'on doit se former, les déterminer avec précision, les analyser avec exactitude, les comparer par toutes les faces que l'analyse y fait découvrir, ne comprendre dans ses jugements que les rapports qui résultent de ces comparaisons : en un mot, il faut, pour ainsi dire, rapprendre à toucher, à voir, à juger; il faut construire de nouveau le système de toutes ses habitudes[1].

Ce n'est pas qu'un esprit juste ne se permette quelquefois de hasarder des jugements sur des choses qu'il n'a pas encore assez examinées. Ses idées peuvent être fausses; mais elles peuvent aussi être vraies, elles le sont même souvent : car il a ce discernement qui pressent la vérité avant de l'avoir saisie. Ses vues, lors même qu'il se trompe, ont l'avantage d'être ingénieuses, parce qu'il est difficile qu'elles soient inexactes à tous égards. Il est d'ailleurs le premier à reconnaître qu'elles sont hasardées : ainsi ses erreurs ne sauraient être dangereuses, souvent même elles sont utiles.

---

1. C'est sous ce point de vue que j'ai travaillé à mon *Cours d'Études*, au *Traité des sensations*, et en général à tous mes ouvrages.

Au reste, quand nous demandons qu'on tende à toute cette justesse, nous demandons beaucoup pour obtenir au moins ce qui est nécessaire. Notre principal objet, en travaillant au progrès de notre raison, doit être de prévenir ou de corriger les vices de notre âme. Ce sont des connaissances pratiques qu'il nous faut, et il importe peu que nous nous égarions sur des spéculations qui ne sauraient influer dans notre conduite. Heureusement ces sortes de connaissances ne demandent pas une grande étendue d'esprit. Chaque homme a assez de lumières pour discerner ce qui est honnête ; et, s'il en est d'aveugles à cet égard, c'est qu'ils veulent bien s'aveugler.

Il est vrai que cette connaissance ne suffit pas pour nous rendre meilleurs. La vivacité des passions, la grande liaison des idées auxquelles chaque passion commande, et la force des habitudes que le corps et l'âme ont contractées de concert, sont encore de grands obstacles à surmonter.

Si ce principe, qui agit quelquefois sur nous aussi tyranniquement, se cachait au point qu'il ne nous fût pas possible de le découvrir, nous aurions souvent bien de la peine à lui résister, et peut-être même ne le pourrions-nous pas ; mais dès que nous le connaissons, il est à moitié vaincu. Plus l'homme démêle les ressorts des passions, plus il lui est aisé de se soustraire à leur empire.

Pour corriger nos habitudes, il suffit donc de considérer comment elles s'acquièrent, comment, à mesure qu'elles se multiplient, elles se combattent, s'affaiblissent et se détruisent mutuellement. Car alors nous connaîtrons les moyens propres à faire croître les bonnes et à déraciner les mauvaises.

Le moment favorable n'est pas celui où celles-ci agissent avec toute leur force ; mais alors les passions tendent d'elles-mêmes à s'affaiblir, elles vont bientôt s'éteindre dans la jouissance. À la vérité elles renaîtront. Cependant, voilà un intervalle où le calme règne et où la raison peut commander. Qu'on réfléchisse alors sur le dégoût qui suit le crime pour produire le repentir qui fait notre tourment ; et sur le sentiment paisible et voluptueux qui accompagne toute action honnête ; qu'on se peigne vivement la considération de l'homme vertueux, la honte de l'homme vicieux ; qu'on se représente les récompenses et les châtiments qui leur sont destinés dans cette vie et dans l'autre. Si le plus léger malaise a pu faire naître nos premiers désirs et former nos premières habitudes, combien des motifs aussi puissants ne seront-ils pas propres à corriger nos vices ?

Voilà déjà une première atteinte portée à nos mauvaises habitudes ; un second moment favorable en pourra porter de nouvelles. Ainsi peu à peu ces penchants se détruiront et de meilleurs s'élèveront sur leurs ruines.

À quelques moments près, où les passions nous subjuguent, nous avons donc toujours dans notre raison et dans les ressorts même de nos habitudes, de quoi vaincre nos défauts. En un mot, lorsque nous sommes méchants, nous avons de quoi devenir meilleurs.

Si, dans le système des habitudes de l'homme, il y a un désordre qui n'est pas dans celui des bêtes, il y a donc aussi de quoi rétablir l'ordre. Il ne tient qu'à nous de jouir des avantages qu'il nous offre et de nous garantir des inconvénients auxquels il n'entraîne que trop souvent, et c'est par là que nous sommes infiniment supérieurs au reste des animaux.

Chapitre X
De l'entendement et de la volonté,
soit dans l'homme soit dans les bêtes

En quoi l'entendement et la volonté des bêtes diffèrent-ils de l'entendement et de la volonté de l'homme ? Il ne sera pas difficile de répondre à cette question, si nous commençons par nous faire des idées exactes de ces mots, *entendement*, *volonté*.

Penser, dans sa signification la plus étendue, c'est avoir des sensations, donner son attention, se ressouvenir, imaginer, comparer, juger, réfléchir, se former des idées, connaître, désirer, vouloir, aimer, espérer, craindre ; c'est-à-dire, que ce mot se dit de toutes les opérations de l'esprit.

Il ne signifie donc pas une manière d'être particulière : c'est un terme abstrait, sous lequel on comprend généralement toutes les modifications de l'âme [1].

On fait communément deux classes de ces modifications : l'une qu'on regarde comme la faculté qui reçoit les idées, qui en juge et qu'on nomme *entendement* ; l'autre qu'on regarde comme un mouvement de l'âme et qu'on nomme *volonté*.

Bien des philosophes disputent sur la nature de ces deux facultés, et il leur est difficile de s'entendre, parce que, ne se doutant pas que ce ne sont que des notions abstraites, ils les prennent pour des choses très réelles, qui existent en quelque sorte séparément dans l'âme et qui ont chacune un caractère essentiellement différent. Les abstractions réalisées sont une source de vaines disputes et de mauvais raisonnements [2].

---

1. *Cette pensée substantielle*, qui n'est aucune des modifications de l'âme, *mais qui est elle-même capable de toute sorte de modifications*, et que Malebranche a prise pour l'essence de l'esprit (livre 3, chap. 1), n'est qu'une abstraction réalisée. Aussi, ne vois-je pas comment M. de Buffon a pu croire assurer quelque chose de positif sur l'âme, lorsqu'il a dit : « Elle n'a qu'une forme, puisqu'elle ne se manifeste que par une seule modification, qui est la pensée » (Tome II, p. 430 ; 293 B, 11-13), ou comme il s'exprime quatre ou cinq pages après : « Notre âme n'a qu'une forme très simple, très générale, très constante ; cette forme est la pensée » [293 B, 50-52]. Je ne comprends pas non plus ce qu'il ajoute : « L'âme s'unit intimement à tel objet qu'il lui plaît ; la distance, la grandeur, la figure, rien ne peut nuire à cette union lorsque l'âme le veut ; elle se fait et se fait en un instant. [...] La volonté n'est-elle donc qu'un mouvement corporel et la contemplation un simple attouchement ? Comment cet attouchement pourrait-il se faire sur un objet éloigné, sur un sujet abstrait ? Comment pourrait-il s'opérer en un instant indivisible ? A-t-on jamais conçu du mouvement sans qu'il y eût de l'espace et du temps ? La volonté, si c'est un mouvement, n'est donc pas un mouvement matériel ; et si l'union de l'âme à son objet est un attouchement, un contact, cet attouchement ne se fait-il pas au loin ? Ce contact n'est-il pas une pénétration ? » [295 A, 30-53].

Ainsi, quand je pense au soleil, mon âme s'en approche par un mouvement qui n'est pas matériel ; elle s'unit à lui par un attouchement qui se fait au loin par un contact qui est une pénétration. Ce sont là sans doute des mystères ; mais la métaphysique est faite pour en avoir et elle les crée toutes les fois qu'elle prend à la lettre des expressions figurées. (Voyez à ce sujet le *Traité des Systèmes*). *L'âme s'unit à un objet*, signifie qu'elle y pense ; qu'elle s'occupe de l'idée qu'elle en a en elle-même ; et cette explication toute vulgaire suffit pour faire évanouir ce mystère de *mouvement, d'attouchement, de contact*, de *pénétration*.

2. Je l'ai prouvé, *Art de penser*, Ire Partie, chap. 8.

Il est certain qu'il y a dans l'âme des idées, des jugements, des réflexions ; et si c'est là ce qu'on appelle *entendement*, il y a aussi un entendement en elle.

Mais cette explication est trop simple, pour paraître assez profonde aux philosophes. Ils ne sont point contents, lorsqu'on se borne à dire que nous avons des organes propres à transmettre des idées et une âme destinée à les recevoir ; ils veulent encore qu'il y ait entre l'âme et les sens une faculté intelligente, qui ne soit ni l'âme ni les sens. C'est un fantôme qui leur échappe ; mais il a assez de réalité pour eux, et ils persistent dans leur opinion.

Nous ferons la même observation sur ce qu'ils appellent *volonté* ; car ce ne serait pas assez de dire que le plaisir et la peine, qui accompagnent nos sensations, déterminent les opérations de l'âme ; il faut encore une faculté motrice dont on ne saurait donner d'idée.

L'entendement et la volonté ne sont donc que deux termes abstraits, qui partagent en deux classes les pensées ou les opérations de l'esprit. Donner son attention, se ressouvenir, imaginer, comparer, juger, réfléchir, sont des manières de penser qui appartiennent à l'entendement ; désirer, aimer, haïr, avoir des passions, craindre, espérer, sont des manières de penser qui appartiennent à la volonté ; et ces deux facultés ont une origine commune dans la sensation.

En effet, je demande ce que signifie ce langage : *l'entendement reçoit les idées, la volonté meut l'âme* ; sinon que nous avons des sensations que nous comparons, dont nous portons des jugements et d'où naissent nos désirs [1].

---

1. Comme les langues ont été formées d'après nos besoins, et non point d'après des systèmes métaphysiques capables de brouiller toutes les idées, il suffirait de les consulter pour se convaincre que les facultés de l'âme tirent leur origine de la sensation ; car on voit évidemment que les premiers noms qu'elles ont eus sont ceux mêmes qui avaient d'abord été donnés aux facultés du corps. Tels sont encore en français *attention, réflexion, compréhension, appréhension, penchant, inclination*, etc. En latin *cogitatio*, pensée, vient de *cogo, coago*, je rassemble, parce que, lorsqu'on pense, on combine ses idées et qu'on en fait différentes collections. *Sentire*, sentir, avoir sensation, n'a d'abord été dit que du corps. Ce qui le prouve, c'est que, quand on a voulu l'appliquer

Une conséquence de cette explication et des principes que nous avons établis dans cet ouvrage, c'est que, dans les bêtes, l'entendement et la volonté ne comprennent que les opérations dont leur âme se fait une habitude, et que dans l'homme ces facultés s'étendent à toutes les opérations auxquelles la réflexion préside.

De cette réflexion naissent les actions volontaires et libres. Les bêtes agissent comme nous sans répugnance, et c'est déjà là une condition au volontaire ; mais il en faut encore une autre : car *je veux* ne signifie pas seulement qu'une chose m'est agréable, il signifie encore qu'elle est l'objet de mon choix : or, on ne choisit que parmi les choses dont on dispose. On ne dispose de rien quand on ne fait qu'obéir à ses habitudes, on suit seulement l'impulsion donnée par les circonstances. Le droit de choisir la liberté

à l'âme, on a dit *sentire animo*, sentir par l'esprit. Si, dans son origine, il avait été dit de l'âme, on ne lui aurait jamais ajouté *animo* ; mais, au contraire, on l'aurait joint à *corpore* ; lorsqu'on aurait voulu le transporter au corps, on aurait dit *sentire corpore*.

Sententia vient de *sentire* ; par conséquent il a été dans son origine appliqué au corps, et n'a signifié que ce que nous entendons par *sensation*. Pour l'étendre à l'esprit il a donc fallu dire *sententia animi*, sensation de l'esprit, c'est-à-dire, *pensée, idée*. Il est vrai que je ne connais point d'exemple de cette expression dans les Latins. Quintilien remarque même (livre 8, chap. 5), que les anciens emploient ce mot tout seul pour *pensée, conception, jugement. Sententiam veteres, quod animo sensissent, vocaverunt.* C'est que du temps des anciens dont il parle, ce mot avait déjà perdu sa première signification.

Il changea encore, et son usage fut plus particulièrement de signifier les pensées dont on avait plus souvent occasion de parler ou qui se remarquent davantage. Telles sont les maximes des sages, les décrets des juges, et certains traits qui terminent des périodes. Il signifia tout à la fois ce que nous entendons aujourd'hui par *sentence, trait, pointe.*

Sententia étant restreint, il fallut avoir recours à un autre mot, pour exprimer en général la *pensée*. On dit donc *sensa mentis,* ce qui prouve que *sensa* tout seul était la même chose que *sensa corporis.*

Peu à peu le sens métaphorique de ce mot prévalut. On imagina *sensus* pour le corps, et il ne fut plus nécessaire de joindre *mentis* à *sensa.*

Mais *sensus* passa encore lui-même à l'esprit, et c'est sans doute ce qui donna depuis lieu à *sensatio,* dont nous avons fait *sensation*. « *Non tamen raro et sic locuti sunt, ut sensa sua dicerent ; nam sensus corporis videbantur. Sed consuetudo jam tenuit, ut mente concepta, sensus vocaremus* », Quintilien, livre 8, chap. 4). [Condillac fait référence à l'ouvrage de Quintilien, *De l'institution oratoire*].

n'appartient donc qu'à la réflexion. Mais les circonstance commandent les bêtes : l'homme au contraire les juge, il s'y prête, il s'y refuse, il se conduit lui-même, il veut, il est libre.

CONCLUSION DE LA SECONDE PARTIE

Rien n'est plus admirable que la génération des facultés des animaux. Les lois en sont simples, générales : elles sont les mêmes pour toutes les espèces, et elles produisent autant de systèmes différents qu'il y a de variété dans l'organisation. Si le nombre, ou si seulement la forme des organes n'est pas la même, les besoins varient et ils occasionnent chacun dans le corps et dans l'âme des opérations particulières. Par là chaque espèce, outre les facultés et les habitudes communes à toutes, a des habitudes et des facultés qui ne sont qu'à elle.

La faculté de sentir est la première de toutes les facultés de l'âme ; elle est même la seule origine des autres, et l'être sentant ne fait que se transformer. Il a dans les bêtes ce degré d'intelligence, que nous appelons *instinct* ; et dans l'homme, ce degré supérieur, que nous appelons *raison*.

Le plaisir et la douleur le conduisent dans toutes ses transformations. C'est par eux que l'âme apprend à penser pour elle et pour le corps, et que le corps apprend à se mouvoir pour lui et pour l'âme. C'est par eux que toutes les connaissances acquises se lient les unes aux autres pour former les suites d'idées qui répondent à des besoins différents, et qui se reproduisent toutes les fois que les besoins se renouvellent. C'est par eux, en un mot, que l'animal jouit de toutes ses facultés.

Mais chaque espèce a des plaisirs et des peines qui ne sont pas les plaisirs et les peines des autres. Chacune a donc des besoins différents ; chacune fait séparément les études nécessaires à sa conservation : elle a plus ou moins de besoins, plus ou moins d'habitudes, plus ou moins d'intelligence.

C'est pour l'homme que les plaisirs et les peines se multiplient davantage. Aux qualités physiques des objets, il ajoute des qualités morales et il trouve dans les choses une infinité de rapports qui n'y sont point pour le reste des animaux. Aussi ses intérêts sont vastes, ils sont en grand nombre ; il étudie tout ; il se fait des besoins, des passions de toute espèce, et il est supérieur aux bêtes par ses habitudes, comme par sa raison.

En effet, les bêtes, même en société, ne font que les progrès que chacune aurait faits séparément. Le commerce d'idées, que le langage d'action établit entre elles, étant très borné, chaque individu n'a guère, pour s'instruire, que sa seule expérience. S'ils n'inventent, s'ils ne perfectionnent que jusqu'à un certain point, s'ils font tous les mêmes choses, ce n'est pas qu'ils se copient ; c'est qu'étant tous jetés au même moule, ils agissent tous pour les mêmes besoins et par les mêmes moyens.

Les hommes, au contraire, ont l'avantage de pouvoir se communiquer toutes leurs pensées. Chacun apprend des autres, chacun ajoute ce qu'il tient de sa propre expérience, et il ne diffère dans sa manière d'agir, que parce qu'il a commencé par copier. Ainsi, de génération en génération, l'homme accumule connaissances sur connaissances. Seul capable de discerner le vrai, de sentir le beau, il crée les arts et les sciences et s'élève jusqu'à la Divinité, pour l'adorer et lui rendre grâce des biens qu'il en a reçus.

Mais, quoique le système de ses facultés et de ses connaissances soit sans comparaison le plus étendu de tous, il fait cependant partie de ce système général qui enveloppe tous les êtres animés ; de ce système, où toutes les facultés naissent d'une même origine, la sensation ; où elles s'engendrent par un même principe, le besoin ; où elles s'exercent par un même moyen, la liaison des idées. Sensation, besoin, liaison des idées : voilà donc le système auquel il faut rapporter toutes les opérations des animaux. Si quelques-unes des vérités qu'il renferme ont été connues, personne jusqu'ici n'en a saisi l'ensemble, ni la plus grande partie des détails.

DOSSIER

La question des animaux est, nous l'avons dit, traditionnelle dans la philosophie. Non seulement, l'ouvrage de Condillac n'aborde pas un sujet nouveau, mais il paraît dans un contexte historique fort riche, alimenté notamment par la doctrine des animaux-machines. Le présent dossier tente de suggérer cette variété problématique, sans aucunement prétendre à l'exhaustivité. Le choix des textes a été fait de manière à rendre compréhensible toute la partie critique du *Traité des animaux* et à en suggérer l'épaisseur philosophique. L'on présente dans cet esprit les textes les plus utiles de l'*Histoire naturelle* de Buffon.

Toutes les notes sont de notre fait. Nous avons, en quelques endroits, modernisé la ponctuation originale.

Texte I

<Dans cet extrait, Aristote expose l'intérêt de l'étude des animaux, étude que nous ne saurions négliger, sous le prétexte qu'ils nous sont inférieurs>.

ARISTOTE, *Les parties des Animaux*

Parmi tous les êtres que compte la nature, les uns, qui sont inengendrés et incorruptibles, sont de toute éternité[1], tandis que les autres sont voués à naître et à périr. Or, sur ces êtres sublimes et divins que sont les premiers, nos connaissances paraissent très réduites (en effet, nos sens nous révèlent fort peu de choses qui puissent en favoriser l'étude et satisfaire notre ardent désir de savoir). Mais touchant les êtres corruptibles, plantes et animaux, nous sommes en meilleure situation de les connaître, puisque nous vivons au milieu d'eux. Car nous pouvons recueillir beaucoup sur chaque genre, si nous voulons nous en donner la peine.

Chacune des deux études a ses attraits. Pour les êtres éternels, si modestement que nous les approchions, le peu que nous en apprenons nous cause, par l'excellence même de ce savoir, une joie plus grande que tout ce qui nous entoure ; de même que la vue fugitive et partielle des objets aimés nous est plus douce que l'observation précise d'un grand nombre d'autres choses, si considérables qu'elles soient. Mais pour ce qui est de mieux connaître les choses et d'en connaître un plus grand nombre, la science des êtres périssables prend l'avantage. Et, comme ces êtres sont plus à notre portée et qu'ils nous sont plus proches de nature, une sorte d'équilibre se fait entre leur étude et la philosophie tournée vers les choses divines. Et puisque nous avons déjà traité des êtres divins et exposé ce qu'il nous en semblait, il nous reste à traiter de la nature vivante, sans rien laisser de côté, si possible, ni de médiocre ni de grande importance. Il est vrai que certains de ces êtres ne flattent point nos sens ; mais, à les étudier, la nature qui en est l'ouvrier nous réserve d'inexprimables jouissances, pourvu que nous sachions remonter aux causes et nous comporter comme de vrais philosophes. Quelle contradiction et quelle folie ne serait-ce pas de nous complaire à considérer de simples

---

1. Les êtres appartenant à la sphère astrale.

copies de ces êtres, en peinture ou en sculpture, en admirant l'art ingénieux qui les produit, et de ne point éprouver une joie plus grande encore à les contempler tels qu'ils s'offrent dans l'ouvrage de la nature, si du moins nous réussissons à en saisir les causes. Aussi, ce serait une vraie puérilité que de répugner à l'étude des animaux les moins nobles. Car dans toutes les œuvres de la nature, il y a place pour l'admiration ; et l'on peut leur appliquer le mot qu'on prête à Héraclite, répondant aux étrangers qui, l'ayant trouvé se chauffant au feu de sa cuisine, hésitaient à entrer : « Entrez sans crainte, entrez donc », leur dit le philosophe, « les Dieux sont ici comme partout ». Nous devons de même entrer sans dégoût dans l'étude de chacun des animaux, quels qu'ils soient, parce que, en tous, il y a une part de nature et de beauté.

V, 644 b 22-645 a 23

TEXTE II

<Dans la cinquième partie du *Discours de la méthode*, Descartes aborde les problèmes de physique où il pense pouvoir rendre sensible la fécondité de sa méthode. Après avoir exposé quelques résultats de physique, il passe à la description des êtres vivants, et plus particulièrement des animaux. Il propose d'abord une explication mécaniste des fonctions vitales, en s'attardant longuement sur la circulation sanguine qui venait d'être découverte par Harvey, et en suggérant que, si nous étions capables de fournir une explication complète de ces fonctions, nous n'aurions pas de raison de distinguer les corps vivants des machines ou des automates>.

DESCARTES, *Discours de la méthode*

De la description des corps inanimés et des plantes, je passai à celles des animaux et particulièrement à celle des hommes. Mais, pource que je n'en avais pas encore assez de connaissance pour en parler du même style que du reste, c'est-à-dire en démontrant les effets par les causes, et faisant voir de quelles semences[1], et en quelle façon, la nature les doit produire, je me contentai de supposer que Dieu formât le corps d'un

---

1. *de quels éléments*. Descartes ne découvrira une explication génétique de la formation des animaux qu'en 1648.

homme, entièrement semblable à l'un des nôtres, tant en la figure extérieure de ses membres qu'en la conformation intérieure de ses organes,
sans le composer d'autre matière que de celle que j'avais décrite, et sans
mettre en lui, au commencement, aucune âme raisonnable ni aucune
autre chose pour y servir d'âme végétante ou sensitive[1], sinon qu'il
excitât en son cœur un de ces feux sans lumière[2], que j'avais déjà ex-
pliqués et que je ne concevais point d'autre nature que celui qui échauffe
le foin lorsqu'on l'a renfermé avant qu'il fût sec, ou qui fait bouillir
les vins nouveaux, lorsqu'on les laisse cuver sur la râpe[3]. Car, examinant
les fonctions qui pouvaient en suite de cela être en ce corps, j'y trouvais
exactement toutes celles qui peuvent être en nous sans que nous y
pensions, ni par conséquent que notre âme, c'est-à-dire cette partie
distincte du corps dont il a été dit ci-dessus que la nature n'est que
de penser, y contribue et qui sont toutes les mêmes ; en quoi on peut dire
que les animaux sans raison nous ressemblent : sans que j'y en pusse
pour cela trouver aucune de celles qui, étant dépendantes de la pensée,
sont les seules qui nous appartiennent en tant qu'hommes, au lieu que je
les y trouvais toutes par après, ayant supposé que Dieu créât une âme
raisonnable, et qu'il la joignît à ce corps en certaine façon que je
décrivais […].

[*Descartes donne ensuite l'explication du mouvement du cœur et de
la circulation du sang*].

J'avais expliqué assez particulièrement[4] toutes ces choses dans le
traité que j'avais eu ci-devant dessein de publier. Et ensuite j'y avais
montré quelle doit être la fabrique[5] des nerfs et des muscles du corps
humain, pour faire que les esprits animaux, étant dedans, aient la force de
mouvoir ses membres : ainsi qu'on voit que les têtes, un peu après être
coupées, se remuent encore et mordent la terre, nonobstant qu'elles ne
soient plus animées ; quels changements se doivent faire dans le cerveau,
pour causer la veille, et le sommeil, et les songes ; comment la lumière,

---

1. Les âmes végétatives ou sensitives, reprises d'Aristote par les commentateurs et
les philosophes du Moyen Âge et traitées comme des formes substantielles, mortelles,
car ce sont des principes attachés à l'existence du corps, quoique distincts du corps.

2. Descartes croit, avec Aristote et la médecine médiévale, que le cœur est un
organe sensiblement plus chaud que le reste du corps ; le feu dont il est le siège explique
et son mouvement et les autres fonctions de l'animal.

3. *sur le marc.*

4. *d'une manière assez détaillée*

5. *la structure*

les sons, les odeurs, les goûts, la chaleur et toutes les autres qualités des objets extérieurs y peuvent imprimer diverses idées par l'entremise des sens[1]; comment la faim, la soif, et les autres passions intérieures[2], y peuvent aussi envoyer les leurs; ce qui doit y être pris pour le sens commun[3], où ces idées sont reçues; pour la mémoire, qui les conserve; et pour la fantaisie[4], qui les peut diversement changer et en composer de nouvelles, et par même moyen, distribuant les esprits animaux dans les muscles, faire mouvoir les membres de ce corps en autant de diverses façons, et autant à propos des objets qui se présentent à ses sens, et des passions intérieures qui sont en lui, que les nôtres se puissent mouvoir, sans que la volonté les conduise. Ce qui ne semblera nullement étrange à ceux qui, sachant combien de divers automates, ou machines mouvantes, l'industrie des hommes peut faire, sans y employer que fort peu de pièces, à comparaison de la grande multitude des os, des muscles, des nerfs, des artères, des veines, et de toutes les autres parties qui sont dans les corps de chaque animal, considéreront ce corps comme une machine qui, ayant été faite des mains de Dieu est incomparablement mieux ordonnée, et a en soi des mouvements plus admirables, qu'aucune de celles qui peuvent être inventées par les hommes.

Et je m'étais ici particulièrement arrêté à faire voir que, s'il y avait de telles machines, qui eussent les organes et la figure d'un singe, ou de quelque autre animal sans raison, nous n'aurions aucun moyen pour reconnaître qu'elles ne seraient pas en tout de même nature que ces animaux; au lieu que, s'il y en avait qui eussent la ressemblance de nos corps, et imitassent autant nos actions que moralement il serait possible, nous aurions toujours deux moyens très certains, pour reconnaître qu'elles ne seraient point pour cela de vrais hommes. Dont le premier est que jamais elles ne pourraient user de paroles, ni d'autres signes en les composant, comme nous faisons pour déclarer aux autres nos pensées. Car on peut bien concevoir qu'une machine soit tellement faite qu'elle profère des paroles, et même qu'elle en profère quelques-unes à propos

---

1. Toutes les sensations s'expliquent par l'action qu'exercent les objets sur l'extrémité des tuyaux nerveux; cette action se transmet par l'intermédiaire des esprits animaux jusqu'au cerveau, qui est le siège de l'âme.

2. C'est-à-dire : la joie, la tristesse, la colère, etc.

3. C'est-à-dire : une petite glande, dite la glande pinéale, qui se trouve vers le milieu du cerveau et où viennent converger les actions subies par chacun des sens particuliers. L'âme, par sa relation à cette glande, les y perçoit.

4. *l'imagination,*

des actions corporelles qui causeront quelque changement en ses organes : comme, si on la touche en quelque endroit, qu'elle demande ce qu'on lui veut dire ; si en un autre, qu'elle crie qu'on lui fait mal, et choses semblables ; mais non pas qu'elle les arrange diversement, pour répondre au sens de tout ce qui se dira en sa présence ainsi que les hommes les plus hébétés peuvent faire. Et le second est que, bien qu'elles fissent plusieurs choses aussi bien ou peut-être mieux qu'aucun de nous, elles manqueraient infailliblement en quelques autres, par lesquelles on découvrirait qu'elles n'agiraient pas par connaissance, mais seulement par la disposition de leurs organes. Car, au lieu que la raison est un instrument universel, qui peut servir en toutes sortes de rencontres, ces organes ont besoin de quelque particulière disposition pour chaque action particulière ; d'où vient qu'il est moralement impossible[1] qu'il y en ait assez de divers en une machine pour la faire agir en toutes les occurrences de la vie, de même façon que notre raison nous fait agir.

Or, par ces deux mêmes moyens, on peut aussi connaître la différence qui est entre les hommes et les bêtes. Car c'est une chose bien remarquable qu'il n'y a point d'hommes si hébétés et si stupides, sans en excepter même les insensés, qu'ils ne soient capables d'arranger ensemble diverses paroles et d'en composer un discours par lequel ils fassent entendre leurs pensées ; et qu'au contraire, il n'y a point d'autre animal, tant parfait et tant heureusement né qu'il puisse être, qui fasse le semblable[2]. Ce qui n'arrive pas de ce qu'ils ont faute d'organes, car on voit que les pies et les perroquets peuvent proférer des paroles ainsi que nous, et toutefois ne peuvent parler ainsi que nous, c'est-à-dire, en témoignant qu'ils pensent ce qu'ils disent ; au lieu que les hommes qui, étant nés sourds et muets, sont privés des organes qui servent aux autres pour parler, autant ou plus que les bêtes, ont coutume d'inventer d'eux-mêmes quelques signes, par lesquels ils se font entendre à ceux qui, étant ordinairement avec eux, ont loisir d'apprendre leur langue. Et ceci ne témoigne pas seulement que les bêtes ont moins de raison que les hommes, mais qu'elles n'en ont point du tout. Car on voit qu'il n'en faut que fort peu pour savoir parler ; et d'autant qu'on remarque de l'inégalité

---

1. La chose ne serait pas métaphysiquement inconcevable, ni irréalisable par Dieu ; mais l'existence de mécanismes infiniment compliqués, tels que seraient ces animaux est invraisemblable.

2. Tout le développement qui suit est dirigé contre les arguments allégués par Montaigne en faveur de l'intelligence des bêtes, dans l'*Apologie de Raymond Sebond*. Voir Montaigne, *Essais*, II, 12 ; éd. P. Villey, t. II, p. 183.

entre les animaux d'une même espèce, aussi bien qu'entre les hommes, et que les uns sont plus aisés à dresser que les autres, il n'est pas croyable qu'un singe ou un perroquet, qui serait des plus parfaits de son espèce, n'égalât en cela un enfant des plus stupides, ou du moins un enfant qui aurait le cerveau troublé, si leur âme n'était d'une nature du tout différente de la nôtre. Et on ne doit pas confondre les paroles avec les mouvements naturels, qui témoignent les passions, et peuvent être imités par des machines aussi bien que par les animaux; ni penser, comme quelques anciens, que les bêtes parlent, bien que nous n'entendions pas leur langage: car s'il était vrai [1], puisqu'elles ont plusieurs organes qui se rapportent aux nôtres, elles pourraient aussi bien se faire entendre à nous qu'à leurs semblables. C'est aussi une chose fort remarquable que, bien qu'il y ait plusieurs animaux qui témoignent plus d'industrie que nous en quelques-unes de leurs actions, on voit toutefois que les mêmes n'en témoignent point du tout en beaucoup d'autres: de façon que ce qu'ils font mieux que nous ne prouve pas qu'ils ont de l'esprit: car, à ce compte, ils en auraient plus qu'aucun de nous, et feraient mieux en toute chose; mais plutôt qu'ils n'en ont point, et que c'est la nature qui agit en eux, selon la disposition de leurs organes: ainsi qu'on voit qu'une horloge, qui n'est composée que de roues et de ressorts, peut compter les heures, et mesurer le temps, plus justement que nous avec toute notre prudence.

J'avais décrit, après cela, l'âme raisonnable, et fait voir qu'elle ne peut aucunement être tirée de la puissance de la matière, ainsi que les autres choses dont j'avais parlé, mais qu'elle doit expressément être créée; et comment il ne suffit pas qu'elle soit logée dans le corps humain, ainsi qu'un pilote en son navire [2], sinon peut-être pour mouvoir ses membres, mais qu'il est besoin qu'elle soit jointe et unie plus étroitement avec lui pour avoir, outre cela, des sentiments et des appétits semblables aux nôtres, et ainsi composer un vrai homme. Au reste, je me suis ici un peu étendu sur le sujet de l'âme, à cause qu'il est des plus importants; car, après l'erreur de ceux qui nient Dieu, laquelle je pense avoir ci-dessus assez réfutée, il n'y en a point qui éloigne plutôt les esprits faibles du droit chemin de la vertu, que d'imaginer que l'âme des bêtes soit de même nature que la nôtre, et que, par conséquent, nous n'avons rien à

---

1. *Car si cette opinion était vraie,*
2. Comparaison traditionnelle empruntée à Aristote (*De anima*, II, 1, 413 *a* 8). Le pilote dirige son navire mais il en reste distinct, de même, l'âme pourrait alors diriger le corps, ou même le mouvoir, mais elle ne ferait pas qu'un avec lui.

craindre, ni à espérer, après cette vie, non plus que les mouches et les fourmis ; au lieu que lorsqu'on sait combien elles diffèrent, on comprend beaucoup mieux les raisons, qui prouvent que la nôtre est d'une nature entièrement indépendante du corps et, par conséquent, qu'elle n'est point sujette à mourir avec lui ; puis, d'autant qu'on ne voit point d'autres causes qui la détruisent, on est naturellement porté à juger de là qu'elle est immortelle.

Cinquième partie (extraits)

TEXTE III

<Dans cet extrait, Leibniz marque les limites de l'explication mécaniste jusque dans les phénomènes physiques. Inventeur de la dynamique, il introduit la notion de force. Il associe à cette notion l'argument métaphysique que la matière ne saurait avoir de réalité substantielle, puisqu'elle est infiniment divisible. Tout être a donc en lui un principe non matériel, qui est à la source de son activité, ce que les Scolastiques appelaient une forme substantielle et Aristote une entéléchie. On peut aussi bien dire que ce principe est une âme animant un corps. Mais le raisonnement de Leibniz conduit à poser qu'une telle âme, y compris dans les animaux les plus élémentaires, ne saurait naître ou périr que par la puissance divine. D'où l'hypothèse de l'emboîtement des germes (du germe de l'enfant dans celui du parent). Leibniz joua un rôle important dans l'opposition anti-cartésienne. Bayle lui consacre un développement dans l'article *Rorarius*>.

LEIBNIZ, *Système nouveau de la nature*

Cela m'oblige donc de déclarer par avance que, selon mon opinion, tout se fait mécaniquement dans la nature et que, pour rendre une raison exacte et achevée de quelque phénomène particulier (comme de la pesanteur ou du ressort par exemple), il suffit de n'employer que la figure et le mouvement. Mais les principes mêmes de la mécanique et les lois du mouvement naissent à mon avis de quelque chose de supérieur, qui dépend plutôt de la métaphysique que de la géométrie, et que l'imagination ne saurait atteindre, quoique l'esprit le conçoive fort bien. Ainsi je trouve que dans la nature, outre la notion de l'étendue, il faut employer celle de la force, qui rend la matière capable d'agir et de résister ; et par la force ou puissance je n'entends pas le pouvoir ou la simple faculté qui n'est qu'une possibilité prochaine pour agir et qui étant comme morte même ne produit jamais une action sans être excitée par dehors[1], mais j'entends un milieu entre le pouvoir et l'action, qui enveloppe un effort, un acte, une entéléchie, car la force passe d'elle-même à l'action en tant que rien ne l'empêche. C'est pourquoi je la considère comme le constitutif de la substance, étant le principe de l'action, qui en est le caractère. Ainsi je trouve que la cause efficiente des actions physiques est du ressort de la métaphysique; en quoi je suis fort éloigné de ceux qui ne reconnaissent dans la nature que ce qui est matériel ou étendu, et qui par là se rendent suspects avec quelque raison auprès des personnes de piété. Je tiens même que la considération du bien, ou de la cause finale, quoiqu'il y ait quelque chose de moral, est encore utilement employée dans les explications des choses naturelles, puisque l'auteur de la nature agit par le principe de l'ordre et de la perfection, et avec une sagesse à laquelle rien ne se peut ajouter [...]. Mais venons à l'exposition que nous avons promise; je commence par la différence qu'on doit faire entre une substance et entre une collection ou bien un agrégé[2] de plusieurs substances. Quand je dis: *moi*, je parle d'une seule substance; mais une armée, un troupeau, un étang plein de poissons, quand il serait glacé et devenu roide avec tous ses poissons, sera toujours une collection de plusieurs substances. C'est pourquoi, mettant à part les âmes ou tels autres principes de l'unité, nous ne saurions jamais trouver une masse corporelle ou portion de matière qui soit une véritable substance. Ce sera toujours une collection, la matière étant actuellement divisée à l'infini en sorte que la moindre particelle enveloppe un monde véritablement infini de créatures, et peut-être d'animaux. Cette difficulté a forcé feu M. Cordemoy d'abandonner Descartes pour recourir aux atomes, croyant d'y trouver une véritable unité. Mais, outre que l'atome répugne[3] à la raison et à l'ordre, il contient déjà actuellement les parties dont il est composé, et il ne sert de rien de distinguer si elles sont séparées ou non. Cependant, puisqu'il faut nécessairement qu'il se trouve dans la nature corporelle des véritables unités, sans lesquelles il n'y aurait point de multitude ni de collection, il faut que ce qui fait la substance corporelle soit quelque chose qui réponde à ce qui s'appelle *moi*, en nous, qui

1. Par exemple, la faculté d'être entraîné par une foule.

2. *un agrégat*

3. *est contraire à*

est indivisible et pourtant agissant ; car étant indivisible et sans parties, ce ne sera plus un être par agrégation, mais étant agissant, ce sera quelque chose de substantiel. Il y a lieu de croire qu'une telle chose se trouve dans les animaux, qui les rend capables de sentiment qu'on appelle leur âme, que Saint Thomas a jugé devoir encore être indivisible. Il paraît même que dans toutes les espèces organiques, il y doit avoir quelque chose qui réponde à l'âme, et que les philosophes ont appelée *forme substantielle*, qu'Aristote appelle *entéléchie première*, et que j'appelle peut-être plus intelligiblement la *force primitive* pour la distinguer de la secondaire qu'on appelle *force mouvante* qui est une limitation ou variation accidentelle de la force primitive. Mais quand nous ne voudrions rien assurer des bêtes, des plantes ni de quelque autre espèce proposée en particulier, nous devons toujours reconnaître, en général, qu'il faut que tout soit plein de telles espèces qui contiennent en elles un principe de la véritable unité, qui ait de l'analogie avec l'âme et qui soit joint à une manière de corps organisé ; autrement nous ne trouverions point de substances dans la matière, et les corps ne seraient que des phénomènes et comme des songes bien réglés. Aussi les anciens, et Platon surtout, ont bien reconnu que la matière en elle-même, c'est-à-dire sans ce principe indivisible que nous venons d'expliquer, ne serait point quelque chose de réel ni de déterminé, car il n'y aurait point de substance corporelle.

Quant au commencement et à la fin de ces formes, âmes, ou principes substantiels, il faut dire qu'elles ne sauraient avoir leur origine que de la création, ni leur fin que d'une annihilation faite exprès par la puissance suprême de Dieu. Les philosophes ont été fort embarrassés, car ils cherchaient l'impossible en cherchant leur origine. Il est vrai qu'encore parmi les Scolastiques Albert le Grand, Jean Bachon et d'autres paraissent avoir entrevu une partie de la vérité. Ainsi, naturellement, ces formes ne commencent et ne finissent point ; et pourquoi n'auraient-elles pas le privilège des atomes, qui selon les Gassendistes se doivent toujours conserver ? Ce privilège se doit accorder à tout ce qui est véritablement une substance, car la véritable unité est absolument indissoluble. Cela étant, il faut croire que ces substances ont été créées d'abord avec le monde. Si ce n'est que Dieu en crée encore quelques-unes par sa toute-puissance, je prévois que ceux qui se hâtent de juger, me déclareront d'abord la guerre là-dessus et diront que j'introduis la Métempsychose ou transmigration des âmes, en accordant leur pré-existence. Je réponds que cette transmigration des âmes est une absurdité. Les principes substantiels ne voltigent point hors des substances. L'âme ne se trouve jamais sans corps naturellement. Ainsi, au lieu de croire la transmigration des âmes, il faut croire la transformation d'un même animal. Il semble qu'il n'y a ni génération ni mort à la rigueur[1], mais seulement des développements ou enveloppements, augmentations ou diminutions des animaux déjà formés et toujours subsistants en vie, quoique avec différents degrés de sensibilité. [...] Mais si nous rejetons la naissance première d'un animal, il est naturel de congédier encore l'extinction finale ou la mort prise à la rigueur de la philosophie. L'auteur du premier livre de *Diatea*, attribué à Hippocrate, était de ce sentiment; il veut que ce qu'on appelle *vivre et mourir* n'est que paraître ou disparaître plus ou moins. Parménide et Mélisse en disaient autant chez Aristote. Et comme la subtilité des corps organiques peut aller à l'infini (ce qu'on peut juger même par les semences enveloppées les unes dans les autres qui contiennent une réplication continuelle des corps organisés et animés), il est aisé à juger que le feu même, qui est le plus subtil et le plus violent agent, ne détruira point l'animal, puisqu'il ne fera tout au plus que le réduire à une petitesse, sur laquelle cet élément ne puisse plus agir. Cependant je ne veux point qu'on applique tout cela à l'âme raisonnable, qui est d'un ordre supérieur, et à l'égard de laquelle Dieu a des lois particulières qui la rendent exempte des révolutions de la matière. Dieu agit simplement en auteur et en maître avec les créatures qui sont sans raison, mais il agit en père et en chef avec les âmes qui le peuvent connaître et l'aimer. Le Monde intellectuel (qui n'est autre chose que la République de l'univers ou la cité de Dieu) n'est pas assujetti aux lois inférieures de l'ordre des corps; et tout le système des corps ne paraît être fait que pour le Monde intellectuel. J'ajouterai qu'il semble que la sensibilité et la douleur des bêtes est tout d'une autre nature que la nôtre, et ne saurait les rendre malheureuses, faute de réflexion. C'est pour répondre à ceux qui s'imaginent que, si elles avoient des âmes, la justice de Dieu serait blessée à leur égard.

Première version du *Système nouveau de la nature* (1695)
(extraits)

---

1. *à rigoureusement parler,*

Texte IV

<Le *Dictionnaire historique et critique* de Bayle (1696) est composé d'articles, eux-mêmes très longuement annotés. Nous donnons ici des extraits tirés de trois notes de l'article *Rorarius*. Rorarius avait écrit un ouvrage où il avait entrepris de montrer que non seulement les bêtes sont des animaux raisonnables, mais qu'elles se servent de la raison mieux que les hommes. Les notes de l'article contiennent quelques remarques sur la théorie cartésienne des animaux-machines, une vive critique de la théorie scolastique de l'âme sensitive et une présentation de la thèse leibnizienne sur les animaux>.

Bayle, *Dictionnaire historique et critique*

[Note B : *Le chien battu est une objection aux Scolastiques autant qu'aux Cartésiens*]

Cela ne demande point de preuve à l'égard des Cartésiens ; il n'y a personne qui ne connaisse qu'il est difficile d'expliquer comment de pures machines peuvent faire ce que font les animaux. Prouvons donc seulement que le Péripatétisme[1] se trouve dans un embarras extrême, quand il faut donner raison de leur conduite. Tout péripatéticien qui entend dire que les bêtes ne sont que des automates, objecte d'abord qu'un chien battu pour s'être jeté sur un plat de viande, n'y touche plus quand il voit son maître le menaçant d'un bâton. Mais pour faire voir que ce phénomène ne saurait être expliqué par celui qui le propose, il suffit de dire que, si l'action de ce chien est accompagnée de connaissance, il faut nécessairement que le chien raisonne : il faut qu'il compare le présent avec le passé et qu'il en tire une conclusion, il faut qu'il se souvienne et des coups qu'on lui a donnés, et pourquoi il les a reçus, il faut qu'il connaisse que, s'il se ruait sur le plat de viande qui frappe ses sens, il ferait la même action pour laquelle on l'a battu, et qu'il conclue que pour éviter de nouveaux coups de bâton, il doit s'abstenir de cette viande. N'est-ce pas un véritable raisonnement ? Pouvez-vous expliquer ce fait par la simple supposition d'une âme qui sent, mais sans réfléchir sur ses actes, mais sans réminiscence, mais sans comparer deux idées, mais sans tirer nulle conclusion ? Examinez bien les exemples que l'on compile et que l'on objecte aux Cartésiens, vous trouverez qu'ils prouvent trop car

1. L'école d'Aristote, reprise par les Scolastiques au Moyen Âge.

ils prouvent que les bêtes comparent la fin avec les moyens et qu'elles préfèrent en quelques rencontres l'honnête à l'utile; en un mot, qu'elles se conduisent par les règles de l'équité, et de la reconnaissance. Rorarius dit qu'il y a eu des chevaux qui ont refusé de couvrir leur mère ou qui, l'ayant fait sans le savoir, trompés par les artifices d'un valet, se sont jetés dans un précipice, après avoir eu connaissance de ce qui s'était passé [...].

[Note C : *la théorie des animaux-machines est avantageuse à la religion*]

Ce qui porte les Cartésiens à dire que les bêtes sont des automates, est que selon eux toute matière est incapable de penser. Ils ne se contentent pas de dire qu'il n'y a que les substances spirituelles qui puissent faire des réflexions et enchaîner une longue suite de raisonnements, ils soutiennent que toute pensée, soit qu'on la nomme réflexion, méditation, progrès du principe à la conséquence, soit qu'on la nomme sensation, imagination, instinct, est d'une telle nature que la matière la plus subtile et la plus parfaite en est incapable, et qu'elle ne peut se trouver que dans les substances incorporelles. Par ce principe il n'y a point d'homme qui ne se puisse convaincre de l'immortalité de son âme : chacun sait qu'il pense et, par conséquent, s'il raisonne à la cartésienne, il ne peut douter qu'en tant qu'il pense, il ne soit distinct du corps; d'où il s'ensuit qu'à cet égard il est immortel; car la mortalité des créatures ne consiste qu'en ce qu'elles sont composées de plusieurs parties de matière, qui se séparent les unes des autres. Voilà un grand avantage pour la Religion; mais il sera presque impossible de le garder par des raisons philosophiques, si l'on accorde que les bêtes ont une âme matérielle qui périt avec le corps; une âme, dis-je, dont les sensations et les désirs sont la cause des actions qu'on leur voit faire [...].

[Note E : *Les suites fâcheuses de l'opinion qui donne aux bêtes l'âme sensitive*]

Rien n'est plus divertissant que de voir avec quelle autorité les Scolastiques s'ingèrent de donner des bornes à la connaissance des bêtes. Ils veulent qu'elles ne connaissent que les objets singuliers et matériels, et qu'elles n'aiment que l'utile et l'agréable; qu'elles ne puissent réfléchir sur leurs sentiments et sur leurs désirs, ni conclure une chose d'une autre. On dirait qu'ils ont fouillé plus heureusement dans les facultés et dans les actes de l'âme des bêtes, que les plus experts Anatomistes dans les entrailles des chiens. Leur témérité est si grande que, quand même le hasard aurait voulu qu'ils trouvassent la vérité, ils seraient indignes de louange, et même d'excuse. Mais donnons quartier là-dessus; accordons-leur tout ce qu'ils supposent, qu'en espèrent-ils? S'imaginent-ils que par ce moyen ils obtiendront d'une personne qui sait raisonner, qu'on doit convenir que l'âme de l'homme n'est pas de la même espèce que celle des bêtes? Cette prétention est chimérique. Il est évident à quiconque sait juger des choses, que toute substance qui a quelque sentiment sait qu'elle sent; et il ne serait pas plus absurde de soutenir que l'âme de l'homme connaît actuellement un objet sans connaître qu'elle le connaît, qu'il est absurde de dire que l'âme d'un chien voit un oiseau, sans voir qu'elle le voit. Cela montre que tous les actes des facultés sensitives sont de leur nature et par leur essence réflexifs sur eux-mêmes. Le Père Maignan, qui malgré toutes ses lumières a croupi dans les erreurs et dans la crasse de l'École à l'égard de l'âme des bêtes, avoue pourtant que pour sentir une chose, il faut connaître le sentiment que l'on en a […]. Il faut donc dire que la mémoire des bêtes est un acte qui les fait resouvenir du passé, et qui leur apprend qu'elles s'en souviennent. Comment donc ose-t-on dire qu'elles n'ont pas le pouvoir de réfléchir sur leurs pensées, ni de tirer une conséquence? Mais encore un coup ne disputons point sur cela; permettons à ces Philosophes de bâtir très mal leurs suppositions: servons-nous uniquement de ce qu'ils enseignent. Ils disent que l'âme des bêtes aperçoit tous les objets des cinq sens externes, qu'elle juge qu'entre ces objets il y en a qui lui conviennent et d'autres qui lui sont nuisibles, et qu'en conséquence de ce jugement elle désire ceux qui lui conviennent et abhorre les autres : et que pour jouir de l'objet qu'elle souhaite, elle transporte ses organes au lieu où il est, et qu'afin de fuir l'objet qu'elles abhorrent, elle éloigne ses organes du lieu où il est. Je conclus de tout cela que, si elle ne produit point d'autres actes aussi nobles que ceux de nôtre âme, ce n'est point sa faute ou qu'elle soit d'une nature moins parfaite que l'âme de l'homme ; c'est seulement que les organes qu'elle anime ne ressemblent point aux nôtres. Je demande à ces Messieurs s'ils trouveraient bon qu'on dît que l'âme d'un homme est d'une autre espèce à l'âge de 35 ans qu'à l'âge d'un mois ; ou que l'âme d'un frénétique, d'un hébété, d'un vieillard qui tombe en enfance, n'est pas substantiellement aussi parfaite que l'âme d'un habile homme. Ils rejetteraient sans doute cette pensée comme une erreur très grossière, et ils feraient bien ; car il est sûr que la même âme qui dans les enfants ne fait que sentir, médite et raisonne d'une manière solide dans un homme fait ; et que la même âme qui fait admirer sa raison et son esprit dans un grand homme, ne ferait que radoter dans un vieillard, qu'extravaguer dans un fou, que sentir dans un enfant. On serait dans une erreur crasse, si l'on prétendait que l'âme de l'homme n'est susceptible que des pensées qui nous sont connues. Il y a une infinité de sensations, et de passions, et d'idées dont cette âme est très capable, quoi qu'elle n'en soit jamais affectée pendant cette vie : si on l'unissait à des organes différents des nôtres, elle penserait autrement qu'elle ne fait aujourd'hui, et ses modifications pourraient être beaucoup plus nobles que celles que nous éprouvons. S'il y avait des substances qui dans des corps organisés eussent une suite de sensations et d'autres pensées beaucoup plus sublimes que les nôtres, pourrait-on dire qu'elles sont d'une nature plus parfaite que notre âme ? Non sans doute ; car si notre âme était transportée dans ces corps-là, elle y aurait cette même suite de sensations et d'autres pensées beaucoup plus sublimes que les nôtres. Il est aisé d'appliquer ceci à l'âme des bêtes. On nous avoue qu'elle sent les corps, qu'elle les discerne, qu'elle en souhaite quelques-uns, qu'elle en abhorre quelques autres. C'est assez, elle est donc une substance qui pense, elle est donc capable de la pensée en général : elle peut donc recevoir toutes sortes de pensées, elle peut donc raisonner, elle peut connaître le bien honnête, les Universaux, les axiomes de métaphysique, les règles de la morale, etc. ; car, comme de ce que la cire peut recevoir la figure d'un cachet, il s'ensuit manifestement qu'elle est susceptible de la figure de tout cachet, il faut dire aussi que dès qu'une âme est capable d'une pensée, elle est capable de toutes pensées. Il serait absurde de faire ce raisonnement : ce morceau de cire n'a reçu l'empreinte que de trois ou quatre cachets, donc il ne peut pas recevoir l'empreinte de mille cachets. Ce morceau d'étain n'a jamais été une assiette, donc il ne peut pas être une assiette, et il est d'une autre nature que cette assiette d'étain que je vois là. On ne raisonne pas mieux quand on assure que l'âme du chien n'a jamais eu que des sensations, etc. ; donc elle n'est point capable des idées de morale, ni des notions de métaphysique. D'où vient qu'un morceau de cire porte l'image du Prince, et qu'un autre ne la porte pas ? C'est à cause du cachet qui a été appliqué sur l'un, et non pas sur l'autre. Ce morceau d'étain qui ne fut jamais une assiette, le sera dès que vous le jetterez dans le moule d'une assiette. Jetez de même cette âme de bête dans le moule des idées universelles et des notions des arts et des sciences, je veux dire, unissez-la à un corps humain bien choisi, ce sera l'âme d'un habile homme, et non plus celle d'une bête […].

Article « Rorarius »

TEXTE V

<L'*Histoire des animaux* (dans le tome II de l'*Histoire naturelle*, 1749) vient après l'*Histoire et la théorie de la terre*, l'*Histoire des minéraux* et un mémoire rapportant des expériences sur les végétaux. Elle commence par la comparaison entre les animaux et les végétaux>.

BUFFON, *Histoire des animaux*

Pour faire donc l'histoire de l'animal, il faut d'abord reconnaître avec exactitude l'ordre général des rapports qui lui sont propres, et distinguer ensuite les rapports qui lui sont communs avec les végétaux et les minéraux. L'animal n'a de commun avec le minéral que les qualités de la matière prise généralement, sa substance a les mêmes propriétés virtuelles, elle est étendue, pesante, impénétrable comme tout le reste de la matière, mais son économie est toute différente. Le minéral n'est qu'une matière brute, inactive, insensible, n'agissant que par la contrainte des lois de la mécanique, n'obéissant qu'à la force généralement répandue dans l'Univers, sans organisation, sans puissance, dénuée de toutes facultés, même de celle de se reproduire, substance informe, faite pour être foulée aux pieds par les hommes et les animaux, laquelle, malgré le nom de métal précieux, n'en est pas moins méprisée par le sage, et ne peut avoir qu'une valeur arbitraire, toujours subordonnée à la volonté et dépendante de la convention des hommes. L'animal réunit toutes les puissances de la Nature, les forces qui l'animent lui sont propres et particulières, il veut, il agit, il se détermine, il opère, il communique par ses sens avec les objets les plus éloignés, son individu est un centre où tout se rapporte, un point où l'univers entier se réfléchit, un monde en raccourci : voilà les rapports qui lui sont propres ; ceux qui lui sont communs avec les végétaux sont les facultés de croître, de se développer, de se reproduire et de se multiplier.

La différence la plus apparente entre les animaux et les végétaux paraît être cette faculté de se mouvoir et de changer de lieu, dont les animaux sont doués, et qui n'est pas donnée aux végétaux ; il est vrai que nous ne connaissons aucun végétal qui ait le mouvement progressif, mais nous voyons plusieurs espèces d'animaux, comme les huîtres, les galle-insectes, etc., auxquelles ce mouvement paraît avoir été refusé; cette différence n'est donc pas générale et nécessaire.

Une différence plus essentielle pourrait se tirer de la faculté de sentir qu'on ne peut guère refuser aux animaux, et dont il semble que les végétaux soient privés; mais ce mot *sentir* renferme un si grand nombre d'idées qu'on ne doit pas le prononcer avant que d'en avoir fait l'analyse; car si par *sentir* nous entendons seulement faire une action de mouvement à l'occasion d'un choc ou d'une résistance, nous trouverons que la plante appelée *sensitive* est capable de cette espèce de sentiment, comme les animaux; si au contraire on veut que *sentir* signifie *apercevoir et comparer des perceptions*, nous ne sommes pas sûrs que les animaux aient cette espèce de sentiment; et si nous accordons quelque chose de semblable aux chiens, aux éléphants, etc., dont les actions semblent avoir les mêmes causes que les nôtres, nous le refuserons à une infinité d'espèces d'animaux, et surtout à ceux qui nous paraissent être immobiles et sans action; si on voulait que les huîtres, par exemple, eussent du sentiment comme les chiens, mais à un degré fort inférieur, pourquoi n'accorderait-on pas aux végétaux ce même sentiment dans un degré encore au-dessous? Cette différence entre les animaux et les végétaux non seulement n'est pas générale, mais même n'est pas bien décidée.

Une troisième différence paraît être dans la manière de se nourrir; les animaux par le moyen de quelques organes extérieurs saisissent les choses qui leur conviennent, ils vont chercher leur pâture, ils choisissent leurs aliments; les plantes au contraire paraissent être réduites à recevoir la nourriture que la terre veut bien leur fournir, il semble que cette nourriture soit toujours la même : aucune diversité dans la manière de se la procurer, aucun choix dans l'espèce, l'humidité de la terre est leur seul aliment. Cependant, si l'on fait attention à l'organisation et à l'action des racines et des feuilles, on reconnaîtra bientôt que ce sont là les organes extérieurs dont les végétaux se servent pour pomper la nourriture, on verra que les racines se détournent d'un obstacle ou d'une veine de mauvais terrain pour aller chercher la bonne terre; que même ces racines se divisent, se multiplient et vont jusqu'à changer de forme pour procurer de la nourriture à la plante; la différence entre les animaux et les végétaux ne peut donc pas s'établir sur la manière dont ils se nourrissent.

Cet examen nous conduit à reconnaître évidemment qu'il n'y a aucune différence absolument essentielle et générale entre les animaux et les végétaux, mais que la Nature descend par degrés et par nuances imperceptibles d'un animal qui nous paraît le plus parfait à celui qui l'est le moins, et de celui-ci au végétal. Le polype d'eau douce sera, si l'on veut, le dernier des animaux et la première des plantes.

En effet, après avoir examiné les différences, si nous cherchons les ressemblances des animaux et des végétaux, nous en trouverons d'abord une qui est générale et très essentielle, c'est la faculté commune à tous deux de se reproduire, faculté qui suppose plus d'analogies et de choses semblables que nous ne pouvons l'imaginer, et qui doit nous faire croire que pour la nature les animaux et les végétaux sont des êtres à peu près du même ordre.

Une seconde ressemblance peut se tirer du développement de leurs parties, propriété qui leur est commune, car les végétaux ont, aussi bien que les animaux, la faculté de croître; et si la manière dont ils se développent est différente, elle ne l'est pas totalement ni essentiellement, puisqu'il y a dans les animaux des parties très considérables, comme les os, les cheveux, les ongles, les cornes, etc., dont le développement est une vraie végétation, et que dans les premiers temps de sa formation le fœtus végète plutôt qu'il ne vit.

Une troisième ressemblance, c'est qu'il y a des animaux qui se reproduisent comme les plantes, et par les mêmes moyens; la multiplication des pucerons qui se fait sans accouplement, est semblable à celle des plantes par les graines; et celle des polypes, qui se fait en les coupant, ressemble à la multiplication des arbres par boutures.

On peut donc assurer avec plus de fondement encore que les animaux et les végétaux sont des êtres du même ordre, et que la nature semble avoir passé des uns aux autres par des nuances insensibles, puisqu'ils ont entre eux des ressemblances essentielles et générales, et qu'ils n'ont aucune différence qu'on puisse regarder comme telle.

Si nous comparons maintenant les animaux aux végétaux par d'autres faces, par exemple, par le nombre, par le lieu, par la grandeur, par la forme, etc. nous en tirerons de nouvelles inductions.

Chapitre premier, « Comparaison des animaux et des végétaux »

TEXTE VI

<Cet extrait, tiré du tome III de l'*Histoire naturelle* (1749), donne le célèbre tableau du premier homme, tableau en forme de récit. Cet homme est pourvu de tous ses organes, mais ne sait rien du monde ni de lui-même; et il ne distingue pas entre lui-même et le monde. Il s'ouvre

aux sensations que lui donne successivement chacun de ses sens. Il dit ses premiers plaisirs et ses premiers souvenirs. On apprend le rôle du toucher dans la découverte du corps propre et de l'extériorité des choses et comment il se rapporte à la vue. Ève enfin ! Ah ! Ève…>.

BUFFON, *De l'homme (Des sens en général)*

J'imagine donc un homme tel qu'on peut croire qu'était le premier homme au moment de la création, c'est-à-dire, un homme dont le corps et les organes seraient parfaitement formés, mais qui s'éveillerait tout neuf pour lui-même et pour tout ce qui l'environne. Quels seraient ses premiers mouvements, ses premières sensations, ses premiers jugements ? Si cet homme voulait nous faire l'histoire de ses premières pensées, qu'aurait-il à nous dire ? Quelle serait cette histoire ? Je ne puis me dispenser de le faire parler lui-même, afin d'en rendre les faits plus sensibles : ce récit philosophique qui sera court, ne sera pas une digression inutile.

Je me souviens de cet instant plein de joie et de trouble, où je sentis pour la première fois ma singulière existence ; je ne savais ce que j'étais, où j'étais, d'où je venais. J'ouvris les yeux, quel surcroît de sensation ! La lumière, la voûte céleste, la verdure de la terre, le cristal des eaux, tout m'occupait, m'animait, et me donnait un sentiment inexprimable de plaisir ; je crus d'abord que tous ces objets étaient en moi et faisaient partie de moi-même.

Je m'affermissais dans cette pensée naissante lorsque je tournai les yeux vers l'astre de la lumière, son éclat me blessa ; je fermai involontairement la paupière, et je sentis une légère douleur. Dans ce moment d'obscurité je crus avoir perdu presque tout mon être.

Affligé, saisi d'étonnement, je pensais à ce grand changement, quand tout à coup j'entends des sons ; le chant des oiseaux, le murmure des airs formaient un concert dont la douce impression me remuait jusqu'au fond de l'âme ; j'écoutai longtemps, et je me persuadai bientôt que cette harmonie était moi.

Attentif, occupé tout entier de ce nouveau genre d'existence, j'oubliais déjà la lumière cette autre partie de mon être que j'avais connue la première, lorsque je rouvris les yeux. Quelle joie de me retrouver en possession de tant d'objets brillants ! Mon plaisir surpassa tout ce que j'avais senti la première fois et suspendit pour un temps le charmant effet des sons.

Je fixai mes regards sur mille objets divers, je m'aperçus bientôt que je pouvais perdre et retrouver ces objets, et que j'avais la puissance de détruire et de reproduire à mon gré cette belle partie de moi-même ; et quoiqu'elle me parût immense en grandeur par la quantité des accidents de lumière et par la variété des couleurs, je crus reconnaître que tout était contenu dans une portion de mon être.

Je commençais à voir sans émotion et à entendre sans trouble, lorsqu'un air léger dont je sentis la fraîcheur, m'apporta des parfums qui me causèrent un épanouissement intime et me donnèrent un sentiment d'amour pour moi-même.

Agité par toutes ces sensations, pressé par les plaisirs d'une si belle et si grande existence, je me levai tout d'un coup et je me sentis transporté par une force inconnue.

Je ne fis qu'un pas, la nouveauté de ma situation me rendit immobile, ma surprise fut extrême, je crus que mon existence fuyait, le mouvement que j'avais fait, avait confondu les objets, je m'imaginais que tout était en désordre.

Je portai la main sur ma tête, je touchai mon front et mes yeux, je parcourus mon corps, ma main me parût être alors le principal organe de mon existence ; ce que je sentais dans cette partie était si distinct et si complet, la jouissance m'en paraissait si parfaite en comparaison du plaisir que m'avaient causé la lumière et les sons, que je m'attachai tout entier à cette partie solide de mon être, et je sentis que mes idées prenaient de la profondeur et de la réalité.

Tout ce que je touchais sur moi semblait rendre à ma main sentiment pour sentiment, et chaque attouchement produisait dans mon âme une double idée.

Je ne fus pas longtemps sans m'apercevoir que cette faculté de sentir était répandue dans toutes les parties de mon être, je reconnus bientôt les limites de mon existence qui m'avait paru d'abord immense en étendue.

J'avais jeté les yeux sur mon corps, je le jugeais d'un volume énorme et si grand que tous les objets qui avoient frappé mes yeux, ne me paraissaient être en comparaison que des points lumineux.

Je m'examinai longtemps, je me regardais avec plaisir, je suivis ma main de l'œil et j'observais ses mouvements ; j'eus sur tout cela les idées les plus étranges, je croyais que le mouvement de ma main n'était qu'une espèce d'existence fugitive, une succession de choses semblables, je l'approchai de mes yeux, elle me parut alors plus grande que tout mon corps, et elle fit disparaître à ma vue un nombre infini d'objets.

Je commençai à soupçonner qu'il y avait de l'illusion dans cette sensation qui me venait par les yeux ; j'avais vu distinctement que ma main n'était qu'une petite partie de mon corps, et je ne pouvais comprendre qu'elle fût augmentée au point de me paraître d'une grandeur démesurée ; je résolus donc de ne me fier qu'au toucher qui ne m'avait pas encore trompé, et d'être en garde sur toutes les autres façons de sentir et d'être.

Cette précaution me fut utile, je m'étais remis en mouvement et je marchais la tête haute et levée vers le ciel, je me heurtai légèrement contre un palmier ; saisi d'effroi, je portai ma main sur ce corps étranger, je le jugeai tel, parce qu'il ne me rendit pas sentiment pour sentiment ; je me détournai avec une espèce d'horreur, et je connus pour la première fois qu'il y avait quelque chose hors de moi.

Plus agité par cette nouvelle découverte que je ne l'avais été par toutes les autres, j'eus peine à me rassurer et, après avoir médité sur cet événement, je conclus que je ne devais juger des objets extérieurs comme j'avais jugé des parties de mon corps, et qu'il n'y avait que le toucher qui pût m'assurer de leur existence.

Je cherchai donc à toucher tout ce que je voyais, je voulais toucher le soleil, j'étendis les bras pour embrasser l'horizon, et je ne trouvais que le vide des airs.

À chaque expérience que je tentais, je tombais de surprise en surprise, car tous les objets me paraissaient être également près de moi, et ce ne fut qu'après une infinité d'épreuves que j'appris à me servir de mes yeux pour guider ma main ; et comme elle me donnait des idées toutes différentes des impressions que je recevais par le sens de la vue, mes sensations n'étant pas d'accord entre elles, mes jugements n'en étaient que plus imparfaits, et le total de mon être n'était encore pour moi-même qu'une existence en confusion.

Profondément occupé de moi, de ce que j'étais, de ce que je pouvais être, les contrariétés que je venais d'éprouver m'humilièrent : plus je réfléchissais, plus il se présentait de doutes ; lassé de tant d'incertitudes, fatigué des mouvements de mon âme, mes genoux fléchirent et je me trouvai dans une situation de repos. Cet état de tranquillité donna de nouvelles forces à mes sens, j'étais assis à l'ombre d'un bel arbre, des fruits d'une couleur vermeille descendaient en forme de grappe à la portée de ma main, je les touchai légèrement, aussitôt ils se séparèrent de la branche, comme la figue s'en sépare dans le temps de sa maturité.

J'avais saisi un de ces fruits, je m'imaginais avoir fait une conquête, et je me glorifiais de la faculté que je sentais, de pouvoir contenir dans ma main un autre être tout entier ; sa pesanteur, quoique peu sensible, me parut une résistance animée que je me faisais un plaisir de vaincre.

J'avais approché ce fruit de mes yeux, j'en considérais la forme et les couleurs, une odeur délicieuse me le fit approcher davantage, il se trouva près de mes lèvres, je tirais à longues inspirations le parfum, et goûtais à longs traits les plaisirs de l'odorat ; j'étais intérieurement rempli de cet air embaumé, ma bouche s'ouvrit pour l'exhaler, elle se rouvrit pour en reprendre, je sentis que je possédais un odorat intérieur plus fin, plus délicat encore que le premier, enfin je goûtai.

Quelle saveur ! Quelle nouveauté de sensation ! Jusque-là je n'avais eu que des plaisirs, le goût me donna le sentiment de la volupté, l'intimité de la jouissance fit naître l'idée de la possession, je crus que la substance de ce fruit était devenue la mienne, et que j'étais le maître de transformer les objets.

Flatté de cette idée de puissance, incité par le plaisir que j'avais senti, je cueillis un second et un troisième fruit, et je ne me lassais pas d'exercer ma main pour satisfaire mon goût ; mais une langueur agréable s'emparant peu à peu de tous mes sens, appesantit mes membres et suspendit l'activité de mon âme ; je jugeai de son inaction par la mollesse de mes pensées, mes sensations émoussées arrondissaient tous les objets et ne me présentaient que des images faibles et mal terminées ; dans cet instant mes yeux devenus inutiles se fermèrent et ma tête, n'étant plus soutenue par la force des muscles, pencha pour trouver un appui sur le gazon.

Tout fut effacé, tout disparut, la trace de mes pensées fut interrompue, je perdis le sentiment de mon existence : ce sommeil fut profond, mais je ne sais s'il fut de longue durée, n'ayant point encore l'idée du temps et ne pouvant le mesurer ; mon réveil ne fut qu'une seconde naissance, et je sentis seulement que j'avais cessé d'être.

Cet anéantissement que je venais d'éprouver, me donna quelque idée de crainte, et me fit sentir que je ne devais pas exister toujours.

J'eus une autre inquiétude, je ne savais si je n'avais pas laissé dans le sommeil quelque partie de mon être, j'essayai mes sens, je cherchai à me reconnaître.

Mais tandis que je parcourais des yeux les bornes de mon corps pour m'assurer que mon existence m'était demeurée toute entière, quelle fut ma surprise de voir à mes côtés une forme semblable à la mienne ! Je la pris pour un autre moi-même, loin d'avoir rien perdu pendant que j'avais cessé d'être, je crus m'être doublé.

Je portai ma main sur ce nouvel être, quel saisissement ! Ce n'était pas moi, mais c'était plus que moi, mieux que moi, je crus que mon existence allait changer de lieu et passer toute entière à cette seconde moitié de moi-même.

Je la sentis s'animer sous ma main, je la vis prendre de la pensée dans mes yeux, les siens firent couler dans mes veines une nouvelle source de vie, j'aurais voulu lui donner tout mon être ; cette volonté vive acheva mon existence, je sentis naître un sixième sens.

Dans cet instant l'astre du jour sur la fin de sa course éteignit son flambeau, je m'aperçus à peine que je perdais le sens de la vue, j'existais trop pour craindre de cesser d'être, et ce fut vainement que l'obscurité où je me trouvais, me rappela l'idée de mon premier sommeil.

Texte VII

<Buffon consacre deux développements aux sens pris particulièrement, l'un sur la vue, l'autre sur l'ouïe. L'étude porte sur le développement de chacun de ces deux sens, depuis leur formation dans le fœtus. À titre de confirmation de sa doctrine des rapports entre la vue et le toucher, que nous reproduisons ci-dessous, il rapporte également la célèbre opération de la cataracte pratiquée par Cheselden, sur un jeune homme de treize ans, et il s'attarde sur les problèmes de la perception de la distance>.

Buffon, *De l'homme (Du sens de la vue)*

Si l'on examine les yeux d'un enfant quelques heures ou quelques jours après sa naissance, on reconnaît aisément qu'il n'en fait encore aucun usage ; cet organe n'ayant pas encore assez de consistance, les rayons de la lumière ne peuvent arriver que confusément sur la rétine : ce n'est qu'au bout d'un mois ou environ qu'il paraît que l'œil a pris de la solidité et le degré de tension nécessaire pour transmettre ces rayons dans l'ordre que suppose la vision. Cependant alors même, c'est-à-dire au bout d'un mois, les yeux des enfants ne s'arrêtent encore sur rien : ils les remuent et les tournent indifféremment, sans qu'on puisse remarquer si quelques objets les affectent réellement ; mais bientôt, c'est-à-dire à six ou sept semaines, ils commencent à arrêter leurs regards sur les choses les plus brillantes, à tourner souvent les yeux et à les fixer du côté du jour, des lumières ou des fenêtres. Cependant, l'exercice qu'ils donnent à cet organe ne fait que le fortifier, sans leur donner encore aucune notion exacte des différents objets ; car le premier défaut du sens de la vue est de représenter tous les objets renversés. Les enfants, avant que de s'être assurés par le toucher de la position des choses et de celle de leur propre corps, voient en bas tout ce qui est en haut, et en haut tout ce qui est en bas ; ils prennent donc par les yeux une fausse idée de la position des objets. Un second défaut, et qui doit induire les enfants dans une espèce d'erreur ou de faux jugement, c'est qu'ils voient d'abord tous les objets doubles, parce que dans chaque œil il se forme une image du même objet ; ce ne peut encore être que par l'expérience du toucher qu'ils acquièrent la connaissance nécessaire pour rectifier cette erreur, et qu'ils apprennent en effet à juger simples les objets qui leur paraissent doubles. Cette erreur de la vue, aussi bien que la première, est dans la suite si bien rectifiée par la vérité du toucher que, quoique nous voyions en effet tous les objets doubles et renversés, nous nous imaginons cependant les voir réellement simples et droits, et que nous nous persuadons que cette sensation par laquelle nous voyons les objets simples et droits, qui n'est qu'un jugement de notre âme occasionné par le toucher, est une appréhension réelle produite par le sens de la vue. Si nous étions privés du toucher, les yeux nous tromperaient donc, non seulement sur la position, mais aussi sur le nombre des objets.

La première erreur est une suite de la conformation de l'œil, sur le fond duquel les objets se peignent dans une situation renversée, parce que les rayons lumineux qui forment les images de ces mêmes objets, ne peuvent entrer dans l'œil qu'en se croisant dans la petite ouverture de la pupille. On aura une idée bien claire de la manière dont se fait ce renversement des images, si l'on fait un petit trou dans un lieu fort obscur ; on verra que les objets du dehors se peindront sur la muraille de cette chambre obscure dans une situation renversée, parce que tous les rayons qui partent des différents points de l'objet ne peuvent pas passer par le petit trou dans la position et dans l'étendue qu'ils ont en partant de l'objet, puisqu'il faudrait alors que le trou fût aussi grand que l'objet même ; mais comme chaque partie, chaque point de l'objet renvoie des images de tous côtés, et que les rayons qui forment ces images partent de tous les points de l'objet comme d'autant de centres, il ne peut passer par le trou que ceux qui arrivent dans des directions différentes ; le petit trou devient un centre pour l'objet entier, auquel les rayons de la partie d'en haut arrivent aussi bien que ceux de la partie d'en bas, sous des directions convergentes ; par conséquent ils se croisent dans ce centre, et peignent ensuite les objets dans une situation renversée.

Il est aussi fort aisé de se convaincre que nous voyons réellement tous les objets doubles, quoique nous les jugions simples : il ne faut pour cela que regarder le même objet, d'abord avec l'œil droit ; on le verra correspondre à quelque point d'une muraille ou d'un plan que nous supposerons au-delà de l'objet; ensuite, en le regardant avec l'œil gauche, on verra qu'il correspond à un autre point de la muraille; et enfin, en le regardant des deux yeux, on le verra dans le milieu entre les deux points auxquels il correspondait auparavant. Ainsi, il se forme une image dans chacun de nos yeux; nous voyons l'objet double, c'est-à-dire nous voyons une image de cet objet à droite et une image à gauche; et nous le jugeons simple et dans le milieu parce que nous avons rectifié par le sens du toucher cette erreur de la vue. De même, si l'on regarde des deux yeux deux objets qui soient à peu près dans la même direction par rapport à nous, en fixant ses yeux sur le premier, qui est plus voisin, on le verra simple, mais en même temps on verra double celui qui est le plus éloigné; et, au contraire, si l'on fixe ses yeux sur celui qui est le plus éloigné, on le verra simple, tandis qu'on verra double en même temps l'objet le plus voisin. Ceci prouve évidemment que nous voyons en effet tous les objets doubles, quoique nous les jugions simples, et que nous les voyons où ils ne sont pas réellement, quoique nous les jugions où ils sont en effet. Si le sens du toucher ne rectifiait donc pas le sens de la vue dans toutes les occasions, nous nous tromperions sur la position des objets, sur leur nombre et encore sur leur lieu; nous les jugerions renversés, nous les jugerions doubles et nous les jugerions à droite et à gauche du lieu qu'ils occupent réellement; et si, au lieu de deux yeux, nous en avions cent, nous jugerions toujours les objets simples, quoique nous les vissions multipliés cent fois […].

Nous ne pouvons avoir par le sens de la vue aucune idée des distances; sans le toucher tous les objets nous paraîtraient être dans nos yeux, parce que les images de ces objets y sont en effet; et un enfant qui n'a encore rien touché, doit être affecté comme si tous ces objets étaient en lui-même; il les voit seulement plus gros ou plus petits, selon qu'ils s'approchent ou qu'ils s'éloignent de ses yeux; une mouche qui s'approche de son œil, doit lui paraître un animal d'une grandeur énorme, un cheval ou un bœuf qui en est éloigné, lui paraît plus petit que la mouche; ainsi, il ne peut avoir par ce sens aucune connaissance de la grandeur relative des objets, parce qu'il n'a aucune idée de la distance à laquelle il les voit; ce n'est qu'après avoir mesuré la distance en étendant la main ou en transportant son corps d'un lieu à un autre, qu'il peut acquérir cette idée de la distance et de la grandeur des objets; auparavant il ne connaît point du tout cette distance, et il ne peut juger de la grandeur d'un objet que par celle de l'image qu'il forme dans son œil. Dans ce cas, le jugement de la grandeur n'est produit que par l'ouverture de l'angle formé par les deux rayons extrêmes de la partie supérieure et de la partie inférieure de l'objet; par conséquent il doit juger grand tout ce qui est près, et petit tout ce qui est loin de lui; mais après avoir acquis par le toucher ces idées de distance, le jugement de la grandeur des objets commence à se rectifier, on ne se fie plus à la première appréhension qui nous vient par les yeux pour juger de cette grandeur, on tâche de connaître la distance, on cherche en même temps à reconnaître l'objet par sa forme, et ensuite on juge de sa grandeur. Il n'est pas douteux que dans une file de vingt soldats, le premier, dont je suppose qu'on soit fort près, ne nous parût beaucoup plus grand que le dernier si nous en jugions seulement par les yeux, et si par le toucher nous n'avions pas pris l'habitude de juger également grand le même objet, ou des objets semblables, à différentes distances. Nous savons que le dernier soldat est un soldat comme le premier; dès lors nous le jugeons de la même grandeur, comme nous jugerions que le premier serait toujours de la même grandeur quand il passerait de la tête à la queue de la file, et comme nous avons l'habitude de juger le même objet toujours également grand à toutes les distances ordinaires auxquelles nous pouvons en reconnaître aisément la forme, nous ne nous trompons jamais sur cette grandeur que quand la distance devient trop grande, ou bien lorsque l'intervalle de cette distance n'est pas dans la direction ordinaire; car une distance cesse d'être ordinaire pour nous, toutes les fois qu'elle devient trop grande ou bien qu'au lieu de la mesurer horizontalement nous la mesurons du haut en bas ou du bas en haut. Les premières idées de la comparaison de grandeur entre les objets nous sont venues en mesurant, soit avec la main, soit avec le corps en marchant, la distance de ces objets relativement à nous et entre eux; toutes ces expériences par lesquelles nous avons rectifié les idées de grandeur que nous en donnait le sens de la vue, ayant été faites horizontalement, nous n'avons pu acquérir la même habitude de juger de la grandeur des objets élevés ou abaissés au dessous de nous, parce que ce n'est pas dans cette direction que nous les avons mesurés par le toucher, et c'est par cette raison et faute d'habitude à juger les distances dans cette direction, que lorsque nous nous trouvons au dessus d'une tour élevée, nous jugeons les hommes et les animaux qui sont au dessous beaucoup plus petits que nous ne les jugerions en effet à une distance égale qui serait horizontale, c'est-à-dire, dans la direction ordinaire. Il en est de même d'un coq ou d'une poule qu'on voit au dessus d'un clocher; ces objets nous paraissent être beaucoup plus petits que nous ne les jugerions être en effet si nous les voyions dans la direction ordinaire et à la même distance horizontalement à laquelle nous les voyons verticalement.

TEXTE VIII

<Buffon expose dans ces extraits tirés du *Discours sur la nature des animaux* (*Histoire naturelle*, tome IV, 1753) les grands moments de sa doctrine de l'animalité : la distinction du cœur et du cerveau ; l'impression du cerveau et sa réaction par ébranlement ; le mouvement progressif comme effet de l'impression des objets et, de là, l'explication du désir ; la différence du sens intérieur et des sens extérieurs ; le moteur de l'appétit et de la répugnance ; la distinction entre les sens relatifs à l'appétit et les sens relatifs à la connaissance ; que les animaux ne pensent pas : l'exemple du chien dressé ; enfin, l'explication de l'instinct.

La plupart de ces extraits sont commentés par Condillac dans la première partie du *Traité des animaux*>.

BUFFON, *Discours sur la nature des animaux*

Le cerveau et les sens forment donc une seconde partie essentielle à l'économie animale ; le cerveau est le centre de l'enveloppe, comme le cœur est le centre de la partie intérieure de l'animal. C'est cette partie qui donne à toutes les autres parties extérieures le mouvement et l'action, par le moyen de la moelle, de l'épine et des nerfs, qui n'en sont que le prolongement : et de la même façon que le cœur et toute la partie intérieure communiquent avec le cerveau et avec toute l'enveloppe extérieure par les vaisseaux sanguins qui s'y distribuent, le cerveau communique aussi avec le cœur et toute la partie intérieure par les nerfs qui s'y ramifient. L'union paraît intime et réciproque, et quoique ces deux organes aient des fonctions absolument différentes les unes des autres lorsqu'on les considère à part, ils ne peuvent cependant être séparés sans que l'animal périsse à l'instant.

Le cœur et toute la partie intérieure agissent continuellement, sans interruption, et, pour ainsi dire, mécaniquement et indépendamment d'aucune cause extérieure ; les sens au contraire et toute l'enveloppe n'agissent que par intervalles alternatifs, et par des ébranlements successifs causés par les objets extérieurs. Les objets exercent leur action sur les sens, les sens modifient cette action des objets et en portent l'impression modifiée dans le cerveau, où cette impression devient ce que l'on appelle *sensation* ; le cerveau, en conséquence de cette impression, agit sur les nerfs, et leur communique l'ébranlement qu'il vient de recevoir et c'est cet ébranlement qui produit le mouvement progressif et toutes les autres actions extérieures du corps et des membres de l'animal. Toutes les fois qu'une cause agit sur un corps, on sait que ce corps agit lui-même par réaction sur cette cause : ici les objets agissent sur l'animal par le moyen des sens, et l'animal réagit sur les objets par ses mouvements extérieurs ; en général, l'action est la cause et la réaction l'effet [...].

Je ne prétends donc pas assurer comme une vérité démontrée, que le mouvement progressif et les autres mouvements extérieurs de l'animal aient pour cause, et pour cause unique, l'impression des objets sur les sens : je le dis seulement comme une chose vraisemblable, et qui me paraît fondée sur de bonnes analogies ; car je vois que dans la Nature tous les êtres organisés qui sont dénués de sens, sont aussi privés du mouvement progressif, et que tous ceux qui en sont pourvus ont tous aussi cette qualité active de mouvoir leurs membres et changer de lieu. Je vois de plus qu'il arrive souvent que cette action des objets sur les sens met à l'instant l'animal en mouvement, sans même que la volonté paraisse y avoir part, et qu'il arrive toujours, lorsque c'est la volonté qui détermine le mouvement, qu'elle a été elle-même excitée par la sensation qui résulte de l'impression actuelle des objets sur les sens ou de la réminiscence d'une impression antérieure.

Pour le faire mieux sentir, considérons-nous nous-mêmes, et analysons un peu le physique de nos actions. Lorsqu'un objet nous frappe par quelque sens que ce soit, que la sensation qu'il produit est agréable et qu'il fait naître un désir, ce désir ne peut être que relatif à quelques-unes de nos qualités et à quelques-unes de nos manières de jouir ; nous ne pouvons désirer cet objet que pour le voir, pour le goûter, pour l'entendre, pour le sentir, pour le toucher ; nous ne le désirons que pour satisfaire plus pleinement le sens avec lequel nous l'avons aperçu, ou pour satisfaire quelques-uns de nos autres sens en même temps, c'est-à-dire, pour rendre la première sensation encore plus agréable, ou pour en exciter une autre, qui est une nouvelle manière de jouir de cet objet : car, si dans le moment même que nous l'apercevons, nous pouvions en jouir pleinement et par tous les sens à la fois, nous ne pourrions rien désirer. Le désir ne vient donc que de ce que nous sommes mal situés par rapport à l'objet que nous venons d'apercevoir, nous en sommes trop loin ou trop près : nous changeons donc naturellement de situation, parce qu'en même temps que nous avons aperçu l'objet, nous avons aussi aperçu la distance ou la proximité qui fait l'incommodité de notre situation et qui nous empêche d'en jouir pleinement. Le mouvement que nous faisons en conséquence du désir et le désir lui-même ne viennent donc que de l'impression qu'a fait cet objet sur nos sens […].

Je conçois donc que dans l'animal l'action des objets sur les sens en produit une autre sur le cerveau, que je regarde comme un sens intérieur et général qui reçoit toutes les impressions que les sens extérieurs lui transmettent. Ce sens interne est non seulement susceptible d'être ébranlé par l'action des sens et des organes extérieurs, mais il est encore, par sa nature, capable de conserver longtemps l'ébranlement que produit cette action; et c'est dans la continuité de cet ébranlement que consiste l'impression, qui est plus ou moins profonde à proportion que cet ébranlement dure plus ou moins de temps.

Le sens intérieur diffère donc des sens extérieurs, d'abord par la propriété qu'il a de recevoir généralement toutes les impressions, de quelque nature qu'elles soient; au lieu que les sens extérieurs ne les reçoivent que d'une manière particulière et relative à leur conformation, puisque l'œil n'est jamais ni pas plus ébranlé par le son que l'oreille par la lumière. Secondement, ce sens intérieur diffère des sens extérieurs par la durée de l'ébranlement que produit l'action des causes extérieures; mais pour tout le reste, il est de la même nature que les sens extérieurs. Le sens intérieur de l'animal est, aussi bien que ses sens extérieurs, un organe, un résultat de mécanique, un sens purement matériel. Nous avons, comme l'animal, ce sens intérieur matériel, et nous possédons de plus un sens d'une nature supérieure et bien différente, qui réside dans la substance spirituelle qui nous anime et nous conduit.

Le cerveau de l'animal est donc un sens interne général et commun, qui reçoit également toutes les impressions que lui transmettent les sens externes, c'est-à-dire, tous les ébranlements que produit l'action des objets; et ces ébranlements durent et subsistent bien plus longtemps dans ce sens interne que dans les sens externes : on le concevra facilement, si l'on fait attention que même dans les sens externes il y a une différence très sensible dans la durée de leurs ébranlements. L'ébranlement que la lumière produit dans l'œil, subsiste plus longtemps que l'ébranlement de l'oreille par le son; il ne faut pour s'en assurer, que réfléchir sur des phénomènes fort connus […].

Ceci nous fait voir que dans l'animal le sens intérieur ne diffère des sens extérieurs que par cette propriété qu'a le sens intérieur de conserver les ébranlements, les impressions qu'il a reçues; cette propriété seule est suffisante pour expliquer toutes les actions des animaux et nous donner quelque idée de ce qui se passe dans leur intérieur; elle peut aussi servir à démontrer la différence essentielle et infinie qui doit se trouver entre eux et nous, et en même temps à nous faire reconnaître ce que nous avons de commun avec eux [...].

Le sens intérieur matériel reçoit également toutes les impressions que chacun des sens extérieurs lui transmet : ces impressions viennent de l'action des objets, elles ne font que passer par les sens extérieurs, et ne produisent dans ces sens qu'un ébranlement très peu durable, et, pour ainsi dire, instantané ; mais elles s'arrêtent sur le sens intérieur et produisent dans le cerveau, qui en est l'organe, des ébranlements durables et distincts. Ces ébranlements sont agréables ou désagréables, c'est-à-dire, sont relatifs ou contraires à la nature de l'animal, et font naître l'appétit ou la répugnance, selon l'état et la disposition présente de l'animal. Prenons un animal au moment de sa naissance ; dès que par les soins de la mère il se trouve débarrassé de ses enveloppes, qu'il a commencé à respirer et que le besoin de prendre de la nourriture se fait sentir, l'odorat, qui est le sens de l'appétit, reçoit les émanations de l'odeur du lait qui est contenu dans les mamelles de la mère : ce sens ébranlé par les particules odorantes, communique cet ébranlement au cerveau ; et, le cerveau agissant à son tour sur les nerfs, l'animal fait des mouvements et ouvre la bouche pour se procurer cette nourriture dont il a besoin. Le sens de l'appétit étant bien plus obtus dans l'homme que dans l'animal, l'enfant nouveau-né ne sent que le besoin de prendre de la nourriture, il l'annonce par des cris ; mais il ne peut se la procurer seul, il n'est point averti par l'odorat, rien ne peut déterminer ses mouvements pour trouver cette nourriture ; il faut l'approcher de la mamelle, et la lui faire sentir et toucher avec la bouche : alors ces sens ébranlés communiqueront leur ébranlement à son cerveau, et le cerveau agissant sur les nerfs, l'enfant fera les mouvements nécessaires pour recevoir et sucer cette nourriture. Ce ne peut être que par l'odorat et par le goût, c'est-à-dire, par les sens de l'appétit, que l'animal est averti de la présence de la nourriture et du lieu où il faut la chercher : ses yeux ne sont point encore ouverts et, le fussent-ils, ils seraient, dans ces premiers instants, inutiles à la détermination du mouvement. L'œil, qui est un sens plus relatif à la connaissance qu'à l'appétit, est ouvert dans l'homme au moment de sa naissance et demeure dans la plupart des animaux fermé pour plusieurs jours. Les sens de l'appétit, au contraire, sont bien plus parfaits et bien plus développés dans l'animal que dans l'enfant : autre preuve que dans l'homme les organes de l'appétit sont moins parfaits que ceux de la connaissance, et que dans l'animal ceux de la connaissance le sont moins que ceux de l'appétit.

Les sens relatifs à l'appétit sont donc plus développés dans l'animal qui vient de naître que dans l'enfant nouveau-né. Il en est de même du mouvement progressif et de tous les autres mouvements extérieurs : l'enfant peut à peine mouvoir ses membres, il se passera beaucoup de temps avant qu'il ait la force de changer de lieu ; le jeune animal au contraire acquiert en très peu de temps toutes ces facultés : comme elles ne sont dans l'animal que relatives à l'appétit, que cet appétit est véhément et promptement développé, et qu'il est le principe unique de la détermination de tous les mouvements, que dans l'homme au contraire l'appétit est faible, ne se développe que plus tard et ne doit pas influer autant que la connaissance, sur la détermination des mouvements, l'homme est à cet égard plus tardif que l'animal.

Tout concourt donc à prouver, même dans le physique, que l'animal n'est remué que par l'appétit et que l'homme est conduit par un principe supérieur : s'il y a toujours eu du doute sur ce sujet, c'est que nous ne concevons pas bien comment l'appétit seul peut produire dans l'animal des effets si semblables à ceux que produit chez nous la connaissance ; et que d'ailleurs nous ne distinguons pas aisément ce que nous faisons en vertu de la connaissance, de ce que nous ne faisons que par la force de l'appétit. Cependant il me semble qu'il n'est pas impossible de faire disparaître cette incertitude, et même d'arriver à la conviction, en employant le principe que nous avons établi. Le sens intérieur matériel, avons-nous dit, conserve longtemps les ébranlements qu'il a reçus ; ce sens existe dans l'animal, et le cerveau en est l'organe, ce sens reçoit toutes les impressions que chacun des sens extérieurs lui transmet : lorsqu'une cause extérieure, un objet de quelque nature qu'il soit, exerce donc son action sur les sens extérieurs, cette action produit un ébranlement durable dans le sens intérieur, cet ébranlement communique du mouvement à l'animal ; ce mouvement sera déterminé, si l'impression vient des sens de l'appétit, car l'animal avancera pour atteindre ou se détournera pour éviter l'objet de cette impression, selon qu'il en aura été flatté ou blessé ; ce mouvement peut aussi être incertain, lorsqu'il sera produit par les sens qui ne sont pas relatifs à l'appétit, comme l'œil et l'oreille. L'animal qui voit ou qui entend pour la première fois, est à la vérité ébranlé par la lumière ou par le son ; mais l'ébranlement ne produira d'abord qu'un mouvement incertain, parce que l'impression de la lumière ou du son n'est nullement relative à l'appétit ; ce n'est que par des actes répétés, et lorsque l'animal aura joint aux impressions du sens de la vue ou de l'ouïe celles de l'odorat, du goût ou du toucher, que le mouvement deviendra déterminé, et qu'en voyant un objet ou en entendant un son, il avancera pour atteindre ou reculera pour éviter la chose qui produit ces impressions devenues par l'expérience relatives à ses appétits.

Pour nous faire mieux entendre, considérons un animal instruit, un chien, par exemple, qui, quoique pressé d'un violent appétit, semble n'oser toucher et ne touche point en effet à ce qui pourrait le satisfaire, mais en même temps fait beaucoup de mouvements pour l'obtenir de la main de son maître ; cet animal ne paraît-il pas combiner des idées ? Ne paraît-il pas désirer et craindre, en un mot raisonner à peu près comme un homme qui voudrait s'emparer du bien d'autrui et qui, quoique violemment tenté, est retenu par la crainte du châtiment ? Voilà l'interprétation vulgaire de la conduite de l'animal. Comme c'est de cette façon que la chose se passe chez nous, il est naturel d'imaginer, et on imagine en effet qu'elle se passe de même dans l'animal : l'analogie, dit-on, est bien fondée, puisque l'organisation et la conformation des sens, tant à l'extérieur qu'à l'intérieur, sont semblables dans l'animal et dans l'homme. Cependant ne devrions-nous pas voir que pour que cette analogie fût en effet bien fondée, il faudrait quelque chose de plus, qu'il faudrait du moins que rien ne pût la démentir, qu'il serait nécessaire que les animaux pussent faire, et fissent dans quelques occasions, tout ce que nous faisons ? Or le contraire est évidemment démontré ; ils n'inventent, ils ne perfectionnent rien, ils ne réfléchissent par conséquent sur rien, ils ne font jamais que les mêmes choses, de la même façon : nous pouvons donc déjà rabattre beaucoup de la force de cette analogie, nous pouvons même douter de sa réalité, et nous devons chercher si ce n'est pas par un autre principe différent du nôtre qu'ils sont conduits, et si leurs sens ne suffisent pas pour produire leurs actions, sans qu'il soit nécessaire de leur accorder une connaissance de réflexion.

Tout ce qui est relatif à leur appétit ébranle très vivement leur sens intérieur, et le chien se jetterait à l'instant sur l'objet de cet appétit, si ce même sens ne conservait pas les impressions antérieures de douleur dont cette action a été précédemment accompagnée ; les impressions extérieures ont modifié l'animal, cette proie qu'on lui présente n'est pas offerte à un chien simplement, mais à un chien battu ; et comme il a été frappé toutes les fois qu'il s'est livré à ce mouvement d'appétit, les ébranlements de douleur se renouvellent en même temps que ceux de l'appétit se font sentir, parce que ces deux ébranlements se sont toujours faits ensemble. L'animal étant donc poussé tout à la fois par deux impulsions contraires qui se détruisent mutuellement, il demeure en équilibre entre ces deux puissances égales, la cause déterminante de son mouvement étant contrebalancée, il ne se mouvra pas pour atteindre à l'objet de son appétit. Mais les ébranlements de l'appétit et de la répugnance, ou, si l'on veut, du plaisir et de la douleur, subsistant toujours ensemble dans une opposition qui en détruit les effets, il se renouvelle en même temps dans le cerveau de l'animal un troisième ébranlement, qui a souvent accompagné les deux premiers ; c'est l'ébranlement causé par l'action de son maître, de la main duquel il a souvent reçu ce morceau qui est l'objet de son appétit ; et comme ce troisième ébranlement n'est contrebalancé par rien de contraire, il devient la cause déterminante du mouvement. Le chien sera donc déterminé à se mouvoir vers son maître et à s'agiter jusqu'à ce que son appétit soit satisfait en entier [...].

Homo duplex.

L'homme intérieur est double, il est composé de deux principes différents par leur nature et contraires par leur action. L'âme, ce principe spirituel, ce principe de toute connaissance, est toujours en opposition avec cet autre principe animal et purement matériel : le premier est une lumière pure qu'accompagnent le calme et la sérénité, une source salutaire dont émanent la science, la raison, la sagesse ; l'autre est une fausse lueur qui ne brille que par la tempête et dans l'obscurité, un torrent impétueux qui roule et entraîne à sa suite les passions et les erreurs.

Le principe animal se développe le premier ; comme il est purement matériel et qu'il consiste dans la durée des ébranlements et le renouvellement des impressions formées dans notre sens intérieur matériel par les objets analogues ou contraires à nos appétits, il commence à agir dès que le corps peut sentir de la douleur ou du plaisir ; il nous détermine le premier et aussitôt que nous pouvons faire usage de nos sens. Le principe spirituel se manifeste plus tard, il se développe, il se perfectionne au moyen de l'éducation ; c'est par la communication des pensées d'autrui que l'enfant en acquiert et devient lui-même pensant et raisonnable ; et sans cette communication il ne serait que stupide ou fantasque, selon le degré d'inaction ou d'activité de son sens intérieur matériel.

Considérons un enfant lorsqu'il est en liberté et loin de l'œil de ses maîtres, nous pouvons juger de ce qui se passe au dedans de lui par le résultat de ses actions extérieures, il ne pense ni ne réfléchit à rien, il suit indifféremment toutes les routes du plaisir, il obéit à toutes les impressions des objets extérieurs, il s'agite sans raison, il s'amuse, comme les jeunes animaux, à courir, à exercer son corps, il va, vient et revient sans dessein, sans projet, il agit sans ordre et sans suite ; mais bientôt, rappelé par la voix de ceux qui lui ont appris à penser, il se compose, il dirige ses actions et donne des preuves qu'il a conservé les pensées qu'on lui a communiquées. Le principe matériel domine donc dans l'enfance, et il continuerait de dominer et d'agir presque seul pendant toute la vie, si l'éducation ne venait à développer le principe spirituel et à mettre l'âme en exercice.

Il est aisé, en rentrant dans soi-même, de reconnaître l'existence de ces deux principes : il y a des instants dans la vie, il y a même des heures, des jours, des saisons où nous pouvons juger, non seulement de la certitude de leur existence, mais aussi de leur contrariété d'action. Je veux parler de ces temps d'ennui, d'indolence, de dégoût où nous ne pouvons nous déterminer à rien, où nous voulons ce que nous ne faisons pas et faisons ce que nous ne voulons pas ; de cet état ou de cette maladie à laquelle on a donné le nom de vapeurs, état où se trouvent si souvent les hommes oisifs, et même les hommes qu'aucun travail ne commande. Si nous nous observons dans cet état, notre moi nous paraîtra divisé en deux personnes dont la première, qui représente la faculté raisonnable, blâme ce que fait la seconde, mais n'est pas assez forte pour s'y opposer efficacement et la vaincre ; au contraire, cette dernière étant formée de toutes les illusions de nos sens et de notre imagination, elle contraint, elle enchaîne, et souvent elle accable la première, et nous fait agir contre ce que nous pensons ou nous force à l'inaction, quoique nous ayons la volonté d'agir.

Dans le temps où la faculté raisonnable domine, on s'occupe tranquillement de soi-même, de ses amis, de ses affaires, mais on s'aperçoit encore, ne fût-ce que par des distractions involontaires, de la présence de l'autre principe. Lorsque celui-ci vient à dominer à son tour, on se livre ardemment à la dissipation, à ses goûts, à ses passions ; et à peine réfléchit-on par instants sur les objets mêmes qui nous occupent et qui nous remplissent tout entiers. Dans ces deux états nous sommes heureux, dans le premier nous commandons avec satisfaction, et dans le second nous obéissons encore avec plus de plaisir ; comme il n'y a que l'un des deux principes qui soit alors en action, et qu'il agit sans opposition de la part de l'autre, nous ne sentons aucune contrariété intérieure, notre moi nous paraît simple, parce que nous n'éprouvons qu'une impulsion simple ; et c'est dans cette unité d'action que consiste notre bonheur : car, pour peu que par des réflexions nous venions à blâmer nos plaisirs ou que par la violence de nos passions nous cherchions à haïr la raison, nous cessons dès lors d'être heureux, nous perdons l'unité de notre existence en quoi consiste notre tranquillité ; la contrariété intérieure se renouvelle, les deux personnes se représentent en opposition et les deux

principes se font sentir et se manifestent par les doutes, les inquiétudes et
les remords.

De là on peut conclure que le plus malheureux de tous les états est
celui où ces deux puissances souveraines de la nature de l'homme sont
toutes deux en grand mouvement, mais en mouvement égal et qui fait
équilibre ; c'est là le point de l'ennui le plus profond et de cet horrible
dégoût de soi-même, qui ne nous laisse d'autre désir que celui de cesser
d'être et ne nous permet qu'autant d'action qu'il en faut pour nous
détruire, en tournant froidement contre nous des armes de fureur.

Quel état affreux ! Je viens d'en peindre la nuance la plus noire ; mais
combien n'y -t-il pas d'autres sombres nuances qui doivent la précéder !
Toutes les situations voisines de cette situation, tous les états qui
approchent de cet état d'équilibre, et dans lesquels les deux principes
opposés ont peine à se surmonter et agissent en même temps et avec des
forces presque égales, sont des temps de trouble, d'irrésolution et de
malheur ; le corps même vient à souffrir de ce désordre et de ces combats
intérieurs, il languit dans l'accablement ou se consume par l'agitation
que cet état produit.

TEXTE IX

<Ayant fait paraître dans sa jeunesse l'*Essai pour une nouvelle
théorie de la vision* (1709), Berkeley revient sur cet ouvrage quelques
vingt-cinq ans plus tard, pour le justifier et le mettre au service de
la religion, dans la *Théorie de la vision, ou langage visuel, montrant la
présence immédiate et la providence d'une Divinité, défendue et
expliquée* (1733). Pour des raisons d'exposition, nous suivons un ordre
inverse à l'ordre chronologique. Le premier extrait, tiré du second texte,
introduit le problème de la vision d'une manière générale. Le second
aborde la question de la perception de la distance et établit un rapport de
suggestion entre la vue et le toucher>.

BERKELEY, *Nouvelle théorie de la vision*

La théorie de la vision... défendue et expliquée (1733)

43) Expliquer comment l'esprit ou l'âme d'un homme voit simplement, est une chose, et relève de la philosophie. Considérer les particules comme se mouvant selon certaines lignes, considérer les rayons

lumineux comme réfractés, réfléchis ou se croisant, ou comme comprenant des angles est une toute autre chose, et relève de la géométrie.
Rendre compte du sens de la vision par le mécanisme de l'œil est une
troisième chose qui relève de l'anatomie et de l'expérimentation. Ces
deux derniers types de spéculation sont utiles dans la pratique pour
corriger les défauts de la vue et remédier à ses maladies, conformément
aux lois naturelles qui ont cours dans le système du monde. Mais la
première théorie est celle qui nous fait comprendre la vraie nature de la
vision considérée comme une faculté de l'âme. Cette théorie, comme je
l'ai déjà fait remarquer, peut être réduite à cette simple question, à
savoir : comment se fait-il qu'un ensemble d'idées, entièrement différentes des idées tangibles, nous les suggèrent néanmoins, alors qu'il n'y
a aucune liaison nécessaire entre elles ? La juste réponse à cette question
est que cela se fait en vertu d'une liaison arbitraire instituée par l'Auteur
de la nature.

44) L'objet propre et immédiat de la vision est la lumière, dans tous
ses modes et dans toutes ses variations, toutes les couleurs, diverses en
genre, en degré et quantité ; les unes vives, les autres pâles ; les unes en
plus grande quantité, les autres en moins grande quantité ; diverses dans
leurs bornes et dans leurs limites ; diverses dans leur ordre et dans leur
situation. Un aveugle, lorsqu'il voit pour la première fois, pourrait
percevoir ces objets dans lesquels il y a une variété sans limite ; mais il ne
percevrait ni n'imaginerait de ressemblance ou de liaison quelconque
entre ces objets visibles et ceux perçus par le toucher. Lumière, ombres et
couleurs ne lui suggéreraient rien au sujet des corps durs ou mous,
rugueux ou lisses ; et leurs quantités, leurs limites ou leur ordre ne lui
suggéreraient pas des figures géométriques ni l'étendue ou la situation ;
ce qu'ils devraient faire selon la supposition reçue que ces objets sont
communs à la vue et au toucher.

45) Toutes les diverses sortes, combinaisons, quantités, disposi-
tions, tous les divers degrés de lumière et de couleurs seraient par eux-
mêmes, lorsqu'ils sont perçus pour la première fois, considérés
seulement comme un nouvel ensemble de sensations ou idées. Comme
elles sont totalement nouvelles et inconnues, un aveugle-né ne leur
donnerait pas, la première fois qu'il voit, les noms des choses qu'il a
auparavant connues et perçues par le toucher. Mais, après quelque

expérience, il percevrait leur liaison avec les choses tangibles, et les considérerait donc comme des signes, et leur donnerait (comme c'est l'habitude en d'autres cas) les mêmes noms que les choses signifiées.

Nouvelle théorie de la vision (1709)

45) La vérité de ces exemples, et d'autres du même genre, se présente ainsi : ayant fait, depuis longtemps, l'expérience que certaines idées perceptibles par le toucher, telles que la distance, la figure tangible et la solidité, ont été liées à certaines idées de la vue, je conclus aussitôt, en percevant ces idées de la vue, que les idées tangibles, par le cours habituel et ordinaire de la nature, vont vraisemblablement suivre. En regardant un objet, je perçois une certaine figure visible et une certaine couleur, avec un certain degré de pâleur et d'autres circonstances, qui, d'après ce que j'ai observé antérieurement, me déterminent à penser que, si j'avance de tant de pas, ou de tant de milles, je serai affecté par telles et telles idées du toucher : de sorte que, en vérité et strictement parlant, je ne vois ni la distance elle-même ni rien que je saisisse comme étant à distance. Je dis que ni la distance ni les choses placées à distance ne sont elles-mêmes, ou leurs idées, vraiment perçues par la vue. J'en suis persuadé, en ce qui me concerne ; et je crois que quiconque regardera minutieusement dans ses propres pensées et examinera ce qu'il entend en disant qu'il voit cette chose-ci ou cette chose-là à distance, conviendra avec moi que ce qu'il voit suggère seulement à son entendement ceci que, après avoir dépassé une certaine distance qui doit être mesurée par le mouvement de son corps, mouvement perceptible par le toucher, il arrivera à percevoir telles et telles idées tangibles qui ont été habituellement liées à telles et telles idées visibles. Mais que l'on puisse être trompé par ces suggestions des sens, et qu'il n'y ait pas de liaison nécessaire entre les idées visibles et les idées tangibles suggérées par elles, il n'est pas nécessaire, pour s'en convaincre, d'aller plus loin que le premier miroir ou le premier tableau venu. Remarquez que, lorsque je parle des idées tangibles, j'entends par le mot idée tout objet immédiat des sens ou de l'entendement – signification étendue dans laquelle les modernes emploient communément ce terme [1].

---

1. Berkeley entend par *l'idée* la perception, c'est-à-dire l'objet perçu.

46) Il suit manifestement de ce que nous avons montré que les idées d'espace, d'extériorité et de choses placées à distance ne sont pas, à strictement parler, les objets de la vue; elles ne sont pas perçues autrement par l'œil que par l'oreille. Assis dans mon bureau, j'entends une voiture passer dans la rue; je regarde par la croisée, et je la vois; je sors et je monte dedans; ainsi, le langage courant nous amènerait à penser que j'ai entendu, vu et touché la même chose, à savoir, la voiture. Il est néanmoins certain que les idées introduites par chacun des sens sont fort différentes et distinctes les unes des autres; mais, comme on a observé constamment qu'elles vont ensemble, on en parle comme d'une seule et même chose. Je perçois, par la variation du bruit, les différentes distances de la voiture et je sais qu'elle approche avant de regarder dehors. Ainsi, je perçois la distance par l'oreille exactement de la même manière que je la perçois par l'œil.

47) Néanmoins, je ne dis pas que j'entends la distance de la même façon que je dis la voir, car les idées perçues par l'ouïe ne sont pas aussi aisément confondues avec les idées du toucher que le sont celles de la vue. C'est ainsi, également, qu'une personne est facilement convaincue que les corps et les choses extérieures ne sont pas les objets propres de l'ouïe, mais que ce sont seulement les sons par le moyen desquels l'idée de ce corps-ci ou de ce corps-là, ou de la distance, est suggérée à ses pensées. En revanche, il est plus difficile d'amener quelqu'un à discerner la différence qu'il y a entre les idées de la vue et celles du toucher, bien qu'il soit certain qu'une personne ne voit pas la même chose qu'il touche, pas plus qu'il n'entend la même chose qu'il touche.

48) Voici ce qui semble en être une des raisons. On pense que c'est une grande absurdité d'imaginer qu'une seule et même chose puisse avoir plus d'une étendue et plus d'une figure. Mais l'étendue et la figure d'un corps étant introduites dans l'esprit de deux façons, et cela indifféremment par la vue ou par le toucher, il semble s'ensuivre que nous voyons la même étendue et la même figure que l'étendue et la figure que nous touchons.

49) Mais, si nous examinons avec exactitude la chose de près, nous sommes obligés de reconnaître que nous ne voyons et ne touchons jamais un seul et même objet. Ce qui est vu est une chose et ce qui est touché en est une autre. Si la figure et l'étendue visibles ne sont pas les mêmes que la

figure et l'étendue tangibles, nous n'avons pas à inférer qu'une seule et même chose a plusieurs étendues. La véritable conséquence est que les objets de la vue et du toucher sont deux choses distinctes. Cela demande peut-être quelque réflexion pour bien concevoir cette distinction. Et la difficulté ne semble pas peu s'accroître, du fait que la combinaison des idées visibles porte constamment le même nom que la combinaison des idées tangibles à laquelle elle est liée : ce qui provient nécessairement de l'usage et de la fin du langage.

50) Afin donc de traiter de la vision avec précision, et sans confusion, nous devons garder à l'esprit qu'il y a deux sortes d'objets appréhendés par l'œil, les uns originellement et immédiatement, les autres secondairement et par l'intervention des premiers. Les objets de la première sorte ne sont ni ne paraissent être hors de l'esprit, ou à quelque distance ; ils peuvent certainement devenir plus grands ou plus petits, plus confus, plus nets ou plus pâles, mais ils ne s'approchent ni s'éloignent de nous, ils ne le peuvent. Toutes les fois que nous disons qu'un objet est à distance, toutes les fois que nous disons qu'il s'approche ou qu'il s'écarte, nous devons toujours l'entendre des objets de la seconde sorte, qui appartiennent en propre au toucher et qui ne sont pas tant perçus que suggérés par l'œil, de la même façon que les pensées sont suggérées par l'oreille.

TEXTE X

<Cet *Extrait raisonné du Traité des sensations* était primitivement joint au *Traité des animaux*, en réponse aux critiques qui avaient été faites du *Traité des sensations*. Dans le passage que nous avons sélectionné, Condillac se place dans la continuité de la tradition empiriste : Aristote au plus loin, Locke au plus près. Mais il dit ce qu'il pense être la nouveauté du *Traité des sensations* et par là même du *Traité des animaux* : il faut montrer quelle est la genèse des facultés de l'esprit, comment se fait l'apprentissage des sens, car nos perceptions ordinaires comportent déjà des habitudes et des jugements. Le rôle du plaisir, du besoin, de l'inquiétude ou du malaise (traductions françaises du mot de Locke *uneasiness*) est clairement souligné>.

CONDILLAC, *Extrait raisonné du Traité des sensations*

J'ignore quel a été le motif d'Aristote, lorsqu'il a avancé son principe sur l'origine de nos connaissances. Mais ce que je sais, c'est qu'il ne nous a laissé aucun ouvrage où ce principe soit développé, et que d'ailleurs il cherchait à être en tout contraire aux opinions de Platon.

Immédiatement après Aristote vient Locke; car il ne faut pas compter les autres philosophes qui ont écrit sur le même sujet. Cet anglais y a sans doute répandu beaucoup de lumière, mais il y a encore laissé de l'obscurité. Nous verrons que la plupart des jugements qui se mêlent à toutes nos sensations lui ont échappé; qu'il n'a pas connu combien nous avons besoin d'apprendre à toucher, à voir, à entendre, etc.; que toutes les facultés de l'âme lui ont paru des qualités innées, et qu'il n'a pas soupçonné qu'elles pourraient tirer leur origine de la sensation même.

Il était si loin d'embrasser dans toute son étendue le système de l'homme, que, sans Molyneux, peut-être n'eût-il jamais eu occasion de remarquer qu'il se mêle des jugements aux sensations de la vue. Il nie expressément qu'il en soit de même des autres sens. Il croyait donc que nous nous en servons naturellement, par une espèce d'instinct, sans que la réflexion ait contribué à nous en donner l'usage.

M. de Buffon, qui a tenté de faire l'histoire de nos pensées, suppose tout d'un coup dans 1'homme qu'il imagine, des habitudes qu'il aurait dû lui faire acquérir. Il n'a pas connu par quelle suite de jugements, chaque sens se développe. Il dit que dans les animaux, l'odorat est le premier; que seul, il leur tiendrait lieu de tous les autres et que, dès les premiers instants, avant par conséquent d'avoir reçu des leçons du toucher, il détermine et dirige tous leurs mouvements.

Le *Traité des sensations* est le seul ouvrage où l'on ait dépouillé l'homme de toutes ses habitudes. En observant le sentiment dans sa naissance, on y démontre comment nous acquérons l'usage de nos facultés; et ceux qui auront bien saisi le système de nos sensations, conviendront qu'il n'est plus nécessaire d'avoir recours aux mots vagues d'instinct, de mouvement machinal, et autres semblables, ou que du moins si on les emploie, on pourra s'en faire des idées précises.

Mais pour remplir l'objet de cet ouvrage, il fallait absolument mettre sous les yeux le principe de toutes nos opérations : aussi ne les perd-on jamais de vue. Il suffira de l'indiquer dans cet extrait.

Si l'homme n'avait aucun intérêt à s'occuper de ses sensations, les impressions que les objets feraient sur lui, passeraient comme des ombres et ne laisseraient point de traces. Après plusieurs années, il serait comme le premier instant, sans avoir acquis aucune connaissance et sans avoir d'autres facultés que le sentiment. Mais la nature de ses sensations ne lui permet pas de rester enseveli dans cette léthargie. Comme elles sont nécessairement agréables ou désagréables, il est intéressé à chercher les unes et à se dérober aux autres ; et plus le contraste des plaisirs et des peines a de vivacité, plus il occasionne d'action dans l'âme.

Alors la privation d'un objet que nous jugeons nécessaire à notre bonheur, nous donne ce *mal-aise*, cette inquiétude que nous nommons besoin, et d'où naissent les désirs. Ces besoins se répètent suivant les circonstances, souvent même il s'en forme de nouveaux, et c'est là ce qui développe nos connaissances et nos facultés.

Locke est le premier qui ait remarqué que l'inquiétude causée par la privation d'un objet, est le principe de nos déterminations. Mais il fait naître l'inquiétude du désir, et c'est précisément le contraire ; il met d'ailleurs entre le désir et la volonté plus de différence qu'il n'y en a en effet ; enfin il ne considère l'influence de l'inquiétude que dans un homme qui a l'usage de tous ses sens et l'exercice de toutes ses facultés.

Il restait donc à démontrer que cette inquiétude est le premier principe qui nous donne les habitudes de toucher, de voir, d'entendre, de sentir, de goûter, de comparer, de juger, de réfléchir, de désirer, d'aimer, de craindre, d'espérer, de vouloir ; que c'est par elle, en un mot, que naissent toutes les habitudes de l'âme et du corps. Pour cela, il était nécessaire de remonter plus haut que n'a fait ce philosophe. Mais, dans l'impuissance où nous sommes d'observer nos premières pensées et nos premiers mouvements, il fallait deviner et, par conséquent, il fallait faire différentes suppositions.

Cependant ce n'était pas encore assez de remonter à la sensation. Pour découvrir le progrès de toutes nos connaissances et de toutes nos facultés, il était important de démêler ce que nous devons à chaque sens, recherche qui n'avait point encore été tentée. De là se sont formées les quatre parties du *Traité des sensations* :

La première, qui traite des sens qui par eux-mêmes ne jugent pas des objets extérieurs.

La seconde, du toucher ou du seul sens qui juge par lui-même des objets extérieurs.

La troisième, comment le toucher apprend aux autres sens à juger des objets extérieurs.

La quatrième, des besoins, des idées et de l'industrie d'un homme isolé qui jouit de tous ses sens.

Cette exposition montre sensiblement que l'objet de cet ouvrage est de faire voir quelles sont les idées que nous devons à chaque sens, et comment, lorsqu'ils se réunissent, ils nous donnent toutes les connaissances nécessaires à notre conservation.

C'est donc des sensations que naît tout le système de l'homme : système complet dont toutes les parties sont liées et se soutiennent mutuellement. C'est un enchaînement de vérités : les premières observations préparent celles qui les doivent suivre, les dernières confirment celles qui les ont précédées. Si, par exemple, en lisant la première partie on commence à penser que l'œil pourrait bien ne point juger par lui-même des grandeurs, des figures, des situations et des distances, on est tout à fait convaincu, lorsqu'on apprend dans la troisième comment le toucher lui donne toutes ces idées.

Si ce système porte sur des suppositions, toutes les conséquences qu'on en tire sont attestées par notre expérience. Il n'y a point d'homme, par exemple, borné à l'odorat ; un pareil animal ne saurait veiller à sa conservation ; mais pour la vérité des raisonnements que nous avons faits en l'observant, il suffit qu'un peu de réflexion sur nous-mêmes nous fasse reconnaître que nous pourrions devoir à l'odorat toutes les idées et toutes les facultés que nous découvrons dans cet homme et qu'avec ce seul sens, il ne nous serait pas possible d'en acquérir d'autres. On aurait pu se contenter de considérer l'odorat en faisant abstraction de la vue, de l'ouïe, du goût et du toucher : si on a imaginé des suppositions, c'est parce qu'elles rendent cette abstraction plus facile.

TEXTE XI

<Nous donnons, à titre d'échantillon de la méthode génétique de Condillac, les premières pages du livre I du *Traité des sensations*, où l'on verra la statue, dans son tout premier état, procéder à ses premières opérations. L'odorat, qui est le sens le plus simple, appartient à la catégorie des sens qui ne jugent pas des objets extérieurs : seul le toucher

peut nous donner la conscience de l'extériorité des choses et du monde. On ne sera donc pas surpris que la statue et l'odeur de rose ne fassent initialement qu'un>.

CONDILLAC, *Traité des sensations*

CHAPITRE I
Des premières connaissances d'un homme borné au sens de l'odorat

§ 1. *La statue bornée à l'odorat, ne peut connaître que des odeurs.*

Les connaissances de notre statue, bornée au sens de l'odorat, ne peuvent s'étendre qu'à des odeurs. Elle ne peut pas plus avoir les idées d'étendue, de figure, ni de rien qui soit hors d'elle, ou hors de ses sensations, que celles de couleur, de son, de saveur.

§ 2. *Elle n'est par rapport à elle que les odeurs qu'elle sent.*

Si nous lui présentons une rose, elle sera par rapport à nous, une statue qui sent une rose ; mais par rapport à elle, elle ne sera que l'odeur même de cette fleur. Elle sera donc odeur de rose, d'œillet, de jasmin, de violette, suivant les objets qui agiront sur son organe. En un mot, les odeurs ne sont à son égard que ses propres modifications ou manières d'être ; et elle ne saurait se croire autre chose, puisque ce sont les seules sensations dont elle est susceptible.

§ 3. *Elle n'a aucune idée de la matière.*

Que les philosophes à qui il paraît si évident que tout est matériel, se mettent pour un moment à sa place, et qu'ils imaginent comment ils pourraient soupçonner qu'il existe quelque chose qui ressemble à ce que nous appelons *matière*.

§ 4. *On ne peut pas être plus borné dans ses connaissances.*

On peut donc déjà se convaincre qu'il suffirait d'augmenter ou de diminuer le nombre des sens, pour nous faire porter des jugements tout différents de ceux qui nous sont aujourd'hui si naturels ; et notre statue bornée à l'odorat peut nous donner une idée de la classe des êtres, dont les connaissances sont le moins étendues.

CHAPITRE II

Des opérations de l'entendement dans un homme borné au sens
de l'odorat, et comment les différents degrés de plaisir
et de peine sont le principe de ces opérations

§ 1. *La statue est capable d'attention.*

À la première odeur, la capacité de sentir de notre statue est toute entière à l'impression qui se fait sur son organe. Voilà ce que j'appelle attention.

§ 2. *De jouissance et de souffrance.*

Dès cet instant elle commence à jouir ou à souffrir : car si la capacité de sentir est toute entière à une odeur agréable, c'est jouissance ; et si elle est toute entière à une odeur désagréable, c'est souffrance.

§ 3. *Mais sans pouvoir former des désirs.*

Mais notre statue n'a encore aucune idée des différents changements, qu'elle pourra essuyer. Elle est donc bien, sans souhaiter d'être mieux ; ou mal, sans souhaiter d'être bien. La souffrance ne peut pas plus lui faire désirer un bien qu'elle ne connaît pas, que la jouissance lui faire craindre un mal qu'elle ne connaît pas davantage. Par conséquent, quelque désagréable que soit la première sensation, le fût-elle au point de blesser l'organe et d'être une douleur violente, elle ne saurait donner lieu au désir.

Si la souffrance est en nous toujours accompagnée du désir de ne pas souffrir, il ne peut pas en être de même de cette statue. La douleur est avant le désir d'un état différent, et elle n'occasionne en nous ce désir que parce que cet état nous est déjà connu. L'habitude que nous avons contractée de la regarder comme une chose sans laquelle nous avons été, et sans laquelle nous pouvons être encore, fait que nous ne pouvons plus souffrir qu'aussitôt nous ne désirions de ne pas souffrir, et ce désir est inséparable d'un état douloureux.

Mais la statue qui, au premier instant, ne se sent que par la douleur même qu'elle éprouve, ignore si elle peut cesser de l'être, pour devenir autre chose, ou pour n'être point du tout. Elle n'a encore aucune idée de changement, de succession, ni de durée. Elle existe donc sans pouvoir former des désirs.

§ 4. *Plaisir et douleur, principes de ses opérations.*

Lorsqu'elle aura remarqué qu'elle peut cesser d'être ce qu'elle est, pour redevenir ce qu'elle a été, nous verrons ses désirs naître d'un état de douleur, qu'elle comparera à un état de plaisir que la mémoire lui rappellera. C'est par cet artifice que le plaisir et la douleur sont l'unique principe qui, déterminant toutes les opérations de son âme, doit l'élever par degrés à toutes les connaissances dont elle est capable; et pour démêler les progrès qu'elle pourra faire, il suffira d'observer les plaisirs qu'elle aura à désirer, les peines qu'elle aura à craindre, et l'influence des uns et des autres suivant les circonstances.

§ 5. *Combien elle serait bornée, si elle était sans mémoire.*

S'il ne lui restait aucun souvenir de ses modifications, à chaque fois elle croirait sentir pour la première : des années entières viendraient se perdre dans chaque moment présent. Bornant donc toujours son attention à une seule manière d'être, jamais elle n'en comparerait deux ensemble, jamais elle ne jugerait de leurs rapports : elle jouirait ou souffrirait, sans avoir encore ni désir ni crainte.

§ 6. *Naissance de la mémoire.*

Mais l'odeur qu'elle sent, ne lui échappe pas entièrement, aussitôt que le corps odoriférant cesse d'agir sur son organe. L'attention qu'elle lui a donnée, la retient encore; et il en reste une impression plus ou moins forte, suivant que l'attention a été elle-même plus ou moins vive. Voilà la mémoire.

§ 7. *Partage de la capacité de sentir entre l'odorat et la mémoire.*

Lorsque notre statue est une nouvelle odeur, elle a donc encore présente celle qu'elle a été le moment précédent. Sa capacité de sentir se partage entre la mémoire et l'odorat; et la première de ces facultés est attentive à la sensation passée, tandis que la seconde est attentive à la sensation présente.

§ 8. *La mémoire n'est donc qu'une manière de sentir.*

Il y a donc en elle deux manières de sentir qui ne diffèrent que parce que l'une se rapporte à une sensation actuelle, et l'autre à une sensation qui n'est plus, mais dont l'impression dure encore. Ignorant qu'il y a des objets qui agissent sur elle, ignorant même qu'elle a un organe, elle ne distingue ordinairement le souvenir d'une sensation d'avec une sensation actuelle, que comme sentir faiblement ce qu'elle a été et sentir vivement ce qu'elle est.

§ 9. *Le sentiment peut en être plus vif que celui de la sensation.*

Je dis *ordinairement*, parce que le souvenir ne sera pas toujours un sentiment faible, ni la sensation un sentiment vif. Car toutes les fois que la mémoire lui retracera ses manières d'être avec beaucoup de force, et que l'organe au contraire ne recevra que de légères impressions, alors le sentiment d'une sensation actuelle sera bien moins vif que le souvenir d'une sensation qui n'est plus.

§ 10. *La statue distingue en elle une succession.*

Ainsi donc qu'une odeur est présente à l'odorat par l'impression d'un corps odoriférant sur l'organe même, une autre odeur est présente à la mémoire, parce que l'impression d'un autre corps odoriférant subsiste dans le cerveau, où l'organe l'a transmise. En passant de la sorte par deux manières d'être, la statue sent qu'elle n'est plus ce qu'elle a été : la connaissance de ce changement lui fait rapporter la première à un moment différent de celui où elle éprouve la seconde : et c'est là ce qui lui fait mettre de la différence entre exister d'une manière et se souvenir d'avoir existé d'une autre.

§ 11. *Comment elle est active et passive.*

Elle est active par rapport à l'une de ses manières de sentir, et passive par rapport à l'autre. Elle est active, lorsqu'elle se souvient d'une sensation, parce qu'elle a en elle la cause qui la lui rappelle, c'est-à-dire, la mémoire. Elle est passive au moment qu'elle éprouve une sensation, parce que la cause qui la produit est hors d'elle, c'est-à-dire, dans les corps odoriférants qui agissent sur son organe.

§ 12. *Elle ne peut pas faire la différence de ces deux états.*

Mais ne pouvant se douter de l'action des objets extérieurs sur elle, elle ne saurait faire la différence d'une cause qui est en elle, d'avec une cause qui est au dehors. Toutes ses modifications sont à son égard, comme si elle ne les devait qu'à elle-même ; et soit qu'elle éprouve une sensation, ou qu'elle ne fasse que se la rappeler, elle n'aperçoit jamais autre chose, sinon qu'elle est ou qu'elle a été de telle manière. Elle ne saurait, par conséquent, remarquer aucune différence entre l'état où elle est active et celui où elle est toute passive.

§ 13. *La mémoire devient en elle une habitude.*

Cependant, plus la mémoire aura occasion de s'exercer, plus elle agira avec facilité. C'est par là que la statue se fera une habitude de se rappeler sans effort les changements par où elle a passé, et de partager son attention entre ce qu'elle est et ce qu'elle a été. Car une habitude n'est que la facilité de répéter ce qu'on a fait, et cette facilité s'acquiert par la réitération des actes.

§ 14. *Elle compare.*

Si après avoir senti à plusieurs reprises une rose et un œillet, elle sent encore une fois une rose ; l'attention passive, qui se fait par l'odorat, sera toute à l'odeur présente de rose et l'attention active, qui se fait par la mémoire, sera partagée entre le souvenir qui reste des odeurs de rose et d'œillet. Or, les manières d'être ne peuvent se partager la capacité de sentir qu'elles ne se comparent : car comparer n'est autre chose que donner en même temps son attention à deux idées.

§ 15. *Elle juge.*

Dès qu'il y a comparaison, il y a jugement. Notre statue ne peut être en même temps attentive à l'odeur de rose et à celle d'œillet, sans apercevoir que l'une n'est pas l'autre ; et elle ne peut l'être à l'odeur d'une rose qu'elle sent, et à celle d'une rose qu'elle a sentie, sans apercevoir qu'elles sont une même modification. Un jugement n'est donc que la perception d'un rapport entre deux idées que l'on compare.

§ 16. *Ces opérations tournent en habitude.*

À mesure que les comparaisons et les jugements se répètent, notre statue les fait avec plus de facilité. Elle contracte donc l'habitude de comparer et de juger. Il suffira, par conséquent, de lui faire sentir d'autres odeurs, pour lui faire faire de nouvelles comparaisons, porter de nouveaux jugements et contracter de nouvelles habitudes.

TEXTE XII

<Dans cet extrait tiré du chapitre III du livre III, Condillac traite du rapport entre la perception de la couleur, qui dépend de la vue, et la perception de la surface, qui ne peut se faire sans le toucher>.

CONDILLAC, *Traité des sensations*

§ 5. *Cette surface lui paraît immense.*

Cette surface lumineuse est égale à la surface extérieure de l'œil, c'est tout ce que voit la statue : ses yeux n'aperçoivent rien au-delà, elle ne démêle donc point de borne dans cette surface : elle la voit immense.

§ 6. *La statue n'a pas besoin d'apprendre à voir; mais elle a besoin d'apprendre à regarder.*

Si nous offrons à sa vue une grande partie de l'horizon, la surface qu'elle verra sur ses yeux pourra représenter une vaste campagne, variée par les couleurs et par les formes d'une multitude innombrable d'objets. La statue voit donc toutes ces choses : elle les voit, dis-je, mais elle n'en a point d'idée, et elle ne peut pas même en avoir d'aucune.

Cette proposition paraîtra sans doute un paradoxe à ceux qui décident que la vue seule, indépendamment du toucher, nous donne l'idée de l'étendue, puisque l'étendue est l'objet nécessaire de la vision ; et que la différence des couleurs nous fera remarquer nécessairement les bornes ou limites qui séparent deux couleurs, et par conséquent nous donnera une idée de figure.

Il est certain que nous remarquons tout cela nous-mêmes, et je conviens que la statue voit tout ce que nous remarquons, et plus encore. Mais lorsqu'elle n'a pas appris du toucher à diriger ses yeux, est-elle capable de remarquer ces choses comme nous ? Et en a-t-elle des idées, si elle ne les remarque pas ?

Il ne suffit pas de répéter, d'après Locke, que toutes nos connaissances viennent des sens : si je ne sais pas comment elles en viennent, je croirai qu'aussitôt que les objets font des impressions sur nous, nous avons toutes les idées que nos sensations peuvent renfermer, et je me tromperai. Voilà ce qui m'est arrivé[1], et ce qui arrive encore à tous ceux qui écrivent sur cette question. Il semble qu'on ne sache pas qu'il y a de la différence entre voir et regarder ; et cependant nous ne nous faisons pas des idées aussitôt que nous voyons ; nous ne nous en faisons qu'autant que nous regardons et que nous regardons avec ordre, avec méthode. En un mot, il faut que nos yeux analysent : car ils ne saisiront pas l'ensemble de la figure la moins composée, s'ils n'en ont pas observé toutes les parties, séparément, l'une après l'autre, et dans l'ordre où elles sont entre elles. Or, les yeux de la statue savent-ils analyser, lorsqu'ils ne voient encore les couleurs qu'en eux-mêmes ou tout au plus sur leur prunelle ? Voilà proprement à quoi se réduit la question. Je suis persuadé qu'un mathématicien, à qui on la proposerait, en se servant, comme je fais, du mot *analyser*, répondrait, sans balancer que les yeux de la statue n'analysent pas ; car il se souvient combien il lui en a coûté à lui-même pour

---

1. Condillac fait allusion à une première version de ce paragraphe, modifiée dans le présent développement.

apprendre l'analyse. Mais si on la lui proposait avec le mot *regarder*, ce qui au fond n'y change rien, je crois qu'il répondrait également sans balancer, ses yeux regardent, puisqu'ils voient.

Il fera certainement cette réponse, s'il pense que les yeux seuls, indépendamment du toucher, nous donnent des idées de figures aussitôt qu'ils voient des couleurs. Mais comment des yeux, dont la vue ne s'étend pas au-delà de leur prunelle, sauraient-ils regarder? Car enfin, pour regarder, il faut qu'ils sachent se diriger sur un seul des objets qu'ils voient; et pour se faire une idée de la figure de cet objet, quelque peu composée qu'elle soit, il faut qu'ils sachent se diriger sur chacune de ses parties, successivement et dans l'ordre où elles sont entre elles. Mais comment se dirigeront-ils en suivant un ordre qu'ils ne connaissent pas? Comment même se dirigeront-ils sur quelque chose? Cette action de leur part ne suppose-t-elle pas un espace, dans lequel ils recevraient les objets à différentes distances de leur prunelle, et à différentes distances entre eux, espace qu'ils ne connaissent pas encore? Je ne dirai donc pas, comme tout le monde, et comme j'ai dit jusqu'à présent moi-même, et fort peu exactement, que nos yeux ont besoin d'apprendre à voir; car ils voient nécessairement tout ce qui fait impression sur nous, mais parce qu'il ne suffit pas de voir pour se faire des idées, je dirai qu'ils ont besoin d'apprendre à regarder.

C'est de la différence qui est entre ces deux mots, que dépendait l'état de la question. Or, pourquoi cette différence qui n'échappe pas aux plus petits grammairiens, échappe-t-elle aux philosophes? Voilà donc comment nous raisonnons. Nous établissons mal l'état d'une question, nous ne savons pas l'établir, et cependant nous prétendons la résoudre. Je viens de me prendre moi-même sur le fait, et j'avoue que je m'y suis pris souvent; mais j'y prends plus souvent les autres.

Enfin quoi qu'il ait pu nous en coûter, voilà la question réduite à une question bien simple, et il est prouvé que les yeux de la statue ont besoin d'apprendre à regarder. Voyons comment le toucher les instruira.

§ 7. *La statue juge cette surface loin d'elle.*

Par curiosité ou par inquiétude la statue porte la main devant ses yeux : elle l'éloigne, elle l'approche; et la surface qu'elle voit, en est plus lumineuse ou plus obscure. Aussitôt elle juge que le mouvement de sa main est la cause de ces changements; et comme elle sait qu'elle la meut à une certaine distance, elle soupçonne que cette surface n'est pas aussi près d'elle qu'elle l'a cru.

§ 8. *Elle voit les couleurs sur les corps.*

Qu'alors elle touche un corps qu'elle a devant les yeux, elle sub-
stituera une couleur à une autre si elle le couvre avec la main ; et si elle
retire la main, la première couleur reparaîtra. Il lui semble donc que sa
main fait, à une certaine distance, succéder ces deux couleurs.

Une autre fois elle la promène sur une surface et, voyant une couleur
qui se meut sur une autre couleur, dont les parties paraissent et disparaissent tour à tour, elle juge sur ce corps la couleur immobile et sur sa
main la couleur qui se meut. Ce jugement lui devient familier ; et elle voit
les couleurs s'éloigner de ses yeux et se porter sur sa main et sur les objets
qu'elle touche.

§ 9. *Expériences qui achèvent de lui faire contracter cette habitude.*

Etonnée de cette découverte, elle cherche autour d'elle, si elle ne
touchera pas tout ce qu'elle voit. Sa main rencontre un corps d'une
nouvelle couleur, son œil aperçoit une autre surface, et les mêmes
expériences lui font porter les mêmes jugements.

Curieuse de découvrir s'il en est de même de toutes les sensations de
cette espèce, elle porte la main sur tout ce qui l'environne ; et touchant un
corps peint de plusieurs couleurs, son œil contracte l'habitude de les
démêler sur une surface qu'il juge éloignée.

C'est sans doute par une succession de sentiments bien agréables
pour elle, qu'elle conduit ses yeux dans ce chaos de lumière et de couleurs. Engagée par le plaisir, elle ne se lasse point de recommencer les
mêmes expériences et d'en faire de nouvelles. Elle accoutume peu à peu
ses yeux à se fixer sur les objets qu'elle touche ; ils se font une habitude de
certains mouvements ; et bientôt ils percent comme à travers un nuage,
pour voir dans l'éloignement les objets que la main saisit et sur lesquels
elle semble répandre la lumière et les couleurs.

§ 10. *Elle voit les objets à la distance où elle les touche.*

En conduisant tour à tour sa main de ses yeux sur les corps et des
corps sur ses yeux, elle mesure les distances. Elle approche ensuite ces
mêmes corps et les éloigne alternativement. Elle étudie les différentes
impressions que son œil reçoit à chaque fois ; et s'étant accoutumée à lier
ces impressions avec les distances connues par le tact, elle voit les objets
tantôt plus près, tantôt plus loin, parce qu'elle les voit où elle les touche.

TABLE DES MATIÈRES

Dossier

Achevé d'imprimer le 20 août 2020
sur les presses de
La Manufacture - Imprimeur – 52200 Langres
Tél. : (33) 325 845 892

N° imprimeur 200601 - Dépôt légal : mars 2004
Imprimé en France